财务诡计

如何识别财务报告中的会计诡计和舞弊

[美] **霍华德·M. 施利特**   杰里米·佩勒   尤尼·恩格尔哈特   著
Howard M. Schilit   Jeremy Perler   Yoni Engelhart

续 芹   陈柄翰   石美华   王兆蕊 译

FINANCIAL SHENANIGANS
How to Detect Accounting Gimmicks and Fraud in Financial Reports

机械工业出版社
CHINA MACHINE PRESS

图书在版编目（CIP）数据

财务诡计：如何识别财务报告中的会计诡计和舞弊（原书第 4 版）/（美）霍华德·M.
施利特（Howard M. Schilit），（美）杰里米·佩勒（Jeremy Perler），（美）尤尼·恩
格尔哈特（Yoni Engelhart）著；续芹等译 . —北京：机械工业出版社，2019.5
（2025.1 重印）
书名原文：Financial Shenanigans: How to Detect Accounting Gimmicks and
Fraud in Financial Reports

ISBN 978-7-111-62606-0

I. 财… II. ①霍… ②杰… ③尤… ④续… III. 会计报表 – 会计分析 IV. F231.5

中国版本图书馆 CIP 数据核字（2019）第 077703 号

北京市版权局著作权合同登记　图字：01-2019-0579 号。

财务诡计
如何识别财务报告中的会计诡计和舞弊（原书第 4 版）

出版发行：机械工业出版社（北京市西城区百万庄大街 22 号　邮政编码：100037）
责任编辑：王宇晴　　　　　　　　　　　　　　责任校对：李秋荣
印　　刷：中煤（北京）印务有限公司　　　　　版　　次：2025 年 1 月第 1 版第 12 次印刷
开　　本：170mm×230mm　1/16　　　　　　　印　　张：20.75
书　　号：ISBN 978-7-111-62606-0　　　　　　定　　价：79.00 元

客服电话：（010）88361066　68326294

独角兽、白马股的财务诡计及侦测

独角兽是指创业历史在十年以内、市值在 10 亿美元以上的公司，而白马股是指长期绩优、回报率高并具有较高投资价值的股票。独角兽及白马股一直以来都是一、二级市场投资者关注的重点，但前期 A 股一些白马股频频爆雷，独角兽也沦为"毒角兽"。如何防范及侦测独角兽、白马股造假成了业界关注的难题。

《财务诡计》第 4 版就是教你如何识别财务报告中的会计诡计和舞弊的，本书收编了大大小小的财务诡计案例多达一百一十多个，包含了过去四分之一个世纪以来许多带有欺骗性的财务报告案例，这其中包括不少独角兽和白马股企业，如港交所上市的汉能薄膜。《财务诡计》的作者认为汉能薄膜与母公司的交易缺乏公正交易实质。汉能薄膜的关联交易套路如下图所示。

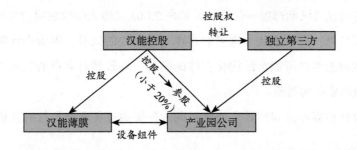

汉能系的薄膜太阳能是全产业链布局，上游提供薄膜太阳能光伏组件的制造设备、整线生产线以及相关服务；中游为各地产业园，生产薄膜太阳能组件；下游从产业园购买组件并销售薄膜太阳能光伏产品。而进入上市公司

体系内的只是上游设备和下游电站，中游组件由上市公司体系外的公司承担，这导致汉能薄膜业务独立性不强。站在汉能控股的角度，这不仅仅是关联交易，而是同一控制下的内部交易，这些内部交易若要合并抵销，收入就要清零。为了解决关联交易（内部交易）问题，汉能将产业园公司关联方非关联化，引进外部独立第三方作为控股股东，汉能控股持股比例降至 20% 以下，但这些独立第三方多为城投平台或产业基金，这些产业园公司或成为结构化主体。尽管汉能控股持股比例甚至达不到使用权益法核算的程度，但汉能或承担回购义务，独立第三方是名股实债。

根据汉能薄膜 2019 年 3 月 29 日公布的年报，2018 年其与客户签订的合同收入为 212.52 亿港元，同比增长 2.46 倍；年度溢利 51.93 亿港元，同比大幅增加 18.89 倍。会计师对此财报出具了保留意见，保留意见称：

"2018 年 12 月 31 日，贵集团的贸易应收款项及应收合约客户总额包括应收一位第三方客户的款项，分别约为 10.85 亿港元（2017 年：约 18.17 亿港元）及 12.19 亿港元（2017 年：8.65 亿港元）。我们未能取得关于贵集团应收前述第三方客户的贸易应收款项及应收合约客户总额 23.03 亿港元的可回收性的充分适当的审核证据。因此，我们无法判断是否需要对该等款项计提准备。任何对上述结余可回收性计提的准备将会减少贵集团于 2018 年 12 月 31 日的净资产，同时减少贵集团截至 2018 年 12 月 31 日止年度的净溢利。"

会计师仅对汉能薄膜一位第三方客户 23.03 亿港元应收款项的可回收性发表了保留意见，而笔者认为这可能存在审计失败的风险，因为会计师或没有发现汉能薄膜客户可能为结构化主体的事实，导致其对客户的关联方或第三方性质做出错误的判断。⊖

A 股的神雾环保和神雾节能也被网友质疑通过关联交易拉升业绩，如下图所示。

⊖ 本文中关于汉能的描述，参考了罗国平、黄凯茜、蓝鸣，"汉能不肯改"，《财新》，2018 年 11 月 5 日封面报道。

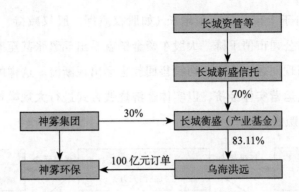

乌海洪远原为神雾（简称SW）系旗下的全资子公司，后引进独立第三方长城衡盛（产业基金）作为控股股东，从股权结构上看，SW集团只是参股长城衡盛，可实际上作为主要出资方的长城新盛信托或许为名债实股。如果是这样，SW集团成了长城衡盛的唯一权益投资方，SW集团通过控制长城衡盛间接控制乌海洪远。站在SW集团的角度，上市公司SW环保与其客户乌海洪远同受SW集团控制，SW集团不但要将长城衡盛并表，也要将乌海洪远并表。站在SW集团合并报表层面，SW环保与乌海洪远内部交易要全额抵销，而SW集团没有合并乌海洪远和长城衡盛，则导致收益虚增、债务虚减。$^{\ominus}$

投资者需要警惕"通过产业基金对上市公司进行利益输送"。

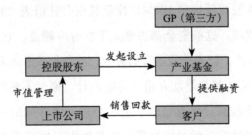

上图展示了上市公司及控股股东与次级客户甚至劣质客户做交易的情形。尽管交易对手确实为独立第三方，但交易对价的可收回性存在重大不确定性。这时大股东发起设立产业基金等方式为客户提供融资服务，表面上上市公司的销售货款是收回了，但这是以大股东的利益输出作为代价的。而大股东的

$\ominus$ 本文中关于神雾和乌海洪远的描述，综合自《经济观察报》、"浑水调研"搜狐号、微信公众号"上市公司治理研究"。

资金间接来自于上市公司市值增长（如股权质押、股权减持、发行可交债）等，一旦上市公司市值下降，大股东资金链就易出现紧张甚至断裂。一旦大股东资金链出现问题，上市公司销售回款也会出现断流。这样的上市公司以资本运作手法运营实体经济，以实体经济烧钱方式进行大规模扩张，目的是在资本市场上赚钱。

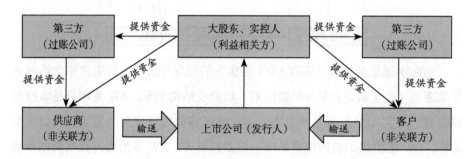

故我们在对上市公司进行财务分析时，一定要透过表象看本质，不但要看上市公司的报表，还要看利益相关方的报表。一些白马股或独角兽企业金玉其外，但控股股东及利益相关方败絮其内。笔者发现 A 股某些白马股的控股股东报表上也存在巨额的资金挂账，通常挂在"预付账款""其他应收款""长期股权投资"或"可供出售金融资产"账下。例如，某上市公司账面有 400 亿元现金，但控股股东股权质押率 100%，控股股东合并报表"其他应收款"竟然还挂着 158 亿元款项。这些资金都去哪儿了？有可能是，它为了补资产窟窿，将表内余额转到表外，而表外最适宜的去处，就是控股股东及利益相关方。

《财务诡计》第 4 版新增加介绍了并购诡计，通过不断收购外延式增长的公司财务欺诈风险较高。作者总结了上市公司不断并购的三个驱动因素：一是对神奇的"协同效应"的过度自信；二是极度恐惧或者贪婪驱动下的不停交易；三是被虚假会计和报告盈余驱动的交易，而不是立足商业逻辑。笔者对此深表认同。

中国 A 股截至 2018 年 9 月 30 日的商誉累计余额高达 1.45 万亿元，在股市低迷的 2018 年年末，这些商誉面临极大的减值压力，一些上市公司因此爆出巨亏，其中的部分上市公司以涉嫌合同诈骗罪名义将标的上家（交易对手）

告进监狱，但更多的是通过巨额冲销掩盖标的财务造假的真相。有些上市公司甚至通过并购掩盖之前的财务窟窿，如某科技公司上市后财务窟窿越来越大，后想通过并购一家作价 22 亿元的标的，将虚增资产转入商誉，再择机通过商誉减值计提方式将虚增资产彻底出表。

中国资本市场财务信息披露质量整体是越来越高，但部分企业的财务诡计手法也不断推陈出新，随着业务越来越复杂，会计处理也越来越复杂，有可能会通过交易设计和组织安排达到"真实但不公允"目标。尤其是资本的元素加入后，新经济创业者往往通过实体烧钱、资本赚钱的创新商业模式实现快速扩张，而这种扩张是基于资本力量和财务诡计，这样的商业模式可能是不可持续的。

财务诡计有两个层面，一是业务层面，如发行人放宽付款条件促进短期销售增长、延期付款增加现金流、推迟广告投入减少销售费用、短期降低员工工资、引进临时客户以及包装商业模式等；二是会计层面，如降低坏账计提比例、改变存货计价方式、改变收入确认方式以及形式重于实质等。

不管是业务层面的操纵还是会计层面的操纵，都导致"有毒"资产的产生，投资者同样要学会在两个层面上进行财务排毒。

（1）**业务排毒**。我们应对激进的商业模式保持警惕，对违规的商业模式保持警惕。判断一种商业模式是否健康，核心是判断这种商业模式是否可持续，对企业的内外部环境重大变化是否有足够的韧性。如在紧信用环境下是否还能借新还旧，不依赖政府补助是否有独立造血能力，是否在赔本赚吆喝，是否在通过体系内外的类关联交易及关联交易进行利益输送。

（2）**会计排毒**。首先判断企业主要会计政策及会计估计是否谨慎，是否通过财务诡计创造收益、规避资产减值和计提预计负债？账面上的资产是否有毒？如果资产的真实性没有问题，只是资产质量存在问题，那么资产周转率低下背后，往往存在有毒资产问题。过去企业通过交易安排、组织设计和衍生品交易使会计处理形式重于实质，如将融资性交易包装成真实销售、名股实债、表内融资等，这更多是一种会计上的包装。我们在做财务分析时要透过现象看本质。

如何透过现象看本质，笔者提供一个财务分析框架供你参考，如下图所示。

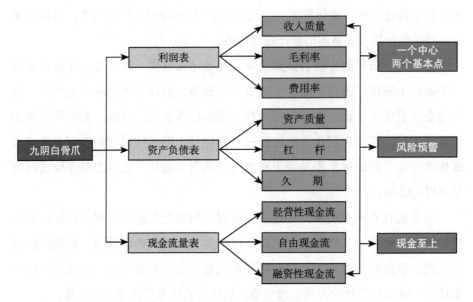

这个分析框架聚焦于财务诡计及财务风险预警。

1. 利润表分析

利润表分析强调"一个中心，两个基本点"，即以"收入质量"为中心，"毛利率"和"费用率"为两个基本点。利润表是权益投资者第一大报表，而收入是第一大科目，是整个报表分析的引擎，故对收入质量分析是报表分析的重中之重。这种收入质量分析不仅包括成长性和含金量的分析，更是包括收入真实性和完整性等基础分析。笔者一直强调在合理预期基础上形成对收入预期，再与实际收入比对。而"毛利率"和"费用率"是"利润表"的两个支柱，缺一不可。实务中对"毛利率"重视有余，而对"费用率"重视不足，这在轻资产时代是非常不可取的。科创板企业的主要支出可能是研发支出，而研发支出主要体现在费用里，故"重毛利率轻费用率"思维是错误的，且进行"毛利率""费用率"分析时要层层打开，打开到不能再打开为止。

如今一些上市公司玩"文字＋数字"游戏，在业务上将工业、商业、服务业等不同行业属性的业务打包在一起，然后称"××××整体解决方案提供商"，披露"毛利率"时不分行业披露，将高毛利的业务和低毛利的业务混在一起，企图浑水摸鱼，掩盖"毛利率"畸高的问题。

2. 资产负债表分析

对于权益投资人，利润表是第一大报表；但对于债权投资人，资产负债表才是真正的第一大报表。在美国 2008 年金融危机中，5 大投行倒下 3 家。事后分析表明，出现流动性危机的企业主要征兆有 3 个：一是资产质量差，当时投行买了大量的与次贷资产相关的金融资产；二是杠杆率高，雷曼倒闭时，负债 6000 亿美元，净资产只有 200 亿美元，负债权益比高达 30 倍；三是期限错配，雷曼经常以 7 日同业拆借应对资金需求。在 2018 年中国民企去标杆化中，一些体质较弱的企业率先爆雷，有的还涉嫌造假，如某 A 集团，2018 年 9 月 30 日集团合并报表层面归属于母公司股东权益是 110 亿元，但其他应收款高达 75 亿元。笔者之前以为 A 集团只是流动性危机，现在笔者怀疑 A 集团爆雷不仅仅是短融长投，而且是资产质量存在严重的问题，集团及上市公司层面存在巨额的潜亏，这个潜亏可能达到百亿元，资产杀毒之后，A 集团净资产有可能直接清零，这才是它真实的杠杆率。

笔者这里使用的"标杆率"是"负债／股东权益"，实务中大家更多运用的是"资产负债率"或"权益乘数"，房地产企业还用到"净负债率"等指标。考虑到附息债务特性，在使用"负债／股东权益"时，要结合企业的行业特征及商业模式，分别使用不同的指标反映其杠杆率，如有些企业是 OPM，此时它表面负债率很高，但实际上更好地反映其杠杆率的指标是净负债率。

负债分析另一个要强调的事项是"久期"计算。久期一直是一个固定收益的概念。笔者认为权益投资者财务分析失败，很大程度在于没有站在负债的角度分析报表：企业投资价值再高，一旦信用违约，股权价值就此可能清零。2019 年上半年 A 股公司的爆雷危机，大家可以明显看到债权投资者对风险更警觉。权益投资者如想恶补债券知识，识别上市公司的信用风险，"久期"是一个非常重要的预警指标。

3. 现金流量表分析

企业在不同阶段现金流表现是不一样的，如在创业和成长期，经营性现金流和投资性现金流往往均为负数，而融资性现金流为正数；而在成熟和衰退期，经营性现金流和投资性现金流往往均为正数，而融资性现金流为负数。故不能认为经营性现金流持续为负，这个企业就没有投资价值。但是我们分析现金流时，如果发现企业存在过度投资、不计成本、激进销售等迹象，就要非常小心，尤其是不要被企业伪装出来的现金流所蒙蔽。

常见的一种现金流造假是经营性现金流持续多年为正，但融资性现金流也持续多年为正，那么赚来的钱和借来的钱去哪里了？仔细研究，可能会发现这样的企业的投资性现金流持续多年为负。这时结合资产质量分析，可能会很快发现企业通过虚增投资性支出或收益性支出资本化方式，在账面上形成了巨额的不良资产或虚假资产。更有些上市公司为了伪造现金流，赤裸裸地制造虚假回款或付款不入账，导致经营性净现金流入严重虚增，同时导致银行存款也严重虚增。判断此类现金流造假的方法是，补充计算自由现金流。如果说经营性现金流体现企业体内造血能力，那么自由现金流则是企业真正安家之本。企业出问题，往往会出在过度扩张的投资性现金流上。

《财务诡计》第4版从三大报表层面提供了识别财务诡计的手法，尤其是最后一章提出"法证式思维模式"十招，帮助你聚焦在关键的财务事项和问题上，从而帮助你识别会计操纵和财务报表舞弊，这是一个非常有效的财务异常侦测框架，希望能对你识别独角兽、白马股财务诡计和财务风险有所帮助。

夏 草

2019 年 5 月

只要诱惑存在，诡计必然随行

当统完稿，敲下"只要诱惑存在，诡计必然随行"这行字的时候，我深深地叹了一口气。

翻译这本书的时候，我是兴奋的。

作为一名在大学里长期教授财务报表分析的老师，当看到机械工业出版社计划引进并翻译这本书的消息时，我非常兴奋，立刻向编辑毛遂自荐，与其他 3 位译者——陈柄翰、石美华、王兆蕊一起将这本书翻译成中文。这本书的英文版早在 25 年前就出版了第 1 版，在这些年里，作者霍华德·M. 施利特先生等人一再根据实务发展修订此书，现在大家看到的是最新出版的第 4 版。

这本书读起来非常流畅，不会出现有时读原版书时那种不知所云的情况，因为它的逻辑结构非常清晰。

从大家最熟知的"盈余操纵诡计"开始，由于人们普遍对盈余（利润）指标提高了警惕，往往会再去看现金流量数字来佐证利润质量，于是对现金流量的操纵也就成了"管理者的课题"。本书第三部分"现金流量诡计"讨论了操纵经营活动现金流量的各种手法。在美国上市公司信息披露中，公司往往会强调一些它们自创的指标，由于这些自创指标是公司自己定义的，它们的存在很可能就是为了让公司的业绩显得好看一点，而本书第四部分内容"关键指标诡计"对此进行了详细阐述。还有更为高阶的诡计手段"并购会计诡计"，这部分是第 4 版新增的内容，也反映了财务诡计在实务中的新动向。

翻译这本书的时候，我是沉重的。

施利特先生在本书中提到的大大小小的案例公司有 110 多家，大部分案例公司是美国公司，但也包括意大利、德国、印度、日本以及中国的公司。

我特意留意了书中提到的中国公司，例如在"盈余操纵诡计第二种：确认虚假收入"中，作者引用了汉能薄膜的案例。在这家公司 2015 年"东窗事发"的时候，我也曾关注过。汉能薄膜主要因与母公司之间存在多次大宗关联交易而被质疑，它的股价于 2015 年 5 月 20 日在一天内暴跌了 47%，随后紧急停牌。从目前披露的 2018 年中报来看，公司报告了比较亮眼的业绩，但是媒体依然在搜寻关联交易的蛛丝马迹。直至我写作本序时，该公司仍未能复牌。

本书不仅包含了我们熟知的造假公司，例如安然、世通等，也包括一些大名鼎鼎的公司，例如英特尔、IBM、戴尔、亨氏、星巴克等。这些公司未必一定在财务上造了假，但是可能就某个诡计的使用而言非常典型，因此被作者用以举例说明。

例如，作者在"盈余操纵诡计第三种：使用一次性或者非持续性的活动来推高利润"中，谈到 IBM 在 1999 年将自己的全球网络事业部出售时，有一笔 41 亿美元的利得，但是它将这笔利得记作"销售、一般及管理费用"的减项。这样就美化了营业利润。

而英特尔公司的手法就稍微复杂一些。与 IBM 类似，英特尔公司将自己的某个事业部出售给美满电子科技。英特尔公司没有详细披露这笔交易（有可能它认为金额不够大），但是从美满电子科技披露的细节可以看出，其同意今后按照高于市场价的价格从英特尔公司购买芯片。为什么会这样？合理的推测是英特尔公司在出售事业部这笔交易上让利给美满电子科技，以换取其在未来用较高的价格购买其产品。这样一来，就将一次性的利得变成了未来的收入和利润。

可见，会计是一门艺术，而且是流行全球的艺术。

翻译这本书的时候，我是深思的。

"日光之下，并无新事。"

　　每每谈到一种诡计，每每看到一个案例，我都在心中默默地对标中国的上市公司。这本书提供给我们全景式但又颇有深度的诡计分析。读罢此书，相信您的诡计识别能力将迈上一个新台阶。

　　我们对报表操纵的理解不能仍然停留在盈余操纵上，现金流量也是容易被操纵的。如在港股、美股上市的一些公司也在宣传它们自定义的关键指标，我们需要认识到这些指标的随意性与利己性。此外，报表上的巨额商誉已经成为媒体争相报道的现象，"并购会计诡计"可以说已经在路上了。

　　作为一名长期观察中国上市公司信息披露的高校教师，我可以说几乎本书中的所有诡计在中国上市公司中都能找到对标案例。本书并不会"水土不服"；相反，我认为它的框架、思路、分析、技巧将会帮助每一位读者提高分析财务报表的水平。

　　"当你凝视深渊时，深渊也在凝视你。"但这总好过，我不知道深渊在哪里，一脚踏进深渊里去。

　　面对深渊，凝视它，考量它，跨越它。

　　我想这就是人生的意义吧。

续芹

对外经济贸易大学

国际商学院

回顾过去的 25 年

亲爱的朋友：

最近我刚刚过完 65 岁生日，回顾了自己过去的生活以及从第 1 版《财务诡计》出版以来的 25 年中发生的诸多变化。简言之，我感到非常幸福。就我个人生活而言，我和妻子黛安娜非常喜欢和 3 个孙辈在一起消磨时光，并且我们正热切地等待着第 4 个孙辈的降生。就职业生涯而言，我很开心能够与我的合伙人及本书合著者杰里米·佩勒（Jeremy Perler）和尤尼·恩格尔哈特（Yoni Engelhart）一起建立我的第二家公司——一家名为施利特法务（Schilit Forensics）的法务会计顾问公司。

除了为客户所做的研究工作之外，我们还花了很多时间向投资者、监管者、记者和研究生讲授法务会计的相关知识。在做完最近一次于斯坦福大学商学院的演讲之后，我和我的同伴意识到自上一版《财务诡计》出版以来，已经过去了 7 年，而自第 1 版《财务诡计》出版以来，已经过去了将近 25 年。在此期间，全球有超过 10 万名的读者购买了本书，包括中文、日文和韩文的翻译版。我们在最近这些年里又学到了很多东西，因此觉得应当及时与读者分享最新的财务诡计，以及在过去的 1/4 个世纪中我们学到的最重要的经验与教训。

但在翻开《财务诡计》最新版之前，让我们把时钟倒拨 25 年，追忆一下当年是如何追踪财务诡计的，这真是一次自 1990 年以来令人意外又激动人心的旅程。

20 世纪 90 年代初，旅程开始

作为华盛顿特区美国大学的会计学教授时，我就开始研究在过去 40 年中发生的著名的会计欺诈案，而其中许多案例被记载在美国证券交易委员会（SEC）发布的会计和审计制裁公告书（Accounting and Auditing Enforcement Releases，AAER）中。之后，我开始在我的中级财务课程和审计课程中使用这些非常有趣的小案例进行教学。我发现学生认为这些案例非常有吸引力，于是我开始以此为主题写作和发表文章，以便与更多的读者分享。很自然地，进一步扩大读者群的下一步就是出书了。

《财务诡计》出版以及创业早期

我过完 41 岁生日后不久，1993 年年初，麦格劳–希尔出版公司出版了《财务诡计》第 1 版。这本书向读者介绍了盈余操纵的七种类型，识别出了 20 种不同的管理层操纵手段，并列举了众多由于欺骗投资者而被处罚的真实公司案例。

在这本书出版之后，出现了一些惊喜。首先，许多读者向我表示感谢，因为书中的内容告诉他们可以采取哪些措施来保护自己的财富。其次，这本书引起了一些大型机构投资者的注意，它们请我去给它们的分析师讲课，帮助这些分析师识别那些玩会计游戏的公司。它们还邀请我帮助检查投资组合中的公司。有几次，很幸运地，我用这些技巧提示了它们可能面临的重大问题，从而使其免受损失，因此它们对我非常感激。

1994 年设立财务研究与分析中心

1993 年，我出版了《财务诡计》并结识了一些有影响力的投资者，对我来说这一年已经是很不平凡的一年，但当时怎么也无法预料到第二年，也就是 1994 年，我就会设立自己的财务研究与分析中心（Center for Financial Research and Analysis，CFRA）。利用我房子里的一间空屋，我开始每月发布一篇报告，披露那些我认为已经陷入困境但是却靠会计手段隐瞒问题的公司。每月的 15 日，我将报告用特快专递发送给我的订阅者。（请注意，那时我们仍然生活在没有互联网和电子邮件的"黑暗时代"。）谢天谢地，这项业务的运

行还算良好，在开始运行的第一年就得到了超过 60 家投资公司的订阅。

从教授到全职创业者

1995 年，我辞去了美国大学的教职，全身心地投入到创业中去。我租了办公场地，雇用了分析师团队——财务研究与分析中心已经蓄势待发了。到 1999 年，我们开始通过线上和邮件的方式向客户发送预警报告。（对的，不再印刷和装订报告了，也不再用特快专递了。）随着客户数量的迅速增长，我们成了华尔街和世界证券市场中的重要一员，我们的客户遍布五大洲，我们在华盛顿特区、伦敦、纽约和波士顿都设立了办公室。

经营财务研究与分析中心以及退出

21 世纪初，各种会计丑闻频出，安然、世通、泰科等公司都爆出舞弊案。美国参议院政府事务委员会在 2002 年 2 月调查安然事件的时候，要求我去作证。我也频繁地出现在电视上或者报纸上，向人们讲解日益泛滥的会计操纵手法。

2002 年 4 月，《财务诡计》第 2 版出版了，销售火爆，因为股票市场被接连不断的会计舞弊公司吓坏了。

正如你想象的那样，这段时期对财务研究与分析中心来说是发展的黄金时期。仅 2002 年一年，就新增了 200 多家订阅者，到年底我们的客户数量已经达到 500 多家。投资公司在监督检查其投资组合中的公司时需要更多帮助，而那些卖空者则在虎视眈眈地寻找"下一个安然"。在财务研究与分析中心繁忙的这段时间里，我们招聘了更多的分析师，十分幸运的是，杰里米和尤尼都是在那个时候加入了公司，并迅速成长为公司的高管。杰里米最终成为研究部的全球主管，而尤尼负责定量研究团队，并主导公司业务战略。

2003 年年初，一些有意向的并购方找上门来，我决定将绝大多数股份卖给波士顿的一家私募基金 TA 协会。杰里米和尤尼继续在财务研究与分析中心待了几年，而我则辞去了运营企业的日常工作，开始了我的"冬眠生活"，这一段风平浪静的日子一直持续到 2010 年年底。尤尼在 2008 年离开中心去了哈佛商学院，毕业之后在波士顿的一家投资管理公司工作。杰里米在中心待到 2011 年，后来去了一家著名的对冲基金公司做法务会计专家。

安安静静的几年和《财务诡计》第 3 版的出版

我退休之后到处旅行，间或给投资团队和工商管理硕士做做讲座。到 2009 年，我十分想将自己的一些新发现分享出来，于是我联系了杰里米，他与我合著了《财务诡计》第 3 版。我们在 2009 年夏天和初秋密切合作，这本书在次年 4 月出版。由于我计划在那一年末重出江湖，我开始更积极地进行各种演讲、做讲座、接受采访、对公司做深度研究。我对结束退休重出江湖跃跃欲试，十分期待从零开始创建一家新的公司。

创建第二家公司：施利特法务

2010 年年底，我的退休生涯正式结束，随着《财务诡计》第 3 版的热销，媒体也注意到我结束了退休生活。美国金融刊物《巴伦周刊》为此发表了一篇名为"财务界侦探发现了舞弊新大陆"的文章。

2011 年，我成立了施利特法务有限责任公司，先只承接几个客户来小规模试水。我故意放慢公司发展的速度，因为要从舒适的休闲生活转换到忙碌的全职工作看上去还是蛮让人畏惧的。客户与我签订为期 3 个月的合同，我帮他们解决一些复杂的会计难题。这与我第一次创业不同，施利特法务是为客户指定的研究项目提供咨询服务的，而不是为我们的研究报告征集订阅者。

我十分喜欢这份工作，并与一小群非常欣赏我的客户保持着密切联系。2013 年 3 月，杰里米突然给我打了一个令人惊喜的电话。他仍然在那家对冲基金工作，尽管工作十分愉快，但他正考虑以创业的方式来进一步发挥他在法务会计领域的特长。很快我们两个都意识到我们可以合作，让施利特法务更好地发展。在那个周末，杰里米就飞到了我在佛罗里达的冬季住所，我们正式定下了合伙协议。

在仅仅几个月后，杰里米和我联系了我们亲密的朋友和前同事尤尼，希望他能加入我们并成为第 3 个合伙人。尤尼在一家著名投资公司里做得非常成功，但他胸中也燃烧着自己创业的熊熊烈火。尤尼的热情与我们不谋而合，他在 2013 年 7 月加入了施利特法务。现在我们已经共事了 5 年，发展出了一支杰出的分析师团队，拥有了众多客户。我们每天都阅读大量监管文件、投资者报告和其他文件，试图在公司问题浮现出来之前就甄别出一些信号。通过这些努力，我们能够帮助客户做出更好的投资决策。

　　我的合伙人和我自己都十分乐于分享，在这本书中我们介绍了自己是如何识别出那些通过创造性会计手段隐瞒问题的公司。在这里，我们满怀兴奋、激动不已地向您——我们的读者和朋友——在这本《财务诡计》第 4 版中奉上我们这 1/4 个世纪以来学到的经验和教训。祝您阅读愉快，有任何问题都可以随时与我们联系。

霍华德·M. 施利特

创始人和首席执行官

施利特法务有限责任公司

1
第一部分

奠 定 基 础

ESTABLISHING THE
FOUNDATION

财务诡计 25 年

2001 年年初，奎斯特通信公司（Qwest Communication）的首席执行官乔·纳吉欧（Joe Nacchio）站在公司全体员工会议的舞台上，做着激动人心的演讲，他的目的是激励团队成员，让他们把精力集中到他所讲的最优先的公司事务上。"当下我们要做的最重要的事情，是实现我们的数字。"纳吉欧宣布，"这比任何产品更重要，比任何个人生活信条更重要，比任何我们正在施行的文化变革更重要。停下其他一切事务，专心制造数字。"通过言传身教，乔·纳吉欧打造出了一种文化，这种文化创造了 250 亿美元幻影般的收益，把他自己送进了联邦监狱，也拖垮了投资者，他们眼睁睁地看着奎斯特通信公司的股票价格在乔·纳吉欧发表演讲后的 18 个月内暴跌 97%。

所有公开上市公司的高管都渴望报告好的消息和靓丽的财务业绩，让投资者满意，并驱动股票价格上涨。虽然大多数公司在报告财务业绩时遵纪守法且行为符合伦理道德，但也有一些公司利用法规的灰色地带（甚至更糟糕的是，压根儿无视法规）来"制造数字"。

管理层希望对财务结果施加积极的影响，公司和投资者也怀着这种期望。不诚实的公司长久地利用这种计谋蒙骗毫不生疑的投资者，且这种行为不太可能停止。就像所罗门王在他的《传道书》（Ecclesiates）中所讲，"已有的还会有，已经发生的还会发生。"为满足投资者永无止境的需求，管理层利用财务诡计操纵财务业绩的企图，将会永久存在。

挣扎度日的公司使用会计诡计的动机会更强，因为它们希望借此达到投资者的期望或与竞争对手的业绩比肩。这些年来，随着投资者识别财务诡计能力的增强，不诚实的公司正努力寻找新的计谋（或翻新老把戏）来愚弄股东。

愚弄投资者的艺术

本书旨在介绍公司管理层用来愚弄投资者的各种方法。他们玩的各种计谋，都是为了掩盖公司业务在某些方面存在的严重问题，比如销售乏力、利润下滑或是现金流吃紧。

长久以来，会计诡计对投资者来说都是灾难，而过去的 25 年尤其无情。为了在接下来的 25 年中更好地武装我们自己，免受财务欺诈，我们回顾一下在过去 1/4 个世纪中发生的一些重大案例事件和重要教训。

废物管理公司：投资者不能全盘信任审计师

垃圾运输商废物管理公司（Waste Management）位于芝加哥，自 1992 年起用 6 年时间虚增了 170 亿美元税前收益，被证券交易委员会称为"迄今为止最恶劣的欺诈事件之一"。在那时，170 亿美元是美国历史上最大的公司利润错报案的涉案金额。

废物管理公司在 1993 ～ 1995 年耗费几十亿美元令人费解地收购了 441 家公司，公司规模滚雪球般增长。与这些收购活动相伴的，是不可避免地发生抵减利润的各种专项费用。这些"一次性"费用如此经常性地发生，以至于废物管理公司在 1991 ～ 1997 年这 7 年间，有 6 年采取了注销措施，注销的专项费用总金额达 160 亿美元。由于投资者在评估企业盈利能力时一般不注意专项费用，废物管理公司的财务表现就显得水平一流。同时，为了不让投资者发现事情真相，废物管理公司没有单独列示这些专项费用，而是将其作为一次性利得项目的抵减项来按净额列示这些收益项目。

废物管理公司还另辟蹊径，通过递延费用到以后的会计期间，来虚增利润，这让它更加臭名昭著。该公司还激进地将维护、修理和利息费用资本化，计入资产负债表项目中，而不是费用化处理。它还虚增垃圾车的残值和可使用年限，以此最小化垃圾车的折旧费用。

正如你将在本书中看到的，对于大的会计问题，用大量的并购行为来掩饰是再便捷不过的方法。废物管理公司在 1998 年 7 月收购了美国垃圾服务公司（USA Waste Services）之后，它新上任的首席执行官开始关注公司的内部控制和会计工作，并要求进行专项审核。审核中发现的一个最麻烦的问题是，公司的内部控制如此糟糕至极，以至于公司此前的财务报表根本不值得信赖。废物管理公司在季度报告中向投资者发出如下警告：

在咨询了会计师事务所（安达信）后，公司得出结论，中期财务信息编制需要的内部控制，无法为独立的公共会计师完成审核提供足够的基础……

在证券交易委员会起诉废物管理公司的欺诈行为后，我们查阅了它的会计师事务所安达信（Arthur Andersen）出具过的法律文件，发现审计师早就发现了废物管理公司的会计问题，但审计师选择了"保护"它的客户。将时间回溯至 1993 年，那时安达信发现废物管理公司错报金额总计达 1.28 亿美元，如果它及时指出，将会令废物管理公司扣除专项费用前的净利润下降 12 个百分点。但是，安达信的合伙人认为这种错报"不重要"，并为废物管理公司 1993 年的财报出具了无保留意见的审计报告。

实际上，安达信每年和废物管理公司沟通会计问题时，它提出的会计调整和在所有人意料之中的重述建议，都被管理层忽略了。在 1995 年审计时，安达信明确否定了废物管理公司在一次性利得下减除专项费用的会计处理方法和不在财务报告中做披露的行为。下面是 1995 年审计师的内部备忘录节选：

> 公司有意不使用专项费用（以消除资产负债表上的错误和以前年度累积的错报），而是使用"其他利得"来掩盖费用，洗白资产负债表。

尽管在备忘录中强烈否定废物管理公司的做法，安达信却没有在 1995 年的审计报告中出具否定意见，之后也没有采取措施制止这种行为。是因为安达信和废物管理公司管理层走得太近，还是因为经济上太依赖该公司，以致不能恰当地为投资者服务并警示他们相关问题？真实情况是，废物管理公司是安达信芝加哥办事处最大的审计客户，自废物管理公司 1971 年 IPO 以来，安达信一直为它提供服务。

CUC 国际 / 胜腾公司：并购不能使问题消失

和废物管理公司一样，在利用并购战略来实现快速增长的公司中，存在很多会计诡计。CUC 国际是沃尔特·福布斯（Walter Forbes）的下属公司。在 20 世纪 80 年代的大部分时间里，CUC 国际是一只备受投资者追捧的股票。而到了 20 世纪 90 年代中期，CUC 国际开始实施并购，这对投资者来讲本应是一个警钟。1996 年 4 月，公司花 4 亿美元收购了衣登集团（Ideon Group）。通过合并，CUC 国际继承了数额庞大的、具有法律效力的债务，为此记录了 1.37 亿美元准备金。就在衣登集团倒闭后不久，CUC 国际又花了约 2 亿美元买下了戴维森－希尔拉在线公司（Davidson and Sierra On-Line）。买来的这些业务主要生产教育软件以及教育类游戏，不仅和 CUC 国际的核心业务毫不相关，还产生了巨额的并购相关准备金。

胜腾集团（Cendant）成立于 1997 年 12 月，是由亨利·西沃曼（Henry Silverman）下属的 HFS 和沃尔特·福布斯下属的 CUC 国际合并后重新组建而成。在 1997 年年末，CUC 国际延续了它建立并购相关准备金账户的做法（此时 CUC 国际准备与 HFS 合并，重新组建公司），CUC 国际设立了一个准备金账户，用以注销和这笔交易相关的、令人震惊的 5.56 亿美元费用。

当 CUC 国际的会计欺诈最终被投资者知晓后，1998 年 3 月，它的股价崩盘了。随后的调查和法律诉讼发现，欺诈总金额令人惊掉下巴。调查发现，只是 1996 年和 1997 年虚增的营业利润就超过 5 亿美元。沃尔特·福布斯被判处 12 年有期徒刑，同时被处以 3.25 亿美元的罚金。CUC 国际的会计师事务所安永，因未能实行恰当的测试而导致审计失败，最终以 3 亿美元赔偿金了结了对它的集体诉讼。

安然公司：看似不可信的数字坚决不能信

与废物管理公司和 CUC 国际用并购作为欺诈手段不同，安然公司的计谋完全是根本性的：它直接用一种戏剧化的方式改变其商业模式（和会计政策）。安然公司刚开始时只是一个默默无名的天然气生产商，在短短几年的时间内摇身一变，成了巨无霸型的商品交易公司。当然，它的会计欺诈也可以称得上是划时代的大事件。在 20 世纪 90 年代晚期，随着商业模式的巨变，安然公司收入激增。在短短 5 年内，安然公司的收入翻了 10 倍还多——从 1995 年的 92 亿美元暴涨至 2000 年的 1008 亿美元。仅 2000 年，安然公司的销售收入就剧增了 151%，从年初的 401 亿美元增加到年末的 1008 亿美元。

如表 1-1 所示，尽管安然公司的收入巨幅增长，它的净利润的增长速度却极其缓慢。具体而言就是，在这一会计期间内，安然公司的收入翻了10倍多，而净利润却只勉强翻了一倍。

表1-1 安然公司1995～2000年的收入和净利润

（单位：100万美元）

	1995年	1996年	1997年	1998年	1999年	2000年
收入	**9 189**	13 289	20 273	31 260	40 112	**100 789**
净利润	**520**	584	105	703	893	**979**

投资者可能会好奇地问：有其他公司的收入在5年内从100亿美元增长到超过1000亿美元吗？这种情况多吗？答案是：从来没有。安然公司的收入史无前例地巨幅增长，而且公司并非通过大型并购实现这一增长。一切都是假象。公司所报告的收入增长，是它采用了特殊方式，将商品交易活动视作销售来进行会计处理得来的。这些交易的利润率微薄，但由于这些交易是按名义价值计入到了收入（和销售成本）中，就形成了公司业务进入了超速发展期的假象。

世通公司：关注自由现金流，关注收益

纵观世通公司（WorldCom）的历史，它的增长是从开展并购活动起步的。（本书第五部分在介绍并购驱动型公司给投资者带来的巨大挑战和风险时，将对此进一步阐述。）世通公司操作的最大并购案，是1998年花400亿美元收购了美国微波通信公司（MCI Communications）。

几乎从一开始，世通公司就用激进的会计方法来虚增收益和经营性现金流量。和CUC国际非常像，世通公司的基本欺诈方法之一也是实行并购，并在并购后立即注销大部分成本，创建准备金账户，然后在必要时释放这些准备金，将它们变成利润。在短短的一生中，世通公司完成了70多起并购，它不断地"加载"准备金，以便未来能够将其释放出来

变成收益。

世通公司曾在 1999 年 10 月宣告计划以 1290 亿美元收购比它更大的斯普林特公司（Sprint），不过这个计划落空了，否则世通公司的战略或许能够得以继续执行。美国司法部的反垄断律师和监管者以及欧盟的相关机构否决了这起并购计划，这引起了众人对垄断的关注。失去了这笔并购，世通也就失去了它需要用来掩人耳目的新准备金，因为它前期积累的准备金已经全部被释放进了收益，快速耗用光了。

到 2000 年年初，一方面它的股票价格下跌，另一方面华尔街要求它达到收益目标，在双重压力之下，世通公司启用了新的、更激进的诡计——将日常经营性费用从利润表账户挪到资产负债表账户。世通公司的主要运营费用之一是它所谓的线路成本。这些成本代表世通公司付给第三方电信网络提供商的费用，付费后获得接入它们网络的权利。会计法明确要求必须将这类费用予以费用化，而不可以资本化。然而，世通公司隐匿了本应在利润表中列报的数千万美元线路成本，以取悦华尔街。在如此操作之后，世通公司显著地低报了费用，虚增了收益，愚弄了投资者。

对世通公司高报的收益，投资者本可以在阅读它的现金流量表时发现清晰的警示信息，具体而言就是公司的自由现金流量在恶化。世通公司同时操纵了净利润和经营活动现金净流量，通过将线路成本计入资产项目而不是费用化处理，世通公司不恰当地提升了利润。此外，由于不正确地将这些开支列报在现金流量表的投资活动部分而不是经营活动部分，世通公司还相应地虚增了经营活动现金流量。公司报告的经营活动现金流量看起来和报告的利润一致，似乎天衣无缝，不过它的自由现金流量暴露了真相。

2002 年年初，世通公司的一小群内部审计师凭直觉怀疑公司存在会计欺诈行为，于是开始秘密调查。在发现公司存在总额达 38 亿美元的不当会计分录后，他们立即通知了世通公司的董事会，真相由此揭开。公司首席财务官被解雇，总会计师辞职，安达信撤回 2001 年的审计意见，证券交易委员会开始调查世通公司。

世通公司的日子走到了头。2002 年 7 月 21 日，公司根据《美国破产法》第 11 章申请破产保护，是当时美国历史上最大规模的破产登记（此纪录在 2008 年 9 月被雷曼兄弟破产登记打破）。根据破产重组协议，世通公司向证券交易委员会缴纳 7.5 亿美元罚金，对虚假的收益进行重述。公司重述的会计金额超过 700 亿美元，其中，2000 年和 2001 年的报告收益从原先近 100 亿美元的盈利，调整为令人瞠目结舌的超过 640 亿美元的亏损。董事会也觉得痛苦不堪，不得不支付了 2500 万美元集体诉讼赔偿金。

2004 年，世通公司结束了破产重整。公司的老债券持有人可以将其持有的每一美元兑换成 36 美分，并获得新公司的股票。而老股东全部被扫地出门，什么也没拿到。2005 年年初，威瑞森通信公司（Verizon Communications）同意按 70 亿美元的价格收购竞争对手美国微波通信公司。2 个月后，世通公司原首席执行官伯尼·艾伯斯对所有针对他的指控认罪，承认犯了欺诈罪、同谋罪、伪造文件罪。伯尼·艾伯斯最终被判处 25 年有期徒刑。

雷曼兄弟：资产负债表未必能反映真实的商业趋势

1929 年的股市崩盘重创了我们的祖父母辈和父母辈，2008 年的金融市场大屠杀则明显给当时所有的房屋业主和投资者留下了痛苦的记忆。华尔街的经纪商，或许没有谁比雷曼兄弟的结局更糟。它的股票在 2008 年 9 月崩盘，作为美国历史上最大的破产案（根据资产规模）被世人铭记。

受破产法庭法官委托，律师安东·沃卢卡斯（Anton Valukas）对雷曼兄弟破产案进行调查。在调查报告中，安东·沃卢卡斯声称雷曼兄弟隐瞒了本应在资产负债表上列报的 500 亿美元债务，这明显误导了投资者和债权人。雷曼兄弟对神秘的会计法则做了激进的演绎，由此制造骗局，这就是著名的"回购 105"（Repo 105）。

当通过短期抵押贷款借入现金时，比如以工资的名义，收到的现金须在资产负债表上用相应的负债对等列报，而用于抵押的资产仍然应当被保留在借款人的资产负债表上。"回购 105"法则允许存在例外情况，条件是用以抵押的资产价值至少达到所得贷款的 105%。此时，在会计处理上，交易不再被视作贷款，而是被视作销售和此后会回购的抵押资产。雷曼公司抓住了这个漏洞，将其抵押借款记作资产销售。这样一来，它就不用将所收到的现金记录为短期负债，而是将其记录为资产的临时减少。

受破产法庭法官委托而做的调查报告还指出，雷曼公司"回购 105"交易的月末余额会在即将发布季报或年报的那些月份激增。由于隔夜借款的需求应当在一个季度内保持相当稳定的水平，"回购 105"交易余额在即将发布财报的那些日子激增，或许可以说明，雷曼公司人为压低了负债余额，以让投资者错认为雷曼公司的杠杆率比较低。表 1-2 展示了雷曼公司"回购 105"余额的月度走势。注意，在 2008 年 3 月的"回购 105"余额为 246 亿美元，4 月的余额为 247 亿美元，而到 5 月，余额一下子跳增到 508 亿美元。在更早期的文件中，投资者也可以发现类似的可疑现象。

表 1-2　雷曼公司"回购 105"余额的月度走势

（单位：10 亿美元）

	2007 年 11 月（2007 年四季度报）	2007 年 12 月	2008 年 1 月	2008 年 2 月（2008 年一季度报）	2008 年 3 月	2008 年 4 月	2008 年 5 月（2008 年三季度报）
回购 105 余额	38.6	N/A	28.9	49.1	24.6	24.7	50.8

威朗制药公司：信赖管理层最爱的绩效指标会危险重重

与上面提及的安然、世通等赫赫有名的财务欺诈不同，威朗制药公司（Valeant Pharmaceuticals）的欺诈直截了当，故事性不强，但它堪称是一家聪明的公司，连最成功的机构投资者，有一些也被它的误导性指标愚弄了。既然连这些聪明人都不能幸免，普通如我们，假设毫无怀疑之心或是和公司管理层走得过近，"中招"也就不奇怪了。

投资者到底有多爱或多恨这家公司呢？威朗制药公司的市值从区区几十亿美元起步，不到 10 年，在 2015 年 8 月就飙升到 900 亿美元。然而，接下来的 2 年，又暴跌 96%，蒸发了 870 亿美元的市值，令人震惊。安然欺诈给投资者造成了 740 亿美元的损失，胜腾欺诈给投资者造成了290 亿美元的损失，现在，你对威朗制药欺诈导致的损失有一些具体感受了吧！

威朗制药根据公认会计准则（GAAP）确认的收益远远配不上它直线飙升的市值。很多时候，公司报出的是巨额亏损，但公司管理层告诉投资者，最好用非公认会计准则的"现金收益"指标来评估威朗制药的绩效。当然，管理层没有告诉投资者，这个"现金收益"指标是有误导性的。威朗制药利用并购使得收入快速增长，现金收益这个指标也跟着快速增长，但是计算该指标时某些费用未被计入。威朗制药说服投资者忽略该期间内全部的非正常费用和那些经常性现金流出，然后，公司引入了并购保增长的战略，这一举措确保大多数成本要么源于折旧或摊销，要么源于一次性的并购相关费用。在 2013～2016 年间，威朗制药报告的现金收益总计达 96 亿美元，而它经审计的以公认会计准则为基础的净利润是 -27 亿美元，即亏损 27 亿美元，两者相差 123[⊖]亿美元。

⊖ 原书为 122，疑有误。——译者注

下章预告

最近 25 年来，我们一直致力于揭露管理层用来欺骗投资者的诡计，并与读者分享相关教训。在《财务诡计》英文版出版 25 周年之际，我们新增了一个诡计类别——并购会计诡计，因为并购为管理层操纵会计提供了便利条件。

我们希望本书将能提供一些工具，助你嗅到危险信号，让你的投资稳妥地保值增值。

第 2 章 | CHAPTER 2

就改改 X 光片吧

我付不起手术费，稍微给点钱您帮我改改 X 光片吧？

——沃伦·巴菲特，伯克希尔－哈撒韦公司首席执行官传奇投资者沃伦·巴菲特每年都以"致股东的信"的方式向那些对投资艺术感兴趣的各方传达自己的投资理念。巴菲特被人们尊敬地称为"奥马哈的先知"[⊖]，他在一封信中举了一个很深刻的例子来说明一个我们都非常关心的问题。这封信描述了一位病入膏肓的患者和医生之间的对话，患者刚刚做的 X 光片显示病情很不乐观。该患者听到坏消息后的第一反应不是对其每况愈下的健康状况接受恰当的诊断，而是要求医生去修改 X 光片。巴菲特用这个故事来提醒投资者，一定要注意那些通过修饰财务报表来将持续恶化的经济健康状况予以隐瞒的公司。巴菲特非常有预见性地补充道："但是长期来看，通过会计手段在纸面上解决问题的管理层最终还是会陷入麻烦。这样的管理层最后的结局与那位病入膏肓的患者一样。"

毫无疑问，一家通过财务诡计从纸面上解决经济健康问题的公司，与一位通过修改 X 光片来给患者治病的医生，两种处理方式的最终结果是一模一样的。这样的伎俩毫无意义，因为公司持续恶化的现实经济状况并没有改变，最终事实一定会大白于天下。

接下来的章节给出了许多案例，这些案例中的公司都试图通过纸面游戏来改善经营结果并隐瞒公司的经济健康问题，它们尽可能地想要拖延坏消息暴露的时间，我们将要探讨如何提前发现这些问题公司。

什么是财务诡计

财务诡计是指那些为了误导投资者对该公司的财务表现或经济健康

　⊖　奥马哈是巴菲特的家乡。——译者注

状况的理解，而由管理层采取的行动。其结果就是，投资者被欺骗了，错误地相信公司的利润很好，现金流非常强劲，其资产负债表上的财务状况也比实际状况更加安全。

有些财务诡计可以通过仔细阅读公司的资产负债表（正式名称为财务状况表）、利润表（经营结果表）和现金流量表上的数字而被发现，但另一些财务诡计光看数字可能不太容易被察觉，投资者需要去仔细阅读报表附注、季度业绩报告或者管理层披露的其他内容。我们将财务诡计分为四种主要类型（本书分别在第二部分到第五部分中介绍它们）：盈余操纵诡计（第二部分）、现金流量诡计（第三部分）、关键指标诡计（第四部分）和并购会计诡计（第五部分）。

盈余操纵诡计

当一家公司的业绩没有达到华尔街的预期时，投资者往往会对公司管理层评价不佳。毫不奇怪，为了刺激股价提升（有时也经常与高管的薪酬计划有关），一些公司就运用各种各样的财务诡计来进行盈余操纵。我们识别出以下七种盈余操纵的诡计，使用这些诡计会让公司错报它实际的可持续利润。

> 盈余操纵诡计第一种：过早确认收入。
>
> 盈余操纵诡计第二种：确认虚假收入。
>
> 盈余操纵诡计第三种：使用一次性或者非持续性的活动来推高利润。
>
> 盈余操纵诡计第四种：将当期费用推迟到以后期间确认。
>
> 盈余操纵诡计第五种：使用其他手法来隐瞒费用或损失。
>
> 盈余操纵诡计第六种：将当期利润推迟到以后期间确认。
>
> 盈余操纵诡计第七种：将未来费用确认在当期。

现金流量诡计

近些年来，越来越多的财报丑闻和利润重述使得投资者开始质疑，利润数据是否总是管理层操纵之后的结果。因此，越来越多的投资者开始关注现金流量表，特别是经营活动产生的现金流量。

许多投资者相信，与利润不同的是，现金流量的数字是板上钉钉的，操纵起来非常困难。很不幸的是，这只是投资者一厢情愿的想法。现金流量表也并不对会计操纵免疫，有些时候操纵现金流量与操纵利润一样，都是轻而易举的事情。我们识别出以下三种现金流量诡计，这些诡计误导了人们对一家公司真实现金产出能力的理解。

> 现金流量诡计第一种：将筹资活动现金流入归类为经营活动现金流入。
>
> 现金流量诡计第二种：将经营活动现金流出归类为其他活动现金流出。
>
> 现金流量诡计第三种：使用非持续性的活动来提高经营活动现金流量。

关键指标诡计

到目前为止，我们提到的诡计还都只是针对传统的财务报表。但是近年来，越来越多的公司开始在财务报表之外披露一些公司独有的，或是行业特有的指标。这些指标包括同店销售额、预订量、单位用户平均收入（Average Revenue per User，ARPU）、投入资本报酬率（Return on Invested Capital，ROIC）、息税折旧摊销前利润（EBITDA），还有许多其他指标。由于这些指标不在公认会计准则的规范之下，公司在计算和报告这些关键指标方面有很大的自由度。很自然地，财务诡计又可以乘虚而入了。第四部分阐述了两种关键指标诡计。

> **关键指标诡计第一种：**使用那些高估业绩的误导性指标。
>
> **关键指标诡计第二种：**通过歪曲资产负债表指标来避免显示财务状况的恶化。

并购会计诡计

在过去的 1/4 个世纪中，我们发现一些令人困扰的诡计隐藏在复杂的并购会计操作中。于是，我们在这一版的书中增加了这一部分内容，用以向投资者强调并购驱动型公司的复杂性，并找出那些给投资者挖坑的财务诡计。

> **并购会计诡计第一种：**虚增收入和利润。
>
> **并购会计诡计第二种：**虚增现金流量。
>
> **并购会计诡计第三种：**操纵关键指标。

运用全盘分析模式来识别财务诡计

"核查与制衡"的重要性

1972 年 6 月，位于华盛顿水门饭店的民主党全国委员会办公室发生了一起入室盗窃案，最终导致了 1974 年 8 月史无前例的美国总统辞职事件。尼克松总统最终下台这一事实证明美国这套"核查与制衡"的系统确实在有效地工作着。司法部门和立法部门在阻止行政长官滥用其宪法权力的过程中发挥了重要作用。最高法院一致裁定，尼克松总统不能申请行政特权以阻止调查人员接触据说含有对其不利证据的白宫录音带，并且建议众议院司法委员会全体议员弹劾尼克松。面对可能被众议院和参议院弹劾的情形，尼克松辞去了总统职务。

1999 年，比尔·克林顿总统因行为不端而将行政办公室推向另一场宪法危机的边缘。众议院就弹劾克林顿一事进行投票，因为他在宣誓的时候就与一名白宫实习生的关系撒了谎，同时"蓄意腐化并操纵美国司法程序以谋取个人利益并使自己免于获罪"。然而，在最高法院首席法官威廉·伦奎斯特（William Rehnquist）主持下，参议院在"重罪和不端行为"分类下很难找到可用于弹劾克林顿的罪名，于是克林顿被判无罪。

不论目标是维护民主还是为了保证财务报告的完整性，拥有一套"核查与制衡"的系统对于预防、发现和惩罚不当行为都是至关重要的。与美国政府的体系非常相似，财务报告也分为三个明显的"分支"——利润表、资产负债表和现金流量表。当其中一张报表使用财务诡计的时候，我们往往从其他报表中可以识别出预警信号。因此，投资者通常可以通过观察资产负债表和现金流量表不同寻常的变动，从而间接将盈余操纵诡计识别出来。使用类似的方法来辨认利润表和资产负债表上的某些变化，也可以帮助投资者发现现金流量诡计。

什么样的环境是诡计的温床

组织结构上有漏洞或者监管不力的公司为诡计的发生提供了绝佳的温床。投资者应当关注一家公司的治理和监管状况，他们可以问这些最基本的问题：①高管之间是否存在适当的核查与制衡关系，以消灭可能的错误行为；②董事会中的外部成员是否能够在保护投资者免受贪婪的、误导性的、不能胜任的管理层带来的危害中扮演合格的角色；③审计师是否有足够的独立性、知识和决心来保护投资者免受管理层的不当行为带来的危害；④公司是否不恰当地采取了迂回的步骤来避免监管审查。

缺乏核查和制衡关系的管理层

在那些好公司里面，在高管之间存在一种可以相互自由批评和提出反对意见的文化，这听上去与好的婚姻十分类似。而在不健康的公司中，一个独裁者可以对其他人为所欲为，这与坏的婚姻也没有什么不同。如果这个独裁者想要编制一些误导人的财务报告，投资者就面临着极大的风险。在一个充斥着恐惧和胁迫的公司文化下，谁敢去阻拦首席执行官呢？对于投资者来说，在高管之间存在足够的核查和制衡关系以防止坏的行为发生是至关重要的。

警惕那些管理层之间缺乏核查和制衡关系的公司

投资者肯定希望公司高管团队中的成员是坚强、自信并且高尚的，当公司首席执行官或者首席财务官有不当行为的时候，他们会去阻止这些行为并将其报告给公司董事会和审计师。但财务诡计的发生往往就是由于公司内部缺乏这样的核查与制衡关系。例如，由一群家庭成员和朋友占据关键高管职位的组织结构更容易促使管理层接受财务诡计。此外，像日光公司（Sunbeam）的阿尔·邓拉普（Al Dunlap）或者南方保健公司（HealthSouth）的理查德·斯克鲁士（Richard Scrushy）那样强有力的、独断专行的首席执行官，加上一些毫无主见的共谋和一群不知所措的顺从者，这极大提升了公司作恶的可能性。

小心那些为达目的不择手段的高管

在上一章开头，我们给出了乔·纳吉欧在2001年一个公司会议上对公司团队说过的话，即一定要千方百计"造出数字"。

在这种可怕哲学的指导下，毫不奇怪，纳吉欧和奎斯特通信公司的另外 6 个高管被证券交易委员会起诉，控告他们从 1999 年到 2002 年策划了涉案金额高达 30 亿美元的会计舞弊案。后来，纳吉欧认罪，并被判入联邦监狱服刑大约 6 年时间。

对那些自吹自擂、王婆卖瓜型的管理者保持怀疑

投资者一定要特别小心那些在公开场合吹嘘自己总是能达到或者超过华尔街预期的高管。因为，当困难时刻来临或者企业增速变缓时，这样的管理层可能会倍感压力，从而决定采用会计手法甚至是舞弊手段来保持原来的增长记录，而不想披露公司的增长神话已经终结的现实。

想想讯宝科技（Symbol Technologies）这家长岛条码扫描器制造商的例子。在超过 8 年的时间里，该公司总是能达到或者超过华尔街的预期业绩，在整整 32 个季度里保持了完美记录。但事实是，为了维持"胜利记录"，讯宝科技几乎使用了所有的财务诡计。证券交易委员会最终抓住了讯宝科技的把柄，指控该公司在 1998 ~ 2003 年发生了重大的舞弊行为。

还有许多发生重磅舞弊案的公司同样十分强调自己保持了完美的业绩记录。例如，超市行业巨头皇家阿霍德集团（Royal Ahold）、汽车零部件制造商德尔福公司（Delphi Corporation）、工业集团通用电气公司（General Electric）以及甜甜圈店卡卡圈坊（Krispy Kreme Doughnuts Inc.）等都是这种情况。后来制造了欧洲最大欺诈案之一的皇家阿霍德集团，在与投资者的业绩沟通电话会议中就十分乐于吹嘘自己能够始终保持增长记录：

我们的净利润已经连续 13 年保持快速增长了。在这 13 年间，阿霍德集团总是能达到或超过预期，而且我们也将继续保持下去。

缺乏胜任能力或独立性的董事会

当就任一家公司的外部董事可以带来名誉、津贴和丰厚的薪水，且每年的现金和非现金报酬加起来一般会超过 20 万美元时，这大概是全世界最好的兼职工作了。

有时候，对那些幸运的人来说，轻轻松松地当个董事没什么不好，但是当我们认真思考投资者是否从这些受托人那里得到足够的、预想中的保护时，答案就不见得那么轻松了。投资者必须从两个层面评估董事会成员：①他们属于董事会吗？他们在各个委员会中是否都能胜任工作（如审计委员会和薪酬委员会）？②他们是否适当地履行职责来保护投资者的利益？

不恰当的或者没有准备充分的董事会成员

（有一定年纪的）棒球迷肯定还记得洛杉矶道奇队的管理者和后来公司的宣传员汤米·拉索达（Tommy Lasorda）。毫无疑问，汤米在打棒球上天赋异禀，而且拥有一种能够帮助公司推销产品的人格魅力和感召力。但是作为上市公司孤星牛排馆（Lone Star Steakhouse）的董事会成员，汤米则完全没有发挥出他的强项。他在棒球场上 70 年的履历十分引人瞩目，但是这可能对提升他的财务分析技巧没有什么用处。

更糟糕的还有，20 世纪 90 年代，前海斯曼奖得主、美国橄榄球职业联盟名将辛普森（O.J. Simpson）（后被判有罪）被任命为无线广播公司（Infinity Broadcasting）最重要的审计委员会成员，职责是忠实地保护投资者的利益。对于辛普森来说（恐怕对几乎所有的职业运动员来说也是如此），他缺乏能够看懂资产负债表复杂性的必要技能和经验，更别说还要全面监督企业的财务报告和披露流程了。投资者应当坚持，确保董事会中的外部成员具备足够的知识和技能，并且他们只能在与其技能技巧相匹配的委员会中任职。

未对管理层的关联方交易提出质疑

2008 年，印度信息技术巨头萨蒂扬软件技术有限公司（Satyam）的高管决定收购一家公司——梅塔斯公司（Maytas），该交易需要董事会的批准才能进行。董事会开会讨论并默许了管理层的建议，尽管目标公司实际上是被该公司首席执行官的几个儿子控制着的。具体来说，萨蒂扬公司董事会同意支付 16 亿美元用以取得梅塔斯公司地产 100%的股权和梅塔斯公司基础设施 51% 的股权。（Maytas 是 Satyam 倒序拼写而成，这也为我们这些"福尔摩斯"揭示了该交易可能是关联方交易。）

该公司董事会应当否决这项并购，不仅因为目标公司的控制者是公司首席执行官的儿子，还因为这场并购根本没有意义。任何一个萨蒂扬公司的董事都应当感到困惑，为什么公司准备花 16 亿美元在一个关联方的房地产相关产业上（并不是该公司的主业），而此时公司的主业正压力倍增，投资在主业相关领域帮助其从竞争中胜出似乎是更好的选择。

尽管董事会批准了该项并购，但第二天由于投资者的激烈反对，该并购中止了。萨蒂扬公司的首席执行官后来告诉监管当局，这笔交易是萨蒂扬公司最后一次用真实资产取代虚假资产。健康有效的董事会的一个标志是，它可以用不同意见推翻管理层已经达成的共识。显然萨蒂扬公司的董事会没有做到这一点。

未对管理层不恰当的薪酬计划提出异议

给管理层制订合适的薪酬计划往往是外部董事的职责，尤其是那些在薪酬委员会任职的董事。管理层可能会提出一些离奇的薪酬计划，给高管高得离谱的薪酬。例如，在 20 世纪 90 年代中期，冠群电脑公司（Computer Associates）执行了一个计划，只要高管将公司股价保持在一定价位超过 30 天，就给其超过 10 亿美元的股票激励。令人震惊的是，董事会居然同意了这项奇怪而鲁莽的薪酬计划。

有时，即使是经过缜密思考的薪酬计划，如果被极端利用的话，也可能会导致管理层的冒险行为，并给投资者带来毁灭性的灾难。例如，威朗制药公司与高管达成的与业绩挂钩的薪酬计划。该股票激励计划最主要的决定因素就是股价的平均涨幅，这被称为股东总体回报（Total Shareholder Return, TSR）。股东总体回报越高，高管能够得到的额外股票就越多。当威朗制药公司的年度回报超过 60% 的时候，它的首席执行官迈克尔·皮尔森（Michael Pearson）的财富增长超过了所有人的想象——顶峰时超过了 30 亿美元。但是，这很自然地导致了管理层的高危行为，并对长期投资者来说危害巨大。

此外，除了完全基于股价上涨设计的、会误导管理层高危行为的股票激励计划之外，该公司的年度现金激励计划也不尽如人意。威朗制药公司没有使用那些更可靠的、经过审计的、公认会计准则下的指标，反而用了两个非公认会计准则指标——调整后利润和调整后收入。（我们在第 17 章里会对此进行讨论，威朗制药公司的调整后利润极大地美化了其实际业绩。）

综上所述，我们可以总结出以下经验教训：过犹不及。是的，基于业绩的薪酬计划往往被人们认为是一件好事，但是在设计的时候一定要使用合乎情理的指标，并且该计划一定是适度风险导向的。威朗制药公司的薪酬计划有如下两个无法弥补的巨大缺陷：①该薪酬计划建立在股价上涨和不可靠的非公认会计准则指标基础之上；②为极高的"股东总体回报"支付高额报酬的设计会导致管理层胆大妄为的行为。

当评估外部董事时，投资者一定要问这个问题：他们到底代表了谁的利益——是管理层的利益还是投资者的利益？投资者还需要对那些能够被轻易用作装满高管钱包的工具的薪酬计划提出质疑。

缺乏客观性和形式独立性的审计师

就保护投资者免受不道德的管理层和冷漠无能的董事会伤害而言，独立的审计师无疑发挥着重要作用。一旦投资者质疑独立审计师的胜任能力或者诚实水平，那么混乱将接踵而至。在 2002 年安然和世通公司崩溃时，很显然就发生了这样的情形，伴随整个金融市场的暴跌，安达信会计师事务所解散了。

审计师可能是投资者的朋友，也可能是投资者的敌人：如果审计师非常专业，能够胜任工作，保持独立性，并对审计过程中的问题处理得一丝不苟，那他就是投资者的朋友；如果审计师不能胜任工作，非常懒惰，对管理层言听计从，那他就是投资者的敌人。有时候审计师的高额收费以及多年业务来往形成的亲密的个人关系，都会导致拙劣的审计工作，并造成投资者的巨大损失。下面是判断审计师到底是哪个阵营时（朋友还是敌人），投资者需要考虑的主要因素。

业务关系时间过长或过于紧密都会妨碍对公司的重新审查

意大利乳制品巨头帕玛拉特集团（Parmalat）的舞弊和崩溃案件被称为“欧洲的安然事件”。尽管安然和帕玛拉特这两家公司的业务和会计事项不同，但两者有一个非常明显的相似之处，那就是丧失独立性的审计师没有发现舞弊。

帕玛拉特案例中一个有趣的事实是，它将自己的主审计师由致同会计师事务所更换为德勤会计师事务所。事实上，如果不是意大利的法律要求公司每9年更换一次会计师事务所的话，帕玛拉特的欺骗行为可能还会延续更长时间。1999年，德勤会计师事务所接替了致同会计师事务所的工作，并开始首次质疑公司的一些离岸账户，这些账户后来被证明并不存在（当时，许多账户仍由致同会计师事务所审计，因为它们不受意大利法律约束）。就这样，境外的欺诈实体被曝光，其中包括位于开曼群岛上的帕玛拉特子公司博纳特（Bonlat）公司，该公司在帕玛拉特隐瞒虚假资产一事中扮演重要角色。

与帕玛拉特案例十分类似，日本也发生过由于审计师与公司管理层长期保持良好关系而导致公司舞弊很长时间未被发现的案例。化妆品和纺织品公司——嘉娜宝（Kanebo）公司由普华永道的联营所审计了至少30年。当该公司的一家合并子公司业绩一落千丈时，审计师被指控曾建议管理层减少在该子公司的持股，从而将该子公司排除出合并范围。审计师还被指控对公司在业务不佳期间虚增收入的会计处理视若无睹。嘉娜宝公司在1996～2004年报告了大约20亿美元的虚假利润。监管机构对审计师如此胆大妄为的行为非常震怒，于是迅速对这些审计师采取了法律行动，并罚其停业两个月。

不胜任的审计师可能会与管理层同流合污

每个地区似乎都有自己的"安然事件"。对于印度来说，信息技术咨询公司——萨蒂扬软件技术公司靠着2009年的巨大舞弊丑闻脱颖而出成为"印度的安然公司"。具有讽刺意味的是，萨蒂扬（Satyam）在梵文中是"真相"的意思。该公司首席执行官马林加·拉贾（Ramalinga Raju）后来承认公司对投资者胆大包天地撒了好多年的谎。也许他在当初选择公司名称的时候犯了糊涂，他真正想要选的梵文名称应该是"阿萨蒂扬"（Asatyam），也就是"假象"的意思。

从 1991 年开始，普华永道会计师事务所就为萨蒂扬公司提供审计服务，审计师并没有审计出该公司虚增超过 10 亿美元的现金和银行存款（根据拉贾的供述）。萨蒂扬公司和审计师被指控勾结在一起。当丑闻曝光后，据一位萨蒂扬董事会的成员描述，相关证据明显是伪造的，任何人都能发现这一点。

管理层试图规避监管审查的各种方案

正如我们所指出的那样，财务诡计多被用于那些高管之间没有合理的核查与制衡机制的公司，也多被用于那些董事会中的外部董事缺乏保护投资者的技巧和愿望的公司，还多被用于那些审计师没有尽忠职守的公司。除此之外，还有一种保护投资者的力量，那就是监管机构。在美国，证券交易委员会履行监管财务报告规则和检查报告内容的义务。如果某家公司的财务报告不符合要求，证券交易委员会可以阻止其发行证券，或者暂停其股票交易。

尽管在过去的这些年中，证券交易委员会多数时候起到了保护投资者利益的作用，但它偶尔也会漏掉个别未披露重大事项的违规公司。因此，它也受到一些批评。此外，有些公司不遗余力地想要规避证券交易委员会的检查和监管。接下来的章节会告诉我们这些公司是怎么做的，以及在何种情况下投资者需要格外提高警惕。

在上市之前缺乏监管机构的监督

如果管理层的确非常想要避开证券交易委员会的严格监管，它们可能会首先选择通过并购一家已经上市的公司来实现上市，从而规避正常发行程序中的一系列监管要求。这是成为上市公司的一种开后门的方式，它规避了正常 IPO 过程中烦琐的监管要求。因此，投资者应当特别关注这些公司，它们往往使用"反向收购"或者是"特殊目的并购公司"来合并一家壳公司，从而实现迅速上市。

下章预告

现在你做好准备了吗？我们将要探讨四种类型的财务诡计：盈余操纵（第二部分）、现金流量（第三部分）、关键指标（第四部分）和并购会计（第五部分）。

盈余操纵诡计通常被那些想要虚增利润或者平滑利润的公司所使用，这些公司的管理层想要将自身描绘成未来利润可期的健康公司形象。在下一部分中我们将一一讨论七种盈余操纵诡计，请翻开下一页继续学习吧。

2

第二部分

盈余操纵诡计

EARNINGS MANIPULATION
SHENANIGANS

投资者依靠公司披露的信息来做出正式的、理性的证券投资决策。不论是好消息还是坏消息，公司都应当准确披露消息。尽管大部分的公司高管是尊重投资者及其需求的，但还是会有一些不诚实的管理者通过虚假陈述公司业绩、操纵公司报告的利润来误导投资者。第二部分集中探讨了盈余操纵的七种诡计，并给谨慎的投资者提出了如何鉴别这些诡计从而避免损失的建议。

盈余操纵诡计

盈余操纵诡计第一种：过早确认收入（第3章）。

盈余操纵诡计第二种：确认虚假收入（第4章）。

盈余操纵诡计第三种：使用一次性或者非持续性的活动来推高利润（第5章）。

盈余操纵诡计第四种：将当期费用推迟到以后期间确认（第6章）。

盈余操纵诡计第五种：使用其他手法来隐瞒费用或损失（第7章）。

盈余操纵诡计第六种：将当期利润推迟到以后期间确认（第8章）。

盈余操纵诡计第七种：将未来费用确认在当期（第9章）。

管理者可能使用多种手法来误导投资者，想让他们形成公司的经营业绩比其真实的经济现状要好的印象。我们将所有这些盈余操纵诡计分为两大类：虚增当期利润和虚增未来利润。

虚增当期利润

很简单，如果想要虚增当期利润，管理层要么在当期确认更多的收入或利得，要么将当期费用确认到以后期间。盈余操纵诡计的第一种、第二种和第三种都是将更多收入或者一次性利得确认在当期，而第四种和第五种则是将费用推迟到以后期间确认。

虚增未来利润

与前面相反，如果想要虚增未来的业绩，管理层只要不确认当期收入或者利得，留待以后再确认，或者将未来的费用、损失提前确认在当期即可。盈余操纵诡计的第六种描述了如何将收入留待以后期间再确认的各种手法，而盈余操纵诡计的第七种则描述了如果将未来费用加速确认在当期。

只要将不属于该期间的收入或者利得确认在该期，或者将属于该期的费用或者损失不确认在该期，都能导致该期间的利润虚增。反过来说，将属于该期的收入或者利得不确认在该期，而将不属于该期的费用或者损失确认在该期，就会导致该期间的利润虚减。当然，当期利润虚减之后，势必带来未来的利润虚增，管理层一定是觉得不会吃亏才做出如此决策的。

在这七种盈余操纵诡计中，前面五种都是为了虚增利润，而后面两种则是为了虚减利润。大部分读者可能会感觉前面五种盈余操纵财务诡计，即涉及虚增利润的诡计更符合逻辑和直觉。毕竟，更高的利润可能带来更高的股价，从而使管理者的薪酬更多。第六种和第七种盈余操纵诡计背后的逻辑可能不是那么显而易见，但是的确有它们适用的场景。这些诡计将利润在同一年度内腾挪转移，用业绩好的年份去接济业绩差的年份。换句话说，管理层可能就是想将剧烈波动的利润平滑一下，以显示其业绩没有那么大起大落。

第 3 章 | CHAPTER 3

盈余操纵诡计第一种：

过早确认收入

哪几个月有三十天，
四六九十一三十天；
二十八天就是二月，
余下都是三十一天。

——15 世纪中期英国韵律诗现代版本

当我们还是小朋友的时候，我们就学习了类似章首页这样的韵律诗来帮助我们记忆每个月有多少天。说实话，直到我们成年，这样的韵律诗依然能够在需要的时候帮助到我们。直到再长大一些的时候，我们才意识到二月并不是 30（或 31）天的唯一一个例外。事实上，对于一个想要虚增收入的公司而言，每个月都可能成为例外。冠群电脑公司就是这类虚增收入手法的典型代表，它通常会出于记账需要将每个月延长至 35 天，以便将随后几天的收入归入当月。该手法完美运行了一段时间，直至公司造假事发，首席执行官桑吉·库马尔也锒铛入狱。

在过早确认收入的手法中，将月末截止日向后延长只是管理层可利用的手法之一。本章描述了管理层试图加速收入确认的各种手法，以及投资者如何鉴别这种违规行为。

过早确认收入的方法

1. 在未完成合同中的主要义务时就确认收入。
2. 以超出合同规定的工作量来确认收入。
3. 在买方最终验收产品之前确认收入。
4. 当买方无须付款或付款能力存在不确定性的时候就确认收入。

在未完成合同中的主要义务时就确认收入

微策略公司——科技浪潮的弄潮儿

谁能忘记 20 世纪 90 年代在互联网驱动下的那一波牛市浪潮呢（纳

斯达克指数在 1999 年上涨了 94%），层出不穷的各种会计手段被用来为众多科技公司炙手可热的增长速度保驾护航。或许这次疯狂浪潮中的一个典型代表就是弗吉尼亚的软件销售商微策略公司（MicroStrategy，MSTR）。在它上市之后的两年时间内，该公司的市值上涨到 250 亿美元，实现了令人瞠目结舌的 60 倍的增长。该公司市值增长的一个主要动力源于将产品销售给微策略刚刚投资的公司。我们无法得知这些交易究竟是不是虚假交易，但这种交易模式引发了巨大的争议。除了这些可疑的交易之外，微策略公司会促使客户在季末前签署合同，该公司认为合同的签署是确认收入的关键因素。但是正如我们随后会讨论的那样，收入只有当被实际赚得的时候才能够被确认，也就是说必须等到提供服务之后再确认。

美梦还是噩梦　试想一下你正处在互联网时代，并正在做着美国梦。你和你的大学同学一起设立了一家软件公司。在最初的几年里，你没日没夜地工作，但这个时候你的现金报酬几乎是零。此时，你用股票或者股票期权为自己和团队中有价值的员工加油打气。随后，你开始与投资银行人员见面，为自己公司的首次公开募股做准备。成功啦！投资银行成功地将你公司的股票发行出去，你现在赚得了人生中第一个几百万美元。但这仅仅是开始。你公司（现在是上市公司）的股价开始大幅度上涨，你变成了美国最富有的人之一，而你此时刚刚 34 岁，竞选总统都还太年轻。各路媒体众星捧月般地围绕着你。

这是微策略公司创始人迈克尔·赛勒（Michael Saylor）的真实写照。微策略公司成立于 1989 年，在 1998 年以市值 2 亿美元上市。这仅仅是开始一场不可思议的冒险征程的第一步。在 1999 年的最后 4 个月内，公司的股价开始飙升，从每股 20 美元飙升至每股 100 美元以上。在接下来的 10 周内，股价不可思议地飙升至每股 333 美元。迈克尔·赛勒的个人财富达到令人惊讶的 140 亿美元。

接着，美梦变成了百年难遇的噩梦。2000 年 3 月 20 日，微策略公司向投资者披露其财务报告中有非常严重的财务不规范操作。公司 1997 ～ 1999 年的报表需要重述，其结果是公司业绩其实是重大的净损失，而不是之前报告的净收益。震惊的投资者开始蜂拥抛售股票，该公司的股价在短短一天之内下跌了 140 美元（从每股 226 美元跌至每股 86 美元）。但这仅仅是开始，12 个月之后，该公司的股价跌至每股 1.75 美元。（该公司的股价在 2002 年仍然一直下跌，该公司不得不宣布了一个 1:10 的反股票分割计划，该计划效果是将股价提升 10 倍以避免从股票交易市场上被退市。）

是什么导致了崩塌 2000 年 3 月初，微策略公司的审计师——普华永道会计师事务所刚刚为该公司 1999 年的财务报告出具了标准无保留的审计意见（为即将进行的股票增发计划出具的审计意见），《福布斯》杂志发表了一篇文章，对该公司的收入确认政策提出了一系列质疑。正是这篇文章打破了神话。

福布斯杂志的文章刊出之后，普华永道会计师事务所进行了一个内部调查并得出结论，该公司经审计的财务报表其实是虚假的、误导人的。审计师的突然变脸其实在业内是非常罕见的现象，这导致了该公司股价开始自由落体般地下跌。

奇怪的新闻稿中隐藏着对投资者的预警信号 1999 年 10 月 5 日，微策略公司在媒体上发布了一则消息，宣称它与 NCR 公司达成了一项交易。据报道，微策略公司与 NCR 公司达成价值 5250 万美元的专利使用权转让协议以及一项合伙协议。根据该协议，微策略公司将投资 NCR 公司，与其形成合作关系，而 NCR 公司则购买微策略公司的产品作为回报。当钱在交易的安排中双向流动时，从卖方（微策略公司）到买方（NCR 公司），又从买方到卖方，我们将这种交易称为回旋镖交易。报道中是这样描述的：

在该合作协议下，NCR 公司与微策略公司签署价值 2750 万美元的原始设备制造商（Original Equipment Manufacturer，OEM）协议，购买微策略公司的产品和个人信息服务。此外，微策略公司选择购买 NCR 公司的天睿数据仓库（Teradata Warehouse）价值 1100 万美元的服务，用以驱动 Strategy.com 网络。

作为 OEM 协议的一部分，NCR 公司将成为 Strategy.com 的主要联营企业之一。作为主要的联营企业，NCR 公司加入我们的企业网络，销售 Strategy.com 相关产业与微策略公司的产品和服务。作为协议的一部分，微策略公司在未来将为 NCR 公司提供 OLAP 技术[⊖]。微策略公司同意以价值 1400 万美元的微策略股票购买 NCR 公司的 TeraCube 业务和所有相关知识产权。

接着，就在 1999 年 12 月那个季度结束之后，2000 年 1 月 6 号，微策略公司又在媒体上发布了一则消息（摘要见下），同样也包含了一个可能在即将披露的会计期间贡献收入的可疑"回旋镖"交易计划。

根据本协议的安排，交换应用公司（Exchange Applications）将支付给微策略公司初始费用 3000 万美元，支付方式为现金和交换应用公司股票的组合。微策略公司会将其中约 1/3 的部分在 1999 年第四季度确认为收入。此外，微策略公司在接下来的两到三年将为其提供 eCRM 服务，由此另外赚到 3500 万美元。作为协议的一部分，交换应用公司成为 Strategy.com 的主要联营企业之一。

　　⊖　一种联机分析处理技术。——译者注

作为主要的联营企业，交换应用公司加入我们的企业网络，销售 Strategy.com 相关产业与微策略公司的产品和服务。

投资者的重要教训　我们从微策略公司的故事中可以学到两个重要的教训：①当资金在买方和卖方之间来回流动时，我们应当合理怀疑双方交易的合法性；②当涉及新收入的消息披露总是发生在一个会计期间刚刚结束时，我们应当合理怀疑公司是否过早地确认了收入。事实上，综合我们从其他渠道得到的消息，微策略公司总是在一个会计期间结束之前匆匆签订销售合同，就是想将收入加速确认在这个会计期间。我们认为从会计角度来看，这些举动都是徒劳无功的，因为收入应当在实际赚得的时候确认，而不是在签订销售合同时确认。

日历游戏

想象一下，假如你可以在赛马结束之后再下赌注。这听上去十分荒谬，因为你事先已经知道了比赛结果，自然你每一次下注都会赢。这种情形让我们想起了那些处于危险中的"未达标"状态的公司，即没有达到令华尔街满意的预计业绩。这些公司在季末将报告期延长（如冠群电脑公司将一个月延长至 35 天）以保证他们在报告期内的收入和利润能达到华尔街的预期。

警惕那些延长季末报告期的公司　冠群电脑公司并不是唯一一个为了虚增收入而在季末该关账而不关账的公司。日光公司的"链锯阿尔"邓拉普和他的"随从"将公司的季末报告日从 3 月 29 日变更为 3 月 31 日来掩盖收入下降的事实。延长这两天之后，日光公司就可以另外确认 500 万美元的核心业务销售收入，还可以再确认刚刚收购进来的科勒曼公司（Coleman Corporation）的 1500 万美元的收入。

同样不甘居于冠群电脑公司和日光公司之后的还有起家于圣地亚哥的软件开发商游隼公司（Peregrine），在正式的报告日结束之后依然不关账的操作在这家公司也是稀松平常。这种操作在该公司如此盛行，以至于高管曾经为此开过玩笑，说他们最近的交易都是在"12月37日"完成的。

为达到预期变更会计政策

前面我们已经讨论过，当公司高管吹嘘他们将保持令人惊奇的好业绩时，很可能是通过各种财务诡计来实现的。

想想大家知道的咖啡销售商——绿山咖啡公司（Keurig）是如何向投资者隐瞒其放缓的收入增长的。该公司非常奇怪地变更了收入确认的时点，以及大批量销售时的销售折扣在利润表上的列报位置。绿山咖啡公司的业绩在2005～2008年增长非常迅速，它的首席执行官劳伦斯·J.布兰福德（Lawrence J.Blanford）十分骄傲，经常在媒体上向投资者吹嘘：

> 真开心今天又跟大家分享这么好的消息。2007年我公司业绩表现强劲，销售净收入比去年同期增长52%。这是绿山咖啡公司连续第20个季度销售净收入保持两位数的增长，连续第8个季度销售净收入增速超过25%。

我们都知道，按照25%的增速复利计算任何数字，在过了较长期间后都会变得很大。对于销售而言，要永远保持这样的增速简直就是天方夜谭。所以绿山咖啡公司要么最终宣告这样的增速时代终结，要么就千方百计、不择手段地保证这样的增速仍在维持。很不幸的是，绿山咖啡公司选择了后面这条路。翻阅该公司2007年和2008年的年报，我们

可以发现它进行了一个不显眼但很重要的会计政策变更，该公司高管在
2008 年做此变更的目的是为了增加收入。首先，公司开始较以往更早地
确认收入——在发货时确认，而不是在交货时确认。其次，它开始将给
客户的奖励或"折扣"当作营业费用，而不是作为收入的减项。

绿山咖啡公司关于收入确认的会计政策附注

　　2007 年年报——将批发或者直接销售给客户的收入在交货时予
以确认。此外，公司的客户可能会得到一些奖励，这些奖励在合并
利润表中被用来冲减销售收入。

　　2008 年年报——将批发或者直接销售给客户的收入在交货时予
以确认，某些情况下，在发货时确认。此外，公司的客户可能会得
到一些奖励，这些奖励在合并利润表时被用来冲减销售收入，或者
被记为销售费用。

以超出合同规定的工作量来确认收入

　　第一部分通过案例说明了公司如何在销售的关键行为没有发生的情
况下不恰当地提前确认了收入。接下来，我们讨论第二种情形，卖方的
确已经开始履行合同义务，但是卖方管理层确认的收入远远超出了应当
确认的部分。

　　变更收入确认的会计政策以更早（或者更多）地确认收入

　　正像绿山咖啡公司那样，公司可以变更收入确认的会计政策来对
已有的项目确认更多的收入和营业利润。看一看日本制造商爱发科公
司（Ulvac）的案例，当其业务陷入困境时，高管决定靠变更会计政策来

"解决"问题。

警惕靠变更收入确认的会计政策来隐瞒业务崩溃事实的公司　当你公司的业务急剧下滑，而你想要向投资者隐瞒这一事实的时候，你会怎么做？2010 年，爱发科公司想到了一个很聪明的办法，但这却是一种令人无法容忍的财务诡计。表 3-1 给出了爱发科公司以 6 月底为报告截止日的 2008、2009 和 2010 财年的业绩。

表 3-1　爱发科公司 2008 ～ 2010 年报告的经营业绩

（单位：100 万日元）

	2008 年	2009 年	变动百分比（%）	2009 年	2010 年	变动百分比（%）
营业收入	241 212	223 825	-7	223 825	221 804	-1
营业利润	9 081	3 483	-62	3 483	4 809	38

经过了糟糕的 2009 年之后（营业收入下降了 7%，营业利润下降了62%），2010 年看上去似乎是反败为胜的一年（营业收入的降幅减少至区区 1%，营业利润则令人惊讶地增长了 38%）。看上去像是公司在收入增长不尽如人意的情况下进行了卓有成效的成本费用方面的节约。然而，问题在于 2010 年的这个经营结果其实是非常具有误导性的。具体而言，爱发科公司刚刚变更了它的收入确认政策，从原来的传统方式变更为完工百分比法，随之而来的结果就是它能更早地确认收入。表 3-2 给出了如果收入确认政策没有变更的话，爱发科公司将报告的业绩。这个结果一定会令投资者震惊，这对他们来说简直就是迎头泼来的一盆冷水。

表 3-2　假设会计政策没有变更，爱发科公司 2009 ～ 2010 年报告的经营业绩

（单位：100 万日元）

	报告值，截至2009 年 6 月底	报告值，截至2010 年 6 月底	会计调整	调整后，截至2010 年 6 月底	调整后变动百分比（%）
营业收入	223 825	221 804	（44 037）	177 767	-21
营业利润	3 483	4 809	（12 033）	（7 224）	NM

注意在表 3-2 右侧的 2010 年"调整后变动百分比"那一栏，并将其与表 3-1 中对应的"变动百分比"那一栏（显示收入仅仅下降 1%）比较。如果只看表 3-1，我们会感觉与去年营业收入下降 7% 相比，2010年营业收入虽略有下降但还是基本稳定的，而事实却是营业收入急剧下降 21%，看到这个结果投资者一定会被吓傻。所以为了避免这种情况发生，爱发科公司的管理层找到了一个解决方案，而审计师居然也认同了——那就是变更它的收入确认政策，向投资者隐瞒公司的重大问题。

当使用完工百分比法时，变更会计估计和假设

爱发科公司的案例告诉我们当一家公司由原先标准的收入确认政策变更为更加激进的完工百分比法时，会给收入带来多么大的变化。投资者还要注意那些原先就使用完工百分比法的公司，如果这些公司就完工百分比法变更了一些关键会计估计或者假设，也有可能会产生极大地虚增收入的效果。

让我们来看看太阳能产业的领头公司第一太阳能公司（First Solar）的例子，它也通过会计变更来向投资者隐瞒公司业绩下滑的现实。2014年，第一太阳能公司在美国建造了一些规模庞大的太阳能电厂。由于这些合同是长期建造合同，第一太阳能公司使用完工百分比法来确认收入，它根据每一个合同截至目前已经发生的成本占预期总建造成本的百分比来计算完工百分比。在这种方法下，公司对预期总建造成本的估计如果发生变更，很显然会直接影响到当期报告的收入，因为估计的完工百分比受变更的影响，要么上升，要么下降。

会计术语简介

完工百分比法的背景

完工百分比法使得公司可以在一个项目结束之前就确认收入。这种

方法的提出主要是为了让那些从事长期建造的公司可以在将最终合同标的交付给客户之前，在每一个会计期间根据公司的建造活动来确认收入。在这种方法下，公司应当估计项目的完工进度，并且根据这个完工进度按比例确认该项目的收入、费用和利润。投资者对使用完工百分比法的公司要非常警惕，因为该公司的经营业绩极大地依赖完工百分比的估计。

谨慎的投资者看到第一太阳能公司在 2014 年年报附注中披露的各种变更之后，一定会非常恼火。该公司变更了 2014 年各项目的预期总建造成本，这么做只须用鼠标在电子表格中轻轻一点，管理层就可以立刻确认出额外的 4000 万美元的收入来（2013 年也因此增加 850 万美元的收入）。而且，由于这"大风刮来的"收入没有额外的成本，毛利和营业利润也都以相同金额增长。

完工百分比法为管理层虚增收入提供了又一种与众不同的工具，但是冠群电脑公司——一家企业软件公司——显然在运用这种方法的路上走得更远，它将授权使用的许可费收入提前确认，而这些收入可能在很长一段时间内都无法实际赚得。

警惕公司将长期授权许可合同的收入提前确认　冠群电脑公司给客户提供长期授权许可合同来保证客户可以使用它的主机电脑软件。客户为使用该软件支付一笔先期费用，然后在合同期内每年支付一笔费用以更新软件。尽管该合同是长期性质（有些合同期甚至长达 7 年），该公司仍将整个合同的全部未来使用费现值立刻在当期确认为收入。由于所有的授权使用收入都是在合同初期确认的，而现金流入要在接下来的许多年内陆续收到，因此冠群电脑公司在资产负债表上累计了巨额的长期应收款。

监管机构同样强烈不认同这种做法

证券交易委员会指控冠群电脑公司从 1998 年 1 月至 2000 年 10 月对至少 363 个与客户签订的软件合同提前确认了超过 33 亿美元的收入。

冠群电脑公司庞大的长期应收款应该对投资者有所警示，这代表该公司可能采取了非常激进的收入确认政策。投资者仔细查看就可以发现该公司的长期应收款和应收款总额早在 1998 年 9 月就开始迅速膨胀了。投资者可以使用"应收账款周转天数"这个指标来衡量从客户处收到钱的速度与收入确认的速度之间的变化。应收账款周转天数延长可能意味着更加激进的收入确认政策，或者也可能就是账款回收管理不佳。1998 年 9 月，随着该公司长期分期收款的应收款急剧增加，其应收账款周转天数激增至 247 天（根据产品销售收入计算），与去年相比增加 20 天。此外，用包含短期和长期部分的应收款总额计算的应收账款周转天数增加至 342 天，与去年相比增加了 31 天。

在买方最终验收产品之前确认收入

本章的前两部分聚焦在卖方对合同义务的履行程度的分析上，而接下来的两个部分将聚焦在对买方的分析上。在这一部分中，我们将分析三种在买方最终接收产品之前就确认收入的伎俩：①在发货之前就确认收入；②在运至非买方的第三方手中时，就确认收入；③已运至买方处，但在买方仍保留取消交易的权利时确认收入。

销售方在发货之前就确认收入

一种存在问题并且通常很有争议的收入确认方法被称为借助开票持有协议。在这种方法下，销售方为客户开票并确认销售收入，但是仍然持有已售出的产品。对于大多数销售方来说，收入应当在产品运输给买方时再确认。但是，在某些情况下，会计规范也允许在存在借助开票持有协议的情况下确认收入，但这种交易安排必须是基于买方的要求并且必须是出于方便买方的目的而设计的。例如，买方在没有足够的仓储空间来存放货物时，它可能请求卖方代为保管货物。如果一个借助开票持有协议是由卖方发起的，并且是为了给卖方带来好处而设计的，在这样的安排下卖方是不能确认任何收入的（也就是说不能提早确认收入）。

小心由卖方发起的借助开票持有交易　如果某个借助开票持有交易看起来像是由卖方发起的，投资者应当合理怀疑这个卖方的目的是想要提早确认收入。例如，日光公司的首席执行官阿尔·邓拉普就使用借助开票持有的战略来虚增收入，使得日光公司的业绩比它的实际业绩更加漂亮。

日光公司在它的"转折年"急切地想要提升销售收入，它想要说服零售商在它们实际需要购买烤盘的 6 个月前就提前购买。在换得了大额的销售折扣和更长的付款期限的条件下，零售商同意购买烤盘，但这些烤盘在若干个月之后才会运给它们。同时，这些产品将被运出日光公司坐落在密苏里州的烤盘生产车间，运至日光公司租赁的某个第三方仓库里，直到客户要求发货再发给客户。

虽然如此，日光公司将所有借助开票持有的约 3500 万美元的交易全部确认为收入。后来当外部审计师检查相关证据时，它将这 3500 万美元中的 2900 万美元转回，认为应当在以后期间再确认收入。在最初进行审计时，安达信会计师事务所也曾经对这些交易的会计处理提出过疑问。但是几乎每一次，他们都得出了金额"不具有重要性"的结论。有的时候要想发现一个公司采纳了激进的会计处理方式是近乎不可能的事，但是在日光公司这个案例中，只要你有耐心去仔细翻看公司年报的附注中关于收入确认的披露就可以了。

日光公司年报的附注其实告诉了你全部事实

公司多数时候会在将产品运送给客户时确认收入。少数情况下，应客户的要求，公司可能会将某些季节性产品按照借助开票持有的方式销售给客户，这些产品已经完工、包装完毕并等待发货。这些产品被单独存放，与其所有权有关的风险已经转移给客户。截至1997 年 12 月 29 日，在这种借助开票持有安排下确认的收入占合并总收入的大约 3%。

最终，当董事会意识到邓拉普并没有真正改善公司的财务状况，他仅仅是运用了一些财务诡计来推动股价上涨时，董事会解雇了邓拉普。

卖方在产品运至非买方的第三方时就确认收入

审计师在审计的时候往往依据运输凭证来确定卖方是否已经将产品发送给买方，从而确认收入。管理层可能会试图通过"将产品发送出去，但其实并不是运送给买方"这种手段来欺骗审计师及其投资者。卡卡圈坊就是这种情况。

卡卡圈坊收入的一部分来自向其特许经营者销售甜甜圈制造设备。当公司将设备运送给特许经营者之后，确认收入当然是合理的——当然，前提条件是特许经营者确实收到了设备。2003 年，卡卡圈坊费尽心机地通过假装将设备运送给特许经营者来欺骗其审计师。卡卡圈坊将设备运给了自己的附属企业，而那些特许经营者对这些附属企业完全插不上手。卡卡圈坊在客户根本就无法取得设备时就确认了收入。

警惕将产品运送给中间人，而不是运送给真正的客户的卖方　有时候卖方会在一笔交易真正完成之前，将产品运送给一个代理商（中转人）。自治公司（Autonomy）曾经是英国最大的软件公司之一，直到它被惠普

公司收购。为了让收入更好看，自治公司将仍在与客户商谈（商谈尚未结束时）的软件项目提前确认了收入，把与之相关的产品转移给代理商。这个代理商立刻拥有了相关产品的所有权，并且在公司与最终使用者的销售过程结束之前一直持有该产品。代理商的存在方便了自治公司"达成交易"并使其能够立刻确认收入，为此自治公司需要支付大约10%的佣金（这近似于贿赂），而事实上这个代理商在相应的销售行为中没有充当任何实质性的角色，而且通常对交易本身的相关信息一无所知。

警惕寄售安排 另一种在运送货物时提前确认收入的方法是寄售。在这种销售方式下，产品被运送给一个中间人，我们通常称其为"代销人"。我们可以将这个"代销人"理解为企业外部的一个销售代理，它的任务就是帮助企业寻找买方。通常生产商（一般称为"寄件人"）在销售代理与最终客户完成交易之前是不能确认任何收入的。但是日光公司的阿尔·邓拉普及其"随从"毫无悬念地忽略了这一规则，在最终客户还不知道在何方的情况下就确认了3600万美元的寄售收入。

谁是真正的客户——经销商还是最终使用者 当一家公司通过经销网络来销售产品的时候，它就面临应当何时确认收入的问题，是在将产品发送给经销商时确认收入（经销商交货方式），还是在稍后经销商将产品发送给最终使用者的时候（终端交货方式）。这两种方式在实务中都被广泛使用，而终端交货方式是更为谨慎的会计处理方法，因为它直接将收入与最终使用者的需求挂钩。当一家公司由原来的终端交货方式变更为经销商交货方式时，其会计处理方法显然更加激进（也更加令人生疑），因为这样做的直接结果就是收入增加。美地奇公司（Medicis）在2012年12月被威朗制药公司（Valeant）收购之后就这样做过。

威朗制药公司在收购了美地奇公司之后的第一个季度就聪明地变更了原来的收入确认政策，这样它就能够更快地确认收入，从而报告更高的业绩增长。美地奇公司通过经销商麦克森公司（Mckesson）销售产品，最终产品被销售给医生。美地奇公司之前使用更加谨慎的终端交货方式来确认收入，在产品被经销商卖给医生之前不确认任何收入。而威朗制药在收购美地奇公司之后，为了提高销售收入，立刻将收入确认的方法变更为经销商交货方式，以便更早地确认收入——当发送产品给经销商时就确认收入。这一无耻的收入确认会计政策变更引起了谨慎的投资者的注意并最终引起证券交易委员会的注意，证券交易委员会给该公司签发了一份正式的谴责书。

在威朗制药的并购路上，美地奇公司并不是唯一的收入诡计案例。2015 年年初，威朗制药收购的塞利克斯制药公司（Salix）在处理与经销商的收入上使用了更加复杂的一系列诡计。在 2013 年的最后一个季度和 2014 年的前三个季度，该公司疯狂地向渠道"压货"，也就是说该公司发送给它的经销商的产品数量远远大于经销商在当时能够销售给客户的数量。通过使用经销商交货方式，塞利克斯公司极大地提高了其收入。当这一伎俩在 2014 年年末被发现之后，塞利克斯公司被迫重述报表，它不得不调低了前面四个季度报表的收入和利润。

由于这些细节在 2014 年年底的时候已经被公之于众，所以当威朗制药在这种情况下仍然坚持完成该并购时，投资者大为恼火。（我们将在第五部分继续对此进行详细论述。）

销售方已经确认收入，但是买方仍然保留取消交易的权利

在本节的最后一部分内容中，我们来探讨一下即使货物已经运抵客户，但是此时确认收入仍然为时尚早的情况。这种情况可能由于：①客户收到的货物有误；②客户收到的货物正确，但是收到得太早了；③客户在恰当的时间收到了正确的货物，但是仍然保留了取消交易的权利。

当买方已经收到货物但是仍保留有取消交易的权利时，卖方需要等到客户最终确定收取货物之后再确认收入，或者在确认收入的同时估计可能发生的退货金额并入账。

警惕销售方故意将不正确的或者未完工的产品运送给客户　有时候公司为了虚增收入，会故意将错误的产品发送给客户并确认相关收入，但事实上他们心里非常清楚产品是一定会被退回的。美国讯宝科技公司据说就是为了报告更高的收入，而在未经客户同意的情况下发送不正确的产品给客户。类似的情况也发生在信息综合公司（Informix）中。1996 年第四季度，信息综合公司在没有给客户提供软件代码的情况下就确认了收入。1997 年 1 月，该公司提供了一个软件的 beta 版本给客户，但是该版本无法与硬件完全适配。又过了 6 个月，该公司才最终提交了能使用的软件代码。看起来信息综合公司在 1996 年第四季度就确认收入实在是早了点，事实上它完全履行合同义务是在 1997 年第三季度，收入应该到那时再确认。

警惕销售方在协定的交货时间之前就将货物运送出去　马上就到季度末了，但利润还是没有着落。公司该怎么办呢？为什么不干脆把货物运送出去并确认收入呢，这样收入和利润就有着落了。在接近期末时，商品接二连三地被从公司的仓库运送给客户（甚至在销售还没有发生时），公司就这样确认了销售收入。由于在这种方法下，收入是在商品被运送给零售商或者批发商的时候确认的，有些制造商可能会在销售不畅的时候仍然坚持向客户运送产品，即使这些产品已经在零售商的货架上堆积如山。汽车生产商多年以来就是这样做的，它们就是这样虚增收入的。通过在某个季度末将产品运送给客户，而不是在下一个季度客户实际需要该产品的时候运送出去，销售方就可以不恰当地提早确认收入。应收账款周转天数的增加往往意味着与以往相比更多的产品在季末被运送了出去。

即使一家公司将产品运送给了真正的客户，并且客户也接收了产品，也不一定就意味着这家公司可以确认收入。许多销售合同都可能规定客户在一段时间内保留退回产品的权利，这构成了确认收入的障碍。

留心销售方在买方退货权利到期之前就确认收入　许多交易在达成的时候会规定，如果买方对商品不满意，买方就拥有"退货权"。在这种情况下，公司应当要么等"退货权"到期之后再确认收入，要么估计可能的退货金额并相应地减少当期收入。如果最终实际退货金额远大于公司最初的估计，公司可能会因为之前确认了太多收入而被认定为违法。

当买方无须付款或付款能力存在不确定性的时候就确认收入

让我们继续将视角聚焦在买方角度，收入确认的关注点应集中在客户的货款支付上。如果销售方在买方缺乏付款能力（付款仍不确定）的时候就确认收入，或者销售方为了提高收入而要求客户及时付款（付款仍不必要），那么它可能是在虚增收入。

买方缺乏付款能力或者缺乏必要的授权

在前面部分，我们讨论了在确认收入时，销售方需要履行了合同义务以及买方需要确认接收商品。在肯德尔广场研究公司（Kendall Square Research Corporation）这家位于马萨诸塞州剑桥市的电脑系统开发商的案例中，上述条件都满足了——产品已经发送，并且客户也已经接收了产品。最后的问题就是客户是否有足够的资金以及意愿来付款。肯德尔广场研究公司的许多客户（主要是大学和研究机构）的付款资金源于第三方提供的资金。所以事实就是，收入的实现取决于买方是否能够收到外部资金。因此只有当这种资金来源有保障之后，销售方才可以确认收入。肯德尔广场研究公司一定是意识到了收入的不确定性，因为它后来披露公司在与客户签订的补充条款中规定，如果客户没有收到资金，那么交易作废。

股东提起的一则诉讼中指控肯德尔广场研究公司1993年第一季度报告的收入中有将近一半是虚假的。其中大多数收入来自对科罗拉多大学和马萨诸塞州应用电脑系统研究所的销售，但彼时这些客户还没有得到足够的资金用于支付。该公司最终重述了其1992年和1993年上半年的报表，对之前报告的收入中将近一半予以转回。

留心那些对客户支付能力的评价进行变更的公司　管理层对客户支付能力的评价决定了他们对公司坏账水平的评估。因此对这方面估计的变更将会一次性地提高收入。让我们看一看2005年12月一家软件公司——美国奥维系统公司（Openwave Systems）变更收入确认政策的案例。

最初奥维公司对那些它认为可能会收不到钱的"老赖"客户采用收到现金再确认收入的方法。但在新政策下，奥维公司可以立刻确认收入，只要不将那些客户认定为"老赖"即可。

意识到管理层做出这一细微变更的投资者一定会发现，奥维公司的业务实际增长非常缓慢，而这一变更反映了它绝望的心情。收入增长在接下来的期间显著下降，奥维公司的股价在2006年3月还基本上是在每股20美元以上，到7月就急剧下跌为每股6美元。查看过该公司2005年12月[⊖]季报的勤奋投资者，可以很容易地发现其中包含了下述关于收入确认变更的附注。然而，对于那些只关注公司季度业绩快报和公司发布会的投资者来说，他们无从知道这个变更，因为这些披露不会提到会计政策的变更。

　⊖　原书为2015，根据上下文，此处似应为2005年。——译者注

奥维系统公司关于收入确认政策变更的披露，2005 年 12 月季报

截至 2005 年 12 月 31 日的第四季度，公司变更了由于可能无法收到货款而推迟确认收入的考量因素。在截至 2005 年 12 月 31 日的第四季度之前，公司一直将那些被认定为账款很可能无法收回的相关收入推迟至收到现金时再确认。从截至 2005 年 12 月 31 日的第四季度起，公司更改了相关的会计政策，只要在当期账款可收回性的测试中，原来被认定为很可能无法收回的账款又被认定为可收回，那么相关收入可以在认定变更的当期予以确认，而不必等到收到现金再确认，当然在这样处理的同时需要收入确认的其他条件也都符合。这个会计政策变更对截至 2005 年 12 月 31 日的第四季度业绩没有显著影响。

销售方为了提高收入而允许买方的信用期限过长

除了通过第三方融资解决资金困难问题，有些资金紧张的买方还直接利用卖方提供的融资。投资者对销售过程中卖方提供的融资安排（包括非常慷慨的过长的付款期限）应当非常谨慎，因为这可能意味着卖方将收入加速确认在当期、客户对公司产品兴趣寥寥，或者买方的付款能力不足。

警惕销售方提供的融资安排　近些年为了提高收入，一些高科技公司借钱给客户，以便客户能够购买它们的产品。在运用恰当的情况下，为客户提供融资也是一种销售手段，但如果滥用该手段，情况就非常危险了。当年互联网泡沫破裂的时候，投资者应当会为电信设备供应商提供给其客户的巨额融资感到忧心忡忡。2000 年年末，客户一共欠这些供应商大约 150 亿美元的债务，而该数字在一年内就上涨了 25%。

警惕那些允许客户延长付款期限或者为其提供灵活的付款方式的公司　有时某些公司会给客户提供各种灵活的付款安排来引诱客户早一些购买更多的产品。当然，给客户提供各种有利的付款安排完全是正当的商业行为，但是这也为应收款的可收回性打上了一个问号。此外，即使公司只是对那些信誉良好的客户给予延长信用期限的安排，过于慷慨的条件仍可能诱使客户提前购买，从而使得那些原本属于未来期间的收入被计入当期。这种情况会导致目前收入的高增长其实是不可持续的，并且会对以后期间的业绩增长造成很大压力。

当公司披露新的延期付款信用政策并且应收账款周转天数骤然增加时，警钟就敲响了　当一家公司开始给客户提供非常慷慨的延期付款信用政策，并且应收账款周转天数骤然增加时，投资者应当特别关注收入的加速（甚至是不恰当）确认问题，如表3-3所示。例如，2004年年底及2005年年初时，甲板材料供应商Trex公司就在一个"提早购买计划"中给客户提供了延期付款的信用政策。看上去似乎是在需求疲软的情况下，Trex公司引诱客户比平时更早地购买产品（而不需要支付现金）。这种安排其实对买方总购买量影响非常有限，但是却可以让Trex公司更早地确认收入。谨慎的投资者可以猜出来，Trex公司延长客户付款期限是为了避免报告出不尽如人意的收入增长。几个月之后，Trex公司披露它截至2005年6月的业绩远低于华尔街的预期。Trex公司急剧增加的应收账款、所披露的延长客户付款期限以及它的"提早购买计划"，这种种迹象都昭告投资者要警惕接下来可能的收入增长放缓。

表3-3　Trex公司延长客户的付款期限导致应收账款激增

（单位：100万美元；最后一行除外）

	一季度（2003.3）	一季度（2004.3）	一季度（2005.3）	二季度（2003.6）	二季度（2004.6）	三季度（2003.9）	三季度（2004.9）	四季度（2003.12）	四季度（2004.12）
应收账款	13.9	31.9	68.8	21.9	31.2	13.1	12.8	5.8	22.0
营业收入	68.7	76.3	89.9	59.2	83.4	41.2	64.4	21.9	29.6
应收账款周转天数（天）	18	38	**70**	34	34	29	18	24	**68**

近期，位于旧金山的乐活公司（Fitbit）的投资者在该公司 2016 年
11 月召开的电话会议上被震惊了，会上管理层突然降低了对未来收入增
长的预期，猛降 15%。2015 年第四季度该公司的收入增长了 92%，而
如今 2016 年第四季度收入增长率仅约为 2% ~ 5%！

管理层的这一声明标志着该公司以新的健身追踪产品与地理拓展驱动的
高收入增长模式终结了。是不是真的在这之前没有任何迹象表明该公司的业
务已经要走下坡路了呢？事实上，业务下滑的迹象（尽管被财务诡计遮掩）在
第二季度公司的电话会议中就初露端倪了。该公司的首席财务官在会议上指
出，乐活公司"根据之前讨论过的渠道存货水平，延长了亚太地区特定客户"
的付款期限。这个句子饱含深意，管理层其实已经透露出了公司在亚洲地区
所面临的业务上的严峻挑战，并不得不靠延长经销商的付款期限来遮掩。管
理层试图掩盖经营上的问题，但往往只能遮掩一小段时间。到 2016 年 12 月，
那些还没有学会质疑的投资者会吃惊地发现乐活公司的股价被"腰斩"了。

下章预告

本章讨论了对合法来源的收入可能使用的会计伎俩。第 4 章则讨论
一种更危险的违法行为：伪造的或者虚假的收入。

盈余操纵诡计第二种：

确认虚假收入

前面章节介绍了公司提前记录确认收入的情况。提前加速记录确认真实收入的确是不恰当的，不过，与凭空创造出收入相比，就是小巫见大巫啦。本章介绍公司或许会用以制造虚假收入的四大方法，以及投资者可据以识别这些恶毒诡计的警告信号。

确认虚假收入的方法

1. 记录不具经济实质性的交易产生的收入。
2. 记录缺乏合理的、公正过程的交易产生的收入。
3. 根据收据记录收入，而这些收据却没有任何收入来源做支撑。
4. 根据真实的交易记录收入，但夸大金额。

记录不具经济实质性的交易产生的收入

我们要介绍的第一种手法是，简单地想一个计划，这个计划和真的销售观感相同，但不具备经济实质。在这些交易中，要么是客户没有持有产品或付款的义务，要么是销售方从一开始就没打算向客户交付产品或服务。

1971 年，约翰·列侬在他的主打歌曲中激励我们"想象"一个完美的世界。毫无疑问，想象让世界变得更美好，因为人类的创造力打破了旧的边界，产生了数不胜数的发明和创新。例如，天才科学家运用想象力诊断未知的疾病，寻找新的治疗方案。类似地，像比尔·盖茨和史蒂夫·乔布斯这样的科技先锋人物，运用丰富的想象力生产出新的产品（如微软的视窗系统和苹果的iPhone），让人们更好地享受生活。

不幸的是，想象力有时也会被人用于干坏事。很多公司的管理者创造性地操纵报告期的收入，把想象力"玩坏了"。例如，保险业的领头羊企业美国国际集团（AIG），为它的客户，也为它自己想象出了一个完美的世界——总能达到华尔街的收益预期。想想看（美国国际集团一定这样想过），如果客户永远不用承受收益未达预期之辱，不用经受股价下跌之痛，他们该多么高兴。

美国国际集团和其他几家保险机构开始宣传一种被称作有限保险的新产品。通过投保这种收益短缺险，客户就能一直实现华尔街要求的收益水平。在某种意义上，该产品就像成瘾性药物，投保了这种保险的客户，通过人工平滑收益，可以季度性地掩盖业绩瑕疵。

客户上钩了，这是意料之中的事。每个人都很开心——美国国际集团发现了一条新的收入溪流，而客户有了一个预防收益下降的方法。美中不足的是，这种方法有一个大问题：这样的保险合约中，有一些根本不是真正的保险协议，实际上，它们是复杂的、高度结构化的融资交易。

有限保险是怎样被滥用的

来看印度的一家无线公司亮点公司（Brightpoint），看看它的一些保险交易是如何从经济实质变成融资安排的。那是1998年年末，牛市行情正在疯狂上涨，但亮点公司遇到一个问题：截至12月份的财季的收益，比华尔街在季初给出的期望值低1500万美元。管理层担心这个财季过去后投资者会对这个消息大吃一惊，公司的股价进而会受到伤害。

怎么办呢？亮点公司找到了美国国际集团和它的"完美世界（有限保险）"产品。美国国际集团为亮点公司专门创建了一份保额1500万美元的"追溯"保单，从而"弥补"亮点公司未报告的损失。这份保单的运作机制是：亮点公司同意在接下来 3 年内向美国国际集团支付"保费"，美国国际集团则同意为该保单所保的任意损失支付 1500 万美元的"保险理赔"。乍一看和普通的保单没什么区别，只是该保单没有转移任何风险，因为所保的损失已经发生了。怎能在房子被烧毁后才去买一份房屋险？亮点公司将 1500 万美元的"保险理赔"记为 12 月份财季的收入，刚好结平了该财季的未报告损失，而美国国际集团将在接下来 3 年内收取的保费记录为收入——虚假的收入。稍有经济常识的人都能看出，美国国际集团为这项交易给出的不是保险合约，因为没有任何真实的风险得到转移。实际上，这就是一笔赤裸裸的融资交易，亮点公司在美国国际集团那里存了一笔钱，美国国际集团最终再以"保险理赔款"的形式将钱返还给它。

会计术语简介

合法的保险合约需要具备风险转移的性质

双方签订了一份名为保险合同的协议，却并不意味着该协议一定可以列到财务报表中。会计认可的保单必须具备风险从被保险人转移给承保人的实质。根据美国一般公认会计准则，我们可以将没有发生风险转移的保单协议视作融资交易，保费视作银行存款，收回的钱视作本金返还。

监管机构认为这种设计是骗局

亮点公司有麻烦了，证券交易委员会认为它不当地掩饰损失。美国国际集团也被证券交易委员会盯上了，因为它为亮点公司提供保单，故意让亮点公司可以将真实的损失错误列报为"被保险的损失"。证券交易委员会和司法部起诉美国国际集团，认为它售卖的产品让企业通过使用有限保险虚增收益。2004 年 11 月，美国国际集团同意支付 1.26 亿美元与司法部和证券交易委员会就这一起诉达成和解。

游隼公司用缺乏经济实质的销售欺骗投资者

通过缺乏经济实质的交易来虚构收入，不只是保险公司才会耍这一招，很多技术公司也能熟稔地玩这套把戏。例如，位于圣地亚哥的游隼公司就因大量虚假方案，包括确认虚假收入而遭到突然搜查。

证券交易委员会指控游隼公司不当地记录了数百万美元的收入，这些收入来自向经销商提供毫无约束条件的软件许可证销售交易。游隼公司显然和经销商签署过秘密补充协议，约定经销商不用承担付款义务，而这也就意味游隼公司不应记录这些收入。游隼公司的员工为这项计划起了一个了不起的名字："停放"交易。终点线附近的销售通常被"停放"，以帮助游隼公司实现预计收入水平。为了虚增收入，游隼公司还动用了其他欺骗手段，例如，开展互惠交易，倒贴钱给买软件的顾客。2003 年，游隼公司重述前几个季度的财务报表，将此前的报告收入13.4 亿美元削减 5.09 亿美元。其中，因缺乏经济实质而撤销的收入至少达 2.59 亿美元。

当心那些虚假应收款形成的虚假收入

很明显，游隼公司没有从那些毫无约束力的虚假销售交易中收到现金，因此它在资产负债表上报告了虚假的应收款。我们在前面讲过，应收账款快速增长通常是财务健康状况恶化的一个征兆。游隼公司知道，如果它的应收账款余额畸高，分析师自然而然地会怀疑它的"收益质量"。为解决这个问题，游隼公司又耍了一些手段，使这些应收款看起来已经收账成功。这些诡计不恰当地降低了应收账款的余额，进而虚增了经营活动现金流量（CFFO）。本书第 10 章将进一步剖析这种不诚实行为的运作机制，介绍游隼公司的现金流量诡计。

讯宝科技公司的伎俩

讯宝科技公司发现了一个针对缺乏经济实质的交易确认收入的好方法。1999 年年末至 2001 年年初，它与南非的一家经销商合谋，虚增了 1600 多万美元的收入。在讯宝科技公司的授意下，该经销商在每个季末都会下单采购各种产品，尽管它根本就用不上。讯宝科技公司从未给该经销商及它的客户发过货。而且，为了哄骗大众相信这是真正的销售，它把产品发往了自己位于纽约的仓库，不过，它仍然保有这些产品全部的"损失风险和所有权收益"。当然，经销商不必为存放于仓库里的这些产品付钱，当它需要合法采购所需的产品时，还可以分文不花地退货或换货。毋庸置疑，讯宝科技公司这么做的目的就是制造一种假象，将这种虚假交易披上合法销售的外衣，从而在会计上记录收入。

小心关联方交易　如果公司一分钱都没收到却在会计上记录了销售收入（如易货交易），投资者要当心这种情形。当这种交易是和关联方客户达成时，投资者的警惕性应提高到最高水平。

康姆斯克公司（comScore）的核心业务是向咨询机构销售网络流量数据。2014 年，它的这一项收入增长迟缓，因此它想掩盖这一事实。公司管理层和其他数据提供商签订了交换特定"数据资产"的协议。由于未曾有一分钱被易手，这些交易在财务报表的附注中作为"非货币资产"被披露和描述。根据协议交换的产品或服务本身就令人不放心，因为会计上针对这些交换记录的销售收入金额完全是靠公司自己估算出来的，很容易被夸大，甚至完全凭空捏造，根本不符合"真实""具有实质性"的经济活动要求。

康姆斯克公司这些非货币性（易货交易）协议涉及的销售收入占2014 年销售总额的 5%，达 1630 万美元，是公司披露的收入增长的重大来源。这些交易不仅缺乏独立性，而且其中的 88% 是和它的关联方达成的。截至 2015 年第三季度，公司已经确认了 2370 万美元的易货交易收入，此时该项收入占销售总额的比例上升到 9%。到 2015 年年末，投资者已经看穿了这些易货交易的真实本质，质疑之声响彻云霄，管理层发现再想将这些收入列到财务报表中是不可能的了。最终，康姆斯克公司被迫从纳斯达克退市。

未能看穿自治公司的财务诡计让惠普公司付出了几十亿美元的代价

惠普公司想找到新的起点，跳出业务不景气的泥潭，于是在 2011 年 10 月花费 111 亿美元收购了大西洋彼岸的软件生产商自治公司。然而，这笔收购却是一个极大的错误——1 年后，惠普公司计提了 88 亿美元的减值损失，承认它在购买自治公司这件事上多花了很多的钱。更糟糕的是，惠普公司声明，这笔巨大损失的主要原因是自治公司的会计处理方法有严重的问题。

当这个糟糕的消息被公布于众后，惠普的股票创下了单日大跌 12% 的纪录，惠普公司宣称自治公司通过造假的手段虚增收入，愚弄投资者。简言之，惠普的领导人宣布，它被自治公司骗了。

证券交易委员会随后展开了调查，确认自治公司在被惠普公司收购前的几年，的确用了许多计谋大幅虚报收入。在许多情况下，自治公司运用这些伎俩，在软件销售活动尚未结束时就提前确认收入；而在有的情况下，销售收入则完全是子虚乌有，因为自治公司最终没能和终端用户达成交易。例如，它不仅卖货给经销商，日后还从同一个经销商那里买回该经销商不要、不用、认为太贵的货品，创造了"往返"现金付款记录，让钱重新回到经销商手中。根据证券交易委员会的披露，2009～2011 年，自治公司单是通过这一种计谋就虚报了近 2 亿美元的收入。

记录缺乏合理的、公正过程的交易产生的收入

确认缺乏经济实质的交易产生的收入肯定是不合法的，而确认不符合合理公平特性的交易产生的收入，有时却无不妥之处。机敏的投资者需要对此提高警惕。可以说，大多数缺乏公平交换特性的关联方交易，会虚增收入，甚至会凭空捏造收入。

涉及向关联方销售的交易

如果买卖双方在某些方面有着关联关系，那么卖方记录的收入就值得怀疑了。例如，无论是卖货给供应商，还是卖货给公司董事、大股东或商业合作伙伴，都存在一个问题：交易条件是公平公正的吗？是不是专门给关联方打折了？卖方是不是以后会从供应商手中折价买回货品？补充协议中是否有相关条款要求卖方提供相应的补偿？当然，和关联企业或战略合作伙伴达成的销售也有可能是完全恰当的交易。对投资者来说，弄明白企业确认的收入是否符合其真实的交易目的极其重要，投资者需要花点功夫仔细检查相关交易细节。

小心关联方客户和合资方客户　谈到这一点，当然就要提起位于亚利桑那州的高清电视机生产商新泰辉煌公司（Syntax-Brillian）啦，它

的欺诈行为已经路人皆知。2007年，新泰辉煌公司一飞冲天。来自中国的巨大需求使它的电视机销售额猛增，与美国娱乐与体育节目电视网（ESPN）和美国广播公司体育机频道（ABC Sports）的市场合作关系的启动，则使它的奥丽维亚高清电视机（Olevia HDTVs）声名鹊起。新泰辉煌公司2007年的销售收入相比上一年度增长了2倍，达到近7亿美元，而上一年度仅为不到2亿美元。然而，仅仅一年后，新泰辉煌公司就宣告破产，并遭到欺诈调查。

对知悉公司报告的收入源于关联方的投资者来说，新泰辉煌公司的倒闭不足为奇。例如，公司令人难以置信的收入增长源于对一个可疑关联方的10倍速销售增长。这项收入几乎打下了新泰辉煌公司总收入的半壁江山。这个可疑关联方是新泰辉煌公司的一家亚洲经销商，名为南中国科技有限公司（South China House of Technology，SCHOT）。新泰辉煌公司与南中国科技有限公司的关系相当密切，远非客户供应商那么简单。两家公司通过合资企业（还奇怪地包括新泰辉煌公司的主要供应商）构建起一个复杂的网络。两家关系如此之好，新泰辉煌公司授予南中国科技有限公司120天的账期，而且通常情况下还可以延期更久再付款。

新泰辉煌公司报告说，南中国科技有限公司作为经销商会将采购的电视机卖给零售商，零售商再卖给中国的终端用户。许多投资者没能看穿南中国科技有限公司销售增长的重要实质，因为他们相信中国对电视机的需求量真的很大，人们希望升级电视机以迎接即将在北京举办的2008年夏季奥运会。有报道称北京奥运村计划让自己的各项设备、设施与奥丽维亚高清电视机匹配，投资者对这个消息很兴奋。

然后在2008年2月，新泰辉煌公司突然宣布北京奥运会不再安装公司"卖给"南中国科技有限公司的那些电视机。虽然它在会计上已经记录了这笔电视机销售收入，但它仍同意"购回"25 000 台总价近 1 亿美元的电视机。当然了，回购无须花费一毛钱，因为来自南中国科技有限公司的这笔应收账款尚未结算。既然有这么大的退货和不付款权利，新泰辉煌公司当初就不该在会计上确认这笔收入。

投资者如果读过证券交易委员会的备案文件，就不难看透这种复杂的关联方交易（还有许多其他危险信号，如激增的应收账款）的实质。例如，下面这段有关南中国科技有限公司的文字摘自新泰辉煌公司的季度报表，即使是没有一点经验的投资新手，也能看出问题端倪。

新泰辉煌公司应收账款披露——2006 年 3 月

2006 年 3 月 31 日，来自我们的亚洲客户，也是我们的合资方客户的应收账款余额，总计为 960 万美元，占未结清应收账款余额的 70.8%，这些未结清的应收账款尚未缴纳企业所得税。

当心和母公司的交易　来看看汉能薄膜发电公司（Hanergy Solar）的例子，这是一家中国的能源设备制造商。2013 年，公司的业务开始蒸蒸日上，收入达到 33 亿港元，增长了 18%。次年，该公司的收入增长了 3 倍，达到 96 亿港元。从 2013 年 5 月至 2015 年 5 月，汉能薄膜发电公司的股价上升了 1300%，总市值飙升至令人咂舌的 400 亿美元[⊖]，公司创始人兼董事长李河君也成为中国最富有的人之一。

然而，对汉能薄膜发电公司报告的收入，我们只要稍稍深挖一下就会发现一个触目惊心的事实：它的主要客户正是它的大股东——汉能控股集团（同名绝非偶然）。2013 年，汉能薄膜发电公司的所有收入都来自对其母公司的销售。2014 年，汉能薄膜发电公司有一些来自其他客户

⊖　原书为 400 亿港元，疑有误。——译者注

的收入，但是来自对母公司的销售收入占比仍然达到了 61%。更麻烦的是，汉能薄膜发电公司几乎没有从它母公司那里收到一分钱货款，因此它的应收账款情况到了令人心惊的程度，截至 2014 年年末，它的未结清应收账款账龄飙升至 500 天（已经逾期的应收账款占比达 57%）。很明显，这些交易缺乏公正交易实质。

2015 年 5 月，魔术表演戛然而止。一天早晨，汉能控股集团董事长主席李河君没有在内部交易投资者调查年会上露面，汉能薄膜发电公司的股价暴跌 50%。随后，香港证券交易所宣布暂停该股票交易。

当心与合资企业合作方交易产生的收入 位于纽约的品牌管理公司艾康尼斯公司（Iconix，ICON）成立于 2004 年，创始人内尔·库勒（Neil Cole）是时尚大亨肯尼斯·库勒（Kenneth Cole）的弟弟。艾康尼斯公司有一个相对简单的商业模式：购买和时尚品牌相关的商标，然后将使用这些品牌名称进行生产和经营的权利授权给服装生产和销售商。客户一般根据使用某个品牌产生的销售收入的一定百分比，向艾康尼斯公司支付使用费。

前几年，艾康尼斯公司买入了一些成熟但已经衰败的时尚商标（比如，London Fog、Joe Boxer、Starter 和 Umbro）。虽然艾康尼斯公司一段时期内在商标投资交易上获得了正回报，但稳扎稳打的商业模式难以产生强有力的根本性增长。为了刺激收入增长，公司管理层瞄上了会计魔术。魔术之一是针对商标资产做地理区域划分，然后在该地理区域内彻底售出部分商标资产，通过这种方式来提高公司的营收和利润。例如，2013 年，艾康尼斯公司将 Umbro 商标在韩国的使用权以 1000 万美元的价格一次性卖断，同时在会计上确认了全部 1000 万美元的销售收益。这项收益被记为收入的一部分，而不是出售资产获得的一次性利得，真是莫名其妙的会计处理方法。

有时候，艾康尼斯公司还会煞费苦心地创造出一些拟购买区域商标权的客户。例如，2013 年，它与供应链公司利丰公司（Li&Fung）成立了一家各占一半股份的合资企业，然后将数项商标资产转移给了这家合资企业。艾康尼斯公司宣称它对该合资企业无实际控制权，但是从该合资企业的名称 Iconix SE Asia 就可以看出它在撒谎。艾康尼斯公司将转移给 Iconix SE Asia 的商标记为销售收入，并纳入总销售中。2014 年 9 月，它在证券交易委员会备案文件中披露，仅对该合资企业的销售收入就达到 1870 万美元，占本季度总收入的 16%——主要是靠无中生有。

根据收据记录收入，而这些收据却没有任何收入来源做支撑

至此，我们已经介绍了两种虚增收入的交易：完全缺乏经济实质的交易，和有一些经济实质但缺乏公平公正过程的交易。现在我们来看第三种，通过将非经营性活动产生的现金进行错误分类达到虚增收入的目的。

投资者需要了解，企业收到现金可不一定就意味着获得了收入，也不意味着这笔现金与企业的核心经营业务有关。有一些现金流入是筹资活动产生的（如借款或发行股票），有一些是出售业务或其他资产产生的。如果一家公司将这些非经营性活动产生的现金流入确认为普通收入或经营收益，那它就值得投资者怀疑了。

小心借款产生的现金流入被记录为收入

借来的钱和销售得来的钱是两码事，千万别搞混。借款必须偿还，所以企业在会计上需要将其记录为负债。相反，因为提供了商品或服务而从客户那里收到的钱所有权属于你，所以会计上需要将其记录为收入。

很明显，汽车零部件制造商德尔福公司弄不懂负债和收入两者之间的区别。2000年12月末，德尔福公司以存货作为抵押，获得了一笔2亿美元的短期借款。公司不是将收到的现金记录为必须偿还的负债，而是不恰当地将其记录为销货收入——就像这些用作抵押物的存货被银行买走了一样。本书第10章还将介绍基于这种扭曲的理解，德尔福公司不仅虚增收入，还虚构经营活动产生的现金流。

注意供应商退款

向供应商采购货品时，通常情况下现金是沿一个方向流动的，即从客户流向供应商。有时候，现金会反方向流动，通常会表现为一定数量的退款或返利。将这样的现金退款记录为收入显然是不对的，正确的做法是将其记录为购货成本的调整。来看日光公司是如何"创造性地"操作的。它先预付现金给供应商，然后在收到退款时将其记录为收入。更嚣张的是，日光公司承诺如果供应商同意立即退款，那么它将来还会继续向其采购货品。当然，退款被记录为日光公司的收入。

美国超市Stop&Shop and Giant公司的所有者，皇家阿霍德公司也玩过类似的把戏。皇家阿霍德公司的管理者操纵供应商账户，制造虚假的退款并由此虚增收益，帮公司实现收益目标。财务上重述的2001年和2002年退款总计达7亿美元，相应地导致收益大幅重述。制造了这场阴谋的公司管理者最终被判有罪并锒铛入狱。

无独有偶，2014年9月，英国的超市乐购公司（Tesco）宣布自己虚报了利润，原因是确认了太多和供应商退款及返利相关的收益。问题接踵而至，公司的股价自2014年年初以来已经下跌了一半多。乐购公司董事会主席、首席执行官、首席财务官和其他核心管理者以及董事会成员辞职走人。2016年9月，英国严重欺诈办公室（British Serious Fraud Office）宣称它将就会计欺诈和舞弊起诉乐购公司的前员工。

根据真实的交易记录收入，但夸大金额

本章前三部分主要讲述了来源完全不可靠的收入种类，产生这些收入的交易不具有经济实质，缺乏合理、公正的过程，或者属于非经营性活动。接下来讲述的企业刚好和前面的相反，它们的收入符合广义上的收入确认原则，然而它们（并非微不足道）的罪过是在记录收入时夸大金额或误导投资者。夸大或误导性的收入源于：①使用不恰当的方法来确认收入；②夸大收入以便使公司看起来比实际情况强大很多。

安然公司使用不恰当的方法确认收入

我们在第 1 章中曾经说过，安然公司在因"史上最大的会计欺诈"变得臭名昭著之前的许多年，只是得克萨斯州休斯敦市的一个小型管道燃气运营商。20 世纪 90 年代，安然公司逐步从能源生产商转型为一家集能源和相关期货交易于一体的公司。

下面来看一个简单的商品经纪交易的例子，这可以帮助你更好地了解安然公司的新业务以及这些业务是如何影响其财务报表的。在正常情况下，如果一家经纪商促成了一笔名义价值为 1 亿美元的交易，约定的佣金费率为 1%，那么该经纪商将会确认 100 万美元的佣金收入和毛利。但安然公司不是这样，它采用了更激进、更不恰当的方法来对这笔交易进行会计处理。它会先按总金额 1.01 亿美元确认收入，然后再确认 1 亿美元的商品销售成本，最终得到相同的毛利 100 万美元。正是因为这种特别激进的会计处理方法，安然公司快速增长的收入和微不足道的毛利之间出奇地不相称。

与安然公司首席财务官安德鲁·法斯托的一次会面

这是我们多年来的研究主题，但我们无法和公司高级管理人员交谈

以进一步论证，因为他们都被关在监狱里了。但2015年12月，机会来了，本书作者之一霍华德和前安然公司首席财务官安德鲁·法斯托（Andrew Fastow）双双被邀请在犹他州公园城市的一个会议上发言。在法斯托做演讲的问答互动环节，霍华德获得了提问的机会，他通过使用上文介绍的商品交易例子，说自己认为这是重大的会计欺诈，并问安德鲁怎么看。安然公司是不是虚增了交易的名义金额，将这些总金额算作收入，而不是仅仅只确认佣金收入？安德鲁回答的前五个字是："你基本对，但……"然后他继续解释为什么基本会计准则对安然公司不适用。霍华德只是眨眨眼睛并微笑，因为他的想法被确证了。

当心总收入明显过高的公司　2008年11月，电子商务新贵高朋团购公司（Groupon）成立，仅仅17个月后，它的潜在估值就达到10亿美元，且增速前无古人。在2011年11月公司成立3周年之际，高朋团购公司成功上市，融资7亿美元，成为当时第二大科技IPO（谷歌在2004年IPO融资170亿美元）。高朋团购公司的上市并非一帆风顺，它在第8次提交注册文件后才获得证券交易委员会批准。它最重要的报表重述部分是收入的确认，其收入被调减一半多（见表4-1）。

表4-1　高朋团购公司的毛收入和净收入

（单位：1000美元）

	年报截至		半年报截至	
	2009年12月	2010年12月	2010年6月	2011年6月
初始（毛收入）	30 471	713 365	135 807	1 597 423
重述（净收入）	14 540	312 944	58 938	688 105
差异	15 931	400 421	76 869	909 318
差幅（%）	110	128	130	132

高朋团购公司的主要诡计是将会员付款全部算作自己的收入，没有扣除掉应该付给商家的款项，而这部分款项却占很大比例。在重述的注

册文件中（包含在表格 S-1A 中），证券交易委员会要求高朋团购公司从"毛"收入法变更为"净"收入法，由此一来，公司的收入从近 16 亿美元下降到仅 6.88 亿美元，在截至 2011 年 6 月的 6 个月内，降幅达 57%（见表 4-1）。

奇怪的是，投资者似乎忽视了这个很重要且非常不妙的变化，高朋团购公司 2011 年 11 月的 IPO 相当成功，作为公众公司上市交易的第一天，股票价格大涨 31%。高朋团购公司股票 2011 年 11 月 4 日的收盘价为 26.11 美元，市值达 160 亿美元。但是，随着公司在 2012 年早期宣告主动再次重述财务报告，公司的股价行情开始急转直下。2012 年 11 月公司上市一周年纪念日那天，股价跌至每股 2.76 美元——作为被寄予了最大期望的 IPO 股票，跌幅达到 90%，投资者"肠子都悔青了"。到 2013 年 2 月，高朋团购公司的首席执行官安德鲁·马森（Andrew Mason）被解雇了。

当传统商业搭上了电子商务，往往就有机会重新审视毛收入和净收入的区别。我们来看看投放在线广告的广告代理公司所玩的把戏。一般来讲，这些广告代理公司替客户在电视或广播频道、报纸、广告牌上投放广告，将获得的代理发布的佣金记录为收入，这种收入被称为净收入。但是，大多数提供在线广告服务的广告代理公司却选择了依据毛收入来记录收入，即它的报告收入中包含了广告主支付的全部广告费。投资者应该很容易就看穿这些诡计，但在很多情况下，在线广告收入与其他根据净收入会计准则记录的收入混在一起，使得外人很难弄清楚哪些是佣金收入，而哪些不是。在线广告公司倾向于用每年的广告市场份额来衡量成长性，毛收入这种会计方法就成了它们用来吹嘘收入增长水平的手段。

下章预告

这一章和第 3 章主要介绍了企业虚增收入的方法，包括过早确认收入或全部或部分地确认虚假收入。第 5 章将介绍企业虚增利润的方法，将重点分析企业利润表中"收入"下面的一些项目。虽然一次性利得不是收入的一部分，但一次性利得却会造成企业营业利润或净利润的扭曲。

盈余操纵诡计第三种：

使用一次性或者非持续性的活动来推高利润

当一名魔术师想要在空气中变出一只野兔时，他会煞有其事地敲敲魔杖，口中念念有词。当需要报告利润时，公司管理者就会接过魔术师的魔杖，用独家秘诀凭空创造出一些东西来达到目的。但公司管理者不需要什么独特的道具，也不需要念那些神秘的咒语，他们所需要的，不过是区区几个方法。

一次性利得就像众人皆知的那只藏在魔术帽中的兔子，它会从天而降。日子不好过的公司就可能会用特定的方法，比如一次性或非持续的业务来虚增利润。本章将详细介绍这些方法。投资者如果不能甄别这些方法，将会受到误导。本章将介绍管理层用于临时且快速提高利润的两个方法。

使用一次性或者非持续性的活动来推高利润的方法

> 1. 利用一次性事件虚增利润。
> 2. 利用误导性分类虚增利润。

利用一次性事件虚增利润

互联网公司令蓝筹公司相形见绌

20世纪90年代晚期，"dot-com"互联网公司的兴起俘获了投资者的芳心，而老式科技公司的坚定拥护者，希望重新夺回自己的荣耀。那时，简简单单地在公司名称后面加一个.com就可以立刻吸引投资者更多地关注公司的股票。投资者对企业实际经营业绩和基本健康程度似乎毫不关心，他们沉醉于新经济疯狂成长的潜力，也沉醉于即将以巨幅溢价被收购的企业的潜力。被投资者青睐的这些企业，有的强劲发展（如雅虎公司），有的与传统企业合并（如美国在线服务公司与时代华纳合并），更多的则走向了破灭（如 eToys 公司 1999 年市值达 110 亿美元，却在 2001 年破产）。投资者如此热衷于这些新秀，以至于像 IBM、英特尔和微软这样的蓝筹公司常常被视作守旧的老古板。

IBM 公司在 1999 年的确经历了一段拆东墙补西墙的日子，因为它的成本比收入增长得更多。如表 5-1 所示，1999 年，IBM 公司的营业成本增加了 9.5%，而收入只增长了 7.2%，这导致毛利润微薄。不过，有点奇怪的是，它的营业利润和税前利润增幅却跳升至令人吃惊的 30%。

表 5-1　IBM 公司 1999 年年度利润表（报告值）

（单位：100 万美元）

	1998 报告年度	1999 报告年度	变动率（%）
收入	81 667	87 548	**7.2**
营业成本	（50 795）	（55 619）	9.5
毛利	30 872	31 929	3.4
销售、一般及管理费用	（16 662）	（14 729）	**（11.6）**
研发	（5 046）	（5 273）	4.5
营业利润	9 164	11 927	**30.2**
非营业费用	（124）	（170）	
税前利润	9 040	11 757	**30.0**
所得税费用	（2 712）	（4 045）	
净利润	6 328	7 712	**21.9**

收入和营业利润增长水平之间的巨大差异本应促使聪明的投资者警惕并挖掘背后的真相。从开始阅读本书至现在，您应该称得上是聪明的投资者了，我们一起再来看看 IBM 公司年度报告文件中的利润表（见表 5-1）。从表中立刻就可以看到的第一件事是，销售、一般及管理费用

（SG&A）下降了 11.6%，而营业成本（COGS）却增长了 9.5%，两者形成鲜明的对比。其次，营业利润和税前利润双双增长 30%，可它的销售收入却只增长了 7.2%，这意味着公司要么神不知鬼不觉地计入了一笔大额的一次性利得，要么它用了某个诡计来虚增收入或隐藏费用。

实情果真如此。根据 IBM 公司 1999 年年度报告文件财务报表附注披露的信息，公司记录了一笔 41 亿美元的利得，这笔利得来自将其全球网络事业部出售给 AT&T，令人费解的是，它将这笔出售利得记作"销售、一般及管理费用"的减项。这样一来，它就神奇地掩盖了经营业绩每况愈下的真相，将投资者蒙在鼓里。

从表 5-2 中可以看出，剔除了一次性利得后的结果与 IBM 公司报告的数据有着天壤之别。我们来对 IBM 公司 1999 年的财报数据进行调整，只是简单地移除这笔被生生地绑定到"销售、一般及管理费用"科目减项下的巨额利得，它的费用就从 147 亿美元跳涨至 188 亿美元，营业利润相应地等额下降，从 119 亿美元降低至 79 亿美元，理所当然，营业利润和税前利润双双蒸发 41 亿美元。

表 5-2　IBM 公司 1999 年年度利润表（剔除一次性利得后的调整值）

（单位：100 万美元）

	1998 报告年度	1999 报告年度	变动率（%）
收入	81 667	87 548	**7.2**
营业成本	（50 795）	（55 619）	9.5
毛利	30 872	31 929	3.4
销售、一般及管理费用	（16 662）	（18 786）	**12.7**
研发	（5 046）	（5 273）	4.5
营业利润	9 164	7 870	（14.1）
非营业费用	（124）	（170）	
税前利润	9 040	7 700	（14.8）
所得税费用（税率 34.4%）	（2 712）	（2 649）	
净利润	6 328	5 051	（20.2）

对比表 5-1 中的报告值和表 5-2 中的调整值，可以发现差异巨大且一目了然。销售、一般及管理费用实际上升了 12.7%，而不是它报告的下降了 11.6%；营业利润和税前利润分别下降了 14.1% 和 14.8%，而不是它报告的上升了 30.2% 和 30.0%。

将出售事业部包装成经常性的收入流

一些公司会这样操作：卖掉旗下的工厂或业务部，同时与买方签订协议，约定回购被出售的工厂或事业部所生产的产品。在互联网行业，这种交易很常见，常常被用来快速"外包"内部工序。例如，手机厂家 A 企业决定不再自己生产电池，就可以将旗下的电池生产厂出售给其他企业，比如 B 企业。不过，作为手机厂家，A 企业生产的手机仍然离不开电池，于是 A 和 B 两家企业就会签署一份协议，约定 A 企业从刚卖掉的这个电池厂采购电池的具体事宜。

谁都看得出来，这种混合交易比较复杂，既包含一次性事项（出售事业部），又包含常规的经常性营业活动（将产品卖给客户），这就给管理层创造了使用财务诡计的机会。例如，如果买下电池厂的买主 B 企业同意此后以优惠价卖电池给 A 企业，那么 A 企业在出售电池厂时，就可以少要一点钱。在另一种混合交易中，如果买主同意同时从卖方按虚高的价格购买其他产品，那么卖方可以将待售的事业部便宜定价。

2006 年 11 月，半导体巨头英特尔公司与它的同行芯片制造商美满电子科技（Marvell Technology Group）做成了一笔生意。英特尔公司将其通信和应用事业部的特定资产出售给美满电子科技。同时，美满电子科技同意在接下来的两年内至少向英特尔购买若干数量的半导体晶元。如果仔细阅读美满电子科技关于这桩交易的描述，投资者可以发现一些神奇的事项：美满电子科技愿意按虚高的价格从英特尔公司购买半导体晶元。(有趣的是,英特尔公司未对该交易做披露,可能是它认为这笔交易的金额不够重大。)美满电子科技为何愿意做冤大头,按虚高的价格购买呢?

美满电子科技季度报告文件中关于和英特尔公司交易的披露

与并购英特尔半导体和应用事业部(ICAP)携手,本公司与英特尔签署了一个采购协议。该采购协议规定,本公司在合同约定期限内按合同约定价格向英特尔公司采购一批产成品和分类晶元。不同类型的产成品和分类晶元可能涉及不同的合同约定期限。英特尔公司对本公司的供货价格比大多数情况下同类可比公司提供给本公司的供货价格要高。根据购买法会计准则,本公司在签订该采购协议时记录一笔负债,金额等于本公司向英特尔公司采购这些产品的价格超过可比市场价格的部分,因为公司负有履行合约的义务。

小贴士

要了解一桩交易真正的经济实质,务必经常查阅交易双方就出售业务披露的信息。

美满电子科技如果没有相应地得到某种程度的好处,它是肯定不会同意按虚高的价格从英特尔购货的。前文讲过,英特尔和美满电子科技同时签订了出售资产和产品采购的协议,若想了解这桩交易的真实经济本质,我们必须综合分析该交易的两个要素。

经济角度,将美满电子科技为买入英特尔半导体和应用事业部和未来向英特尔采购商品总共需要花费的现金,与它将能从这两项购买中获得的收益综合起来分析，才有意义。按常理推断，美满电子科技高价买了产品，那么它一定是以低价买了事业部。换句话说，英特尔公司或许想通过前期出售事业部时少收现金来换取以后出售产品时获得更多的现金。这样做，英特尔公司当然高兴，因为相比于出售事业部获得了多少现金，投资者更看重经常性的收入流。

当然，对美满电子科技来说，低价购买事业部高价购买产品也是划算的，因为这样一来，财报会更好看。（在第7章，我们将再次讲到美满电子科技的例子，并分析美满电子科技如何利用该交易影响投资者对其季度收益的判断。）

警惕将出售业务和出售产品混到一起　像上文讲的英特尔－美满计划并不只是在美国才有。在太平洋的另一边，日本的技术巨头软银公司（Softbank）在出售事业部时，也通过不同寻常的会计处理方法，创造了令人印象深刻的财报结果。软银公司不是将出售事业部的全部收益一次性记入出售活动所属的那个会计期间，而是将一部分收益递延，以粉饰未来几个会计期间的收入和利润。

2005年12月，软银公司卖掉了它的调制解调器业务，并同时签订了一项协议，为买主提供一些服务。这项交易使软银公司总共收入850亿日元，公司根据销售和服务协议对总收入进行了分配，将450亿日元分配给业务出售，将余下的400亿日元分配给了服务协议将产生的未来收入。通过将资产销售和日后的服务销售打包，像英特尔公司一样，软银公司可以报告一个较小金额的一次性利得和一个较大的产品收入流。最终，投资者可能被蒙蔽，相信了软银公司相比于真实水平来讲虚高的销售增长能力。

警惕加速确认利润的会计政策变动　2013年，位于波士顿的邓肯品牌公司（邓肯甜甜圈和Baskin－Robbins的特许经营商）用不同的方式找到了一个利润推进器。像其他许多连锁零售企业一样，邓肯品牌公司售卖可以全国使用的提货礼品卡。年初时，公司的会计政策是将5年后还未被使用过的提货礼品卡视作丢失，在60个月的不活跃期后将卡里的余额确认为利润。然而，在2013年第二季度，公司管理层改变了会计政策，根据持续经营原则将或许不会被使用的礼品卡余额确认为利润，确认时间从卡第一次被使用开始。这项变动的影响是加速确认利润，有机会让公司财报中的每股收益变得更好看。而且，它使得投资者不容易察觉公司管理层在不顾一切地操纵会计政策，以掩盖特许经营业务变得疲软的事实。

本章第二部分将会介绍企业管理层为掩盖经常性营业利润恶化的真相而可能会使用的转移利润或损失的方法。

利用误导性分类虚增利润

评价一家公司的经营业绩时，分析其实际的经营性业务产生的利润，也就是营业利润，无疑非常重要。分析利息、出售资产、投资以及其他与经营性业务无关的来源所产生的损益，即非营业利润，也很重要，但是这些不是评价企业经营业绩时要考虑的事项。一些公司会对损益做误导性分类来让营业利润更好看，从而蒙蔽投资者。

这一部分介绍会推高营业（线上$^{\ominus}$）利润的三种财务报表分类方法：①将正常的营业费用（也就是"坏东西"）归类到非营业活动部分；②将非营业活动或非经常性业务产生的收益（也就是"好东西"）转移到经营活动部分；③使用有问题的管理层决策来操纵资产负债表项目的分类，以卸载坏东西或加载好东西。

$\ominus$　在利润表中，以营业利润为界线，将营业利润之上的项目称为线上项目，它们被认为大都是经常性的；营业利润之下的项目称为线下项目，它们被认为大都是偶然性的。——译者注

将正常费用移动到线下

将正常费用移动到线下时最常用的一个手段是，一次性注销本该在财务报表经营活动部分报告的费用。例如，将存货或厂房和设备一次性费用化的公司，可以有效地将相关费用（如销售成本或折旧费用）从财务报表经营活动部分转移到非经营活动部分，进而提高营业利润。

警惕经常记录"重组费用"的公司　举步维艰的公司常常会开展重组计划，伴随着这些计划的执行，公司会发生非经常性费用。例如，如果公司关闭了一个办事处，它必须向员工支付离职金，向房东支付终止租赁办公室的违约金。公司常常会将和重组计划相关的费用从营业利润项目中剥离，放到线下项目中列报。如果处理得当，这种方法就是投资者的福音，因为它可以让投资者更好地洞察企业经常性业务的绩效。一般而言，管理层对重组费用进行恰当披露后，投资者可以有更多精力去研究公司更重要的经常性业务。

然而，一些公司几乎在每个会计期间都记录"重组"费用，滥用这种列报。投资者对这些费用要十二分当心，因为公司这样做，或许是为了将正常的营业费用混进这些重组费用中，将其作为一次性的费用注销掉。例如，通信网络设备供应商阿尔卡特（Alcatel）自 20 世纪 90 年代早期起，几乎每个季度都在线下记录重组费用，年度累计金额达到数千万美元，有时甚至达到数十亿美元。自 20 世纪 90 年代至今，惠而浦公司（Whirlpool）也是几乎每年都记录重组费用，终于引起了证券交易委员会的注意，在 2016 年 10 月给公司发去一封相关信件，要求管理层："请解释为什么这些不是你们经营企业必须发生的正常的、经常性现金费用。"

警惕将损失转移到终止经营项目下的公司　发一纸公告，宣布将卖掉一个正在赔钱的部门，这个简单的把戏，可以魔法般地提高企业的营业利润。假设有一家举步维艰的公司，下设三个分部，这些分部的经营结果如下：分部 A，100 000 美元利润；分部 B，250 000 美元利润；分部 C，400 000 美元损失。该公司将报告 50 000 美元（=100 000+250 000 − 400 000）的净亏损，除非它在期初就已经决定将分部 C 卖掉，将其归类到"终止经营"部分。动动手指，400 000 美元的亏损就可以转移到线下来列报，而且极可能不被投资者注意。虽然该公司仍然运营着所有三个分部，综合损失为 50 000 美元，神奇的是，它将报告 350 000 美元的线上营业利润和"不重要的" 400 000 美元的线下损失。一个不诚实的高尔夫球运动员会只计算他喜欢的挥杆数，而忽略那些球掉到水沟里的挥杆数，用这种方法，所有高尔夫球手都能用低于标准杆的成绩打进球。在我们看来，运用上述财务诡计的人，和这个不诚实的高尔夫球运动员没什么区别。

我们来看看世博公司（Sabre）在将速旅公司（Travelocity）卖给亿客行公司（Expedia）之前，是如何迅速虚增持续经营活动产生的利润的。世博公司在决定卖掉速旅公司时，就根据公认会计准则，将这个赔钱事业部的所有收入和费用都转移到"终止经营"部分。如此一来，世博公司就被人为地提高了持续经营活动产生的利润，因为之前一直拖累公司整体收益的事业部速旅公司被认为不再是世博公司的一部分。当然，此时这个赔钱的事业部尚未被卖掉，但投资者根本没有注意到这一点。机敏的投资者或许会注意到世博公司分配给速旅公司事业部的成本增加了，因为这些成本被认定为与终止经营活动相关，但这样处理后，其他事业部的费用就更低，而利润则更高。

从招股说明书可以看出，在速旅公司（在线旅游网站）被认定为终止经营之前，速旅公司的销售、一般和管理费用在 2013 年的报告值为 3.31 亿美元。随后，当速旅公司被视为终止经营业务后，它的销售、一般和管理费用被从持续经营活动中移出，对于相同的 2013 年财报期间，金额跳升至 3.89 亿美元。多分配成本费用的目的，就是让其他事业部的利润更好看。毋庸置疑，在这场剥离之后，世博公司的营业费用又涨回到了其正常水平。

将非经营性和非经常性利润转移到线上

正如前文所讲，将正常的营业费用绑到重组费用中是一个相对容易玩的计谋。管理层只需让听众相信，公司一次性注销资产将会带来更可观的利润。相反，将非经营性费用转移到线上，则要复杂得多，对管理层来讲，搞定细心的投资者有时候不那么容易。但这点困难吓不倒公司管理层。还记得前面讲过的 IBM 公司的例子吗？IBM 公司将出售事业部获得的一次性利得虚增到营业利润中，从而让投资者对公司真实的基本经济状况做出错误判断。

警惕将投资收入并入经营收入的公司 当一家公司将非经营性利润或投资收益纳入收入时，投资者就应当特别警惕。波士顿炸鸡公司（Boston Chicken）是波士顿市场公司连锁饭店的特许经营授权商，通过将向特许经营人收取的利息和其他各种费用纳入收入来掩盖每况愈下的业务真相。假如是一家银行或其他类型的金融机构，那么将利息收入确认为收入是理所当然的，但对于一家餐馆来说，这么做就明显地大不寻常。

波士顿炸鸡公司将投资收益归并到收入中，很明显是想掩盖它糟糕的财务状况。由此导致投资者未能发现波士顿炸鸡公司的核心业务——餐馆经营业务正在赔钱。事实上，该公司的利润全部来自非核心业务，如贷款的利息收入和向那些特许经营人收取的各项服务费。波士顿炸鸡公司 1996 年的年报中有一个严重但明显被忽略的警示信号：特许经营餐馆业务赔掉了一大笔钱，1996 年的亏损从年初的 1.483 亿美元，上升到年末的 1.565 亿美元。

投资者应该想想，特许经营业务这样赔钱，作为数家餐馆的特许经营授权商和拥有者，波士顿炸鸡公司又是怎样创造出这么令人满意的利润结果的呢。稍微动动脑筋，我们就可以找到答案。收入和营业利润主要来源于特许经营人，而不是餐馆的顾客。波士顿炸鸡公司先从市场上筹集到权益或债务形式的资金，然后把这些钱贷给特许经营人。当特许经营人开始还贷款时，波士顿炸鸡公司就开始确认数量可观的利息收入和其他费用收入，并且将这些现金流入计入收入。这些非核心的收入和利润成为公司财务报告上营业利润举足轻重的部分，这可不是个好兆头。这些收益和餐馆营业收入混在一起，不易区分，但对于细心的投资者来说，还是有办法加以甄别的。

警惕和子公司相关的过高的营业利润　公司可能会在合并账户上动手脚，以创造出虽然有误导性但却漂亮的收入和营业利润增长数据。假设一家公司决定构建几家控股型合资企业，在每一家都占股 60%，我们来看看它的会计处理。根据会计准则的规定，公司将被合并的会计单位及母公司的全部收入和营业费用都列到营业利润项目中（即线上），就像母公司自己的收入和费用一样，再进一步从利润表中减除其他股东拥有的 40% 的收入和费用（即线下列报）。以我们假设的上述企业为例，一家子公司的总收入为 100 万美元，总费用为 40 万美元。根据会计准则，拥有子公司 60% 股权的母公司列报 100% 的收入和营业费用，或列报 60 万美元的营业利润。因为它不是百分百控股，而只是控股 60%，因此要在线下减除 40% 的差异所造成的 24 万美元（40% 乘以 60 万美元）。结果，投资者将会看到 60 万美元的营业利润，而不是 36 万美元（60% 乘以 60 万美元）的真实经济收益，这个细节可不容易被察觉。由此，我们对比比皆是的 51% 控股子公司的现象理解起来就较为容易了。将百分百的收入在线上部分列报，在线下部分减除其他股东享有的 49% 的利润，强大的诱惑性结果就这样产生了。

利用资产负债表项目分类的自行决定权虚增营业利润

公司还可能会通过从资产负债表上卸载亏损或加载利润，从而产生虽有误导性但却很吸引人的利润结果，在这一小节的最后，我们来讨论它们是怎么做的。如果公司管理层认为公司对子公司或其他主体（非控股）有重大的影响力，那么该子公司或主体相应比例的利润或损失就会被列到利润表上（根据会计上的权益法）。相反，如果公司缺乏重大影响力，那么与合资企业相关的资产负债表账户就会根据公允价值定期调节。于是，财务操纵的机会就来了。当子公司的利润强劲时，公司管理层通过声称这一期间内公司对子公司有重大影响力，就可以将子公司的利润搬到自己的利润表上；当合资企业的业绩不佳时，则通过声明自己对合资企业没有重大影响力，从而将亏损从资产负债表上卸除。

会计术语简介

对其他公司投资的会计处理

对一家公司做小型投资（投资占股通常低于 20%），投资人在自己的资产负债表上按公允价值列报该投资。如果该投资被视为交易性证券，其公允价值的变动额会被列在利润表中。如果它被视为可供出售的金融资产，其公允价值变动额则作为权益的抵销项目列报，对收益没有影响（除非发生了永久性减值损失）。在对一家公司做中型投资时（投资占股通常低于 50% 但高于 20%），投资人在自己的利润表上用单独一行列报应享有被投资单位的利润份额。我们将这种方法称作权益法。对一家公司做大型投资（投资占股通常高于 50%），投资人完全将被投资人的财务报表和自己的财务报表合并。我们将这种方法称作合并法。

安然公司通过操纵合资企业的合并范围来虚增营业利润

这种通过不合并合营公司来卸载债务和损失，这种手法带来的好处大概没有人能比安然公司的管理层更明白。20世纪90年代中期，安然公司建立了一系列风险事业，需要向这些风险事业注入大量资本，在早年可能产生大量损失。毫无疑问，公司管理层一定周密考虑过将负债纳入资产负债表和将巨额损失纳入利润表可能产生的不利影响。安然公司知道，如果它如实列报触目惊心的应付贷款，出借人和信用评级机构见了一定会脸色煞白，投资者会无法接受权益融资带来的巨大损失和收益稀释。使用常规的融资会计方法似乎会产生许多问题，安然公司创建了一个某种程度上讲独特的，当然也极不正常的战略。它建立了几千家合营公司（表面上看是遵守了会计准则），并选择不合并这些合营公司，从而使得所有新的债务都不在资产负债表上出现。此外，安然公司相信这种复杂的结构有助于藏匿早期风险投资带来的经济损失（或者随时挣得利得）。

有意思的是，安然公司投给这些风险企业的资本，事后被发现不过是安然公司自家的股票。一些情况下，合营公司自身甚至持有安然公司的股票。在股票价格上涨时期，就像安然公司投在这些合资公司的股本金一样，合资公司的资产价值同步增加。利用这种计谋，安然公司轻松确认了约8500万美元利润，因为在美妙的牛市中它自己的股票价格出现上涨。

安然公司股票价格的快速上涨成了一剂"春药"，驱动着它投给合营企业的股本价值和享有的利润不断增加。曾经在一个会计期间内，安然从一家合营公司获得了令人惊掉下巴的1.26亿美元。令人好奇的是，当股票价格急剧下跌时，安然公司就像得了严重的健忘症，忘记向股东报告9000万美元的损失了。它采用了一种省事的方法，宣告结果"尚未合并"，当然不能被并入利润表。因此，按照安然公司的游戏规则，同一项投资，有了收益，告知投资者，有了损失，则赶快藏起来。换句话说，安然公司是"正面我赢反面我也赢[⊖]"。当然，我们现在都知道这个故事是如何收尾的了。

下章预告

现在我们稍作休息，喘口气，因为我们已经来到本书最重要的部分了。本书第二部分用三章内容讲述了企业会使用的虚增当期利润的方法，本章是介绍这些方法的最后一章。我们介绍了企业如何通过确认过多的收入或其他收益，如某些事件或者基于可疑的管理层评估带来的一次性利得而虚增当期利润。

接下来的两章仍将是关于虚增利润的内容，但我们主要讲企业如何少报费用。第 6 章"盈余操纵诡计第四种：将当期费用推迟到以后期间确认"讲述了怎样将费用藏匿到资产负债表上，从而推迟到以后的会计期间，而第 7 章"盈余操纵诡计第五种：使用其他手法来隐瞒费用或损失"则介绍了旨在一时或永久地蒙蔽投资者的藏匿费用方法。

⊖　原文是 heads I win, tails I still win！英文中，硬币的正反面叫 head 和 tail。——译者注

第 6 章 | CHAPTER 6

盈余操纵诡计第四种：

将当期费用推迟到以后期间确认

20 世纪 80 年代，电影《都市牛郎》带火了"得克萨斯两步舞"，这是一种西部田野风格的舞蹈，跳起来激情四射。早年它只是简单的谷仓舞，如今舞者跳的都是进化版，借鉴了不少狐步舞和摇摆舞的动作。舞者在地面上令人眼花缭乱地转圈、转身、换舞伴，借此娱乐舞友和观众。

上市公司则在给成本费用记账时，采用了极为相似的"会计两步舞"。

支出发生时跳第一步，这时钱已经花出去了，但是相关利益尚未获得，这些支出代表的是"未来利益"，因此在公司的资产负债表上被列为资产；取得利益时跳第二步，这时，支出要从资产负债表移到利润表并被列为成本费用。

这种"会计两步舞"的关键在于舞步的节拍，即成本费用应该和长期收益还是短期收益去配比。和长期收益配比时，舞步缓慢，相关支出会留在资产负债表上很长时间，并被慢慢摊入费用（如机器设备可以有 20 年折旧期）。和短期收益配比时，舞步急促，前后两步同时完成，相关支出根本不会被列入资产负债表，而是被立即记为成本费用（如很多典型的经营费用：工资、电费等）。

上市公司可以自主改变"会计两步舞"的节拍，从而显著影响利润数字。勤快的投资者会估量一下是不是在公司跳第一步舞时就故意将成本费用冻在资产负债表上，而不是接着跳第二步舞，将其体现在利润表上。

本章将叙述公司惯用的四种伎俩，均为"会计两步舞"的扭曲运用——错把成本费用留在资产负债表上，避免它们减少当期利润，而把它们挪走就是以后期间的事情了。

将当期费用推迟到以后期间确认的方法

1. 经营费用过度资本化。

2. 成本费用摊销过慢。

3. 贬值资产不提取减值准备。

4. 不确认应收款项坏账和投资贬值。

经营费用过度资本化

本章第一节重点介绍"会计两步舞"的滥用：该跳两步的时候只跳一步。换句话说，就是把成本费用列为资产负债表上的资产——将支出"资本化"，而不是立即费用化。

> ### 会计术语简介

资产和费用

为便于讨论，可把"资产"概念分为两点考虑：

（1）可以带来未来收益（如存货、设备、预付的保险费）；

（2）未来会转为其他资产（如现金、应收款项、投资）。

能够带来未来利益的资产，是成本费用的近亲，它们都是企业经营的支出项目，两者的差异在于何时影响损益。

例如，假设公司购买了一份两年期保险。最初，此项支出代表着未来利益，它被归类为资产。一年之后，公司已经获取了一个年度也就是一半的利益，这时将它一半列为资产，一半列为费用。两年之后，列为资产的一半也会被费用化，这时此项支出已全部被列为费用，不再有剩余部分被列为资产。

将日常经营费用过度资本化

在 20 世纪 90 年代，互联网泡沫的高峰时期，电信巨头世通公司和其他运营商签署了许多长期电信网络使用协议，这些协议包括了世通公司为购买其他公司的电信网络使用权而支付的费用。最初，世通公司在利润表上将这些支出列为成本费用，这是恰当的。

2000 年，互联网泡沫开始破裂，世通公司的收入增长放缓了，投资者开始更加关注世通公司庞大的经营费用。世通公司经营费用中的最大项目就是电路费用。世通公司开始担心自身业绩能不能满足华尔街分析师的预期，如果不能，投资者会被失望情绪击溃。

于是，世通公司决定略施小计，给公司利润注水。2000 年，世通公司的会计处理方法突然做出重大变更，（请注意此处！）他们藏起了部分线路接入成本，方法是把大部分线路接入成本资本化，而不是记为费用。从 2000 年至 2002 年年初，世通公司一直这样做，低估成本费用、高估利润，金额高达数十亿美元。

线路接入成本不当资本化的警示

世通公司把几十亿美元线路接入成本资本化的时候，虽然利润表列示了甚少的费用，但它的确在继续支付真金白银的线路接入成本款项。正如本书第 1 章和第 2 章中指出的那样，只要细心阅读现金流量表，我们就能发现急剧恶化的自由现金流[⊖]，并为之震惊。表 6-1 列示了自由现金流是怎样从 1999 年（线路接入成本资本化之前的年份）的 23 亿美元，变为 -38 亿美元的（这 61 亿美元的恶化足够骇人听闻）。有经验的投资者会将此视为公司出现重大麻烦的信号。

⊖　自由现金流等于经营活动现金流量净额减去资本性支出。

表 6-1 世通公司的自由现金流

（单位：100 万美元）

	1999 年	2000 年
经营活动现金流量净额	11 005	7 666
减：资本性支出（CAPEX）	（8 716）	（11 484）
自由现金流	2 289	（3 818）

世通公司资本性支出大增，显然会带来不少问题。这与世通公司年初制订的相对平稳的资本开支计划相悖，而在当时的时代背景下，技术性支出总额总体是下滑的。其实，财报展示的资本性支出的增长是假的，真相是：世通公司改变了会计处理方法，把正常的经营费用（即线路接入成本）挪到了资产负债表上，为的是给利润注水。投资者发现资本性支出跃升了 32%（从 87 亿美元升到 115 亿美元），他们应当质疑，在公司的经营活动现金流量下降 30%、技术性支出普遍下滑的时期，这到底意味着什么。投资者一旦发现如此大幅的开支增长，就等于触到了史无前例的会计欺诈的苗头。

将常规经营费用不当资本化的警报

- 利润无由增长，某些资产激增。
- 自由现金流意外骤减，同时经营活动现金流量净额增加了差不多的金额。
- 资本性支出暴增，背离了公司的经营方向，也与市场情况不符。

警惕营销和获客成本的不当资本化　营销和获客成本也是为企业带来近期利益的典型的、常规的经营费用。大多数公司需要花钱推广它们的产品或服务，会计准则通常将其视为频繁发生的、常规的、短期的经营费用，同时要求公司将此类支出立即费用化。但是，有些公司采用了特别激进的做法，把这些支出资本化，然后摊销到若干年度之中。例如，互联网业的先驱美国在线公司（AOL），在它至关重要的增长期，也就是20 世纪 90 年代中期，它的会计处理方法是将获客成本资本化。

在 1994 年之前，美国在线公司将其新客户的获客成本处理为经营费用。然而到了 1994 年，美国在线公司开始将其列为资产负债表上的资产，美其名曰"递延获客成本"（DMAC）。如表 6-2 所示，1994 年，美国在线公司开始将获客成本资本化，第一次资本化了 2600 万美元（这个数字是销售收入的 22%，总资产的 17%），并摊销在接下来的 12 个月中。

表 6-2　美国在线公司的"递延获客成本"

（单位：100 万美元）

	1993 年	1994 年	1995 年	1996 年
收入	52.0	115.7	394.3	1 093.9
营业利润	1.7	4.2	（21.4）	65.2
净利润	1.4	2.2	（35.8）	29.8
总资产	39.3	155.2	405.4	958.8
递延获客成本	—	26.0	77.2	314.2

注意，递延获客成本在这几年中以极快的速度上涨。1996 年 6 月，资产负债表上的递延获客成本膨胀到 3.14 亿美元，这个数字是总资产的 33%，所有者权益的 61%。如果在发生时就将这些获客成本费用化，那么美国在线公司 1995 年的税前亏损会是大约 9800 万美元，而不是2100 万美元（这个数字包括了在 1995 年年内转销的 1994 年年末的递延获客成本），美国在线公司 1996 年的 6200 万美元税前利润会变为1.75 亿美元的亏损。如果按季度看，那就是递延获客成本的资本化使美国在线公司在 1995 ~ 1996 年共 8 个季度内，6 次报出盈利，而不是每个季度都报亏损。

在看到这些数字时，投资者理应警觉三点。第一，公司将此类支出的会计处理方法从费用化变更为资本化，这是非常激进的。第二，这三年内，未摊销递延获客成本的增长表明费用被低报，利润被高报。第三，美国在线公司只是把费用从前期挪移到后期，这些费用会实实在在削减后期的预计利润。

美国在线公司自然想力证自家的会计处理方法是对的，他们声称，这属于会计准则（美国注册会计师协会立场公告93-7）允许的特例。一家公司的获客成本若要符合此特例并资本化，必须给出有力证据，表明其推广行为会在未来带来利益，就如公司早期的"直接回应"推广活动一样。

证券交易委员会不同意美国在线公司的会计处理方法，委员会认为，由于"市场环境并非稳定，因此无法可靠预估未来的净收入"，该公司并未满足立场公告93-7的基本要求。投资者无须精通高深的会计准则就可以嗅出此事的可疑气味。美国在线公司改用了更加激进的会计政策，该政策对利润的影响之大，完全超出理性投资者的理解能力。

警惕采用新会计准则后的利润增长　偶尔情况下，把经营费用资本化不是公司管理层拍脑袋做出的决定，而是为了服从会计准则制定者发布的会计新规。若是公司管理层刻意做出此类会计变更，实属不公允、不正确，投资者知道这种变更带来的利润增长只是昙花一现，绝非经营成就。例如，朗讯科技公司（Lucent）（如今属于阿尔卡特）在新会计准则的要求下，将自用软件的开发支出资本化，获得了很好的利润增长。

小贴士

无论会计处理方法的改变是否合理，投资者均应努力了解这些改变对利润增长的影响。简言之，这些改变带来的利润增长只是一时之快，公司若要持续增长，须凭良好的经营业绩而非变更会计处理方法。

当心资产负债表上的非正常资产项目 在破产之前，新泰辉煌公司开始在资产负债表上列出新鲜古怪的资产项目，叫作"工具保证金"和"存货保证金"。新泰辉煌公司的财报提供了这些资产的明细，列示得十分琐碎且使人难以弄清，并声称这是公司给主要供应商歌林公司（Kolin）交的押金。奇怪的是，这两个项目使资产负债表上的存货总额变小了。此外，歌林公司不仅是新泰辉煌公司的最大供应商，还是其关联公司——歌林公司持有新泰辉煌公司超过 10% 的股票，并且共同经营着几家合资公司。

投资者理应对这些崭新的资产项目生疑，因为它们不正常，且来自关联方，同时还使总资产飞涨。如表 6-3 所示，新泰辉煌公司在 2007 年 6 月的财报中"付给歌林公司的存货保证金"这一项目里列示了 7000 万美元的惊人数据，而在此前的 3 个季度中，此项保证金并未出现。如出一辙，"付给歌林公司的工具保证金"在该公司 2006 年 6 月的财报中尚无踪影，却在接下来的一年里日积月累，到 2007 年 6 月，财报中该项目已高达 6530 万美元。这样的资产项目，尤其是与关联公司有关的资产项目，一旦激增，就会导致投资者飞速退出。

表 6-3 新泰辉煌公司的异常资产项目

（单位：100 万美元）

	第三季度 （2006.3）	第四季度 （2006.6）	第一季度 （2006.9）	第二季度 （2006.12）	第三季度 （2007.3）	第四季度 （2007.6）
付给歌林公司 的存货保证金	8.0	5.1	—	—	—	70.0
付给供应商的 存货保证金	—	—	—	—	—	8.3
付给歌林公司 的工具保证金	—	—	15.2	26.3	39.6	65.3

> 一项新的，或者异常的资产项目（特别是增长迅速的那种），会是不当资本化的标志。

将这些支出资本化是对的，但是为什么金额极大

会计准则仅允许某种范围的或者符合特定条件的支出资本化。有些支出被称为"混合支出"，意思是这种支出部分被记为费用，部分被记为资产。

软件开发支出资本化　这种处理方法尤其常见于科技公司，这些公司列在资产负债表上的经营支出，通常是软件产品的开发支出。软件的早期研究和开发支出是典型的费用化项目，而晚期的支出（这时开发项目已经具备"技术可行性"）是典型的资本化项目。投资者应警惕这样的公司：软件支出资本化的比例畸高，或者改变会计政策把此类研发支出，特别是毫无生产可能的研发支出资本化。

警惕软件资本化金额的增长　如果软件加速资本化，这个信号表明公司的利润增长是由很多挂在资产负债表上的支出带来的。终极软件集团（The Ultimate Software Group，ULTI），一家位于佛罗里达州的人力资源管理软件开发商，在 2011 年没有将任何软件支出资本化，但仅仅两年之后，这家公司的软件资本化金额高达 1900 万美元（占其研发支出总额的 22%）。这次资本化处理真的是极为重要：其金额高达 2013 年年度销售总收入的 5%、营业利润（4300 万美元）的 44%，并且把大量成本移到资产负债表上，虚增了利润。

警惕预付款项　钻石食品公司（Diamond Foods，DMND）是一家快餐公司，它是翡翠坚果（Emerald nuts）、波普爆米花（Pop Secret popcorn）、凯特尔薯条（Kettle Chips）的供应商。2010 年年初，由于核桃的市价急剧上升，钻石食品公司发现它需要补偿那些卖出当年新收核桃的农户。而来自投资者的压力使得公司必须保持连续 11 个季度的业绩飞涨。时任首席财务官的斯蒂芬·尼尔（Steve Neil）精心设计一出诡计：钻石食品公司会给核桃农户付足 2009 年的核桃钱，但农户得说这是来年收成的"预付款"。玩了这一鬼花招，尼尔就可以将这些"预付款"在资产负债表上资本化，而不是在当年费用化。如此招式足够卑鄙，但是核桃农户心中明白，自己收到的这笔钱不是 2010 年核桃的预付款，而是早已交货完毕的 2009 年核桃的补偿款。

当投资者的质疑引发内部调查时，真相终于浮出水面。钻石食品公司在 2012 年 11 月颓然重述了财报，这次正确计算了核桃的收购成本，其股票价格从 2011 年最高的每股 90 美元跌到了每股 17 美元。此后，钻石食品公司及其首席财务官尼尔都被证券交易委员会指控欺诈。

将成本费用不当资本化也会虚增经营活动现金流量

在现金流量表上，常规的成本费用支出会被视为经营活动的现金流出，而资本化的成本费用支出会在投资活动的现金流量项下被列为典型的资本性支出。如果把常规经营费用资本化，公司不仅虚增了利润，也虚增了经营活动现金流量。本书第 11 章将介绍现金流量诡计第二种：将经营活动现金流出归类为其他活动现金流出。

成本费用摊销过慢

来吧，把舞鞋穿回脚上，我们接下来要跳"会计两步舞"的第二步了。我们已经跳完了第一步——把支出资本化，但是这些支出相关的利益尚未实现。在跳第二步舞时，我们要把这些支出从资产负债表挪到利润表上，将其记为成本费用。

支出的性质，以及它和相关利益的时间关系，决定了它在资产负债表上可以被列示多久。例如，在存货售出、收入确认之前，购买或制造存货的支出，就一直被列在资产负债表上。此外，购买或制造机器设备的支出会带来长期的利益，在其使用期内，它们会一直留在资产负债表上，并通过折旧或摊销变为成本费用。

如果发现有的支出在资产负债表的长期资产项下挂账太久，比如具有不同寻常的超长摊销周期，投资者应予以关注，而如果是公司管理层决定拉长摊销周期，这就更是特大警报信号了。

警惕拉长摊销期带来的利润增长

回忆一下我们在前文中认识的老朋友——美国在线公司，它花了大量的钱招徕新客户（见表6-2）。我们讨论了这家公司在1994年改变的会计处理方法：很激进地把推广费用资本化，然后在后续12个月的账期内摊销。这一激进的资本化政策，完全误导了投资者，虽然这家公司的现金正大量流失并且确实是持续亏损，投资者却都相信这家公司真的在赚钱。

投资者非常不幸，美国在线公司的骗术不只如此。自1995年7月1日起，该公司决定把市场拓展费用的摊销期延长1倍，从12个月改为24个月。延长摊销期意味着相关资产会在资产负债表上挂账更久，并且把对应期间的成本费用稀释一半。该公司做出这一动作的同时虚增了4810万美元利润（财报列示盈利2980万美元，实际却亏损了1830万美元）。美国在线公司使用了如此简单的一个会计调整方法，就对投资者隐瞒了那么巨大的亏损额。

若仔细查看现金流量表，还是能发现问题的端倪。在1996年6月的财报里，经营活动现金净流出 6670 万美元，而同期利润只是 2980 万美元，两者之间有着 9650 万美元的骇人差距。投资者如果细心阅读财报附注就可以注意到，是对市场费用的激进资本化处理虚增了营业利润和净利润（如表 6-4 所示）。如果按照正规方式把获客成本处理为费用，美国在线公司会披露营业利润亏损 1548 万美元，净利润亏损 1242 万美元，这必然会使股票价格暴跌。

表 6-4　美国在线公司 1996 年财报数据及按规调整后数据

（单位：100 万美元）

	财报披露	应予调整	调整后数据
营业利润	82.2	（237.0）	（154.8）
净利润	29.8	（154.0）	（124.2）

特别警惕拉长折旧期间带来的大幅利润增长

一家公司如果选用了过于漫长的折旧或摊销周期，通常会被认为是错误使用了激进的会计方法。另一个更严重的错误就是公司持续延长其折旧 / 摊销周期，这经常表明公司的业务有了大麻烦，不得不改变会计处理方法去掩饰不断恶化的亏损。无论公司管理层如何竭力说明这些改变并非是公司犯了错，投资者都应保持警惕。

再看看英特尔公司，它在 2015 年延长了生产设备的折旧期。根据公司内部检查评估，管理层判断生产设备的使用寿命应该从 4 年延长到 5 年。这一改变把 2016 年度的折旧费用降低了 15 亿美元，这个数字大约是毛利的一半。要知道，在这个行业里，激烈的竞争使公司利润压力巨大。

虽然英特尔公司为其新的判断找到了不错的理论依据（管理层列举了加长产品寿命周期与增加机械再利用），但是，在特定时点决定延长折旧期，还是反映了公司潜在的实力不足，或者管理层对未来的焦虑。健康自信的公司很少通过这种会计变更去制造表面上的利润来裱糊公司业绩。

警惕缓慢摊销存货成本

在很多行业，存货转账为成本的过程非常直接：每当销售发生时，存货就转为"营业成本"。但在某些行业，判断在什么时间、把多少存货转为成本，却是非常复杂的事情。

例如，在航空器制造业，新型战斗机的早期研发成本会相当大，这些研发成本一开始会被列入资产负债表的存货项目，等到有客户接收飞机时，再开始摊销。

经典案例：倒霉的洛克希德公司"三星L-1011"项目　洛克希德公司（Lockheed，后来与 Martin Marietta 公司合并为 Lockheed Martin 公司）提供的一个绝佳实例，演示了判断新飞机研发支出的恰当摊销期是多么困难。传统零售业公司可以在产品售出时即刻把存货成本摊入营业成本，而由于飞机制造商要研究和制造好多年，所以它们得把研发支出放在资产负债表上的存货里好多年。

20世纪70年代和80年代，洛克希德公司花了几十亿美元研发新的飞机"L-1011三星"，并采用"项目会计法"进行核算。每卖出一架项目里的飞机时（初步估计有300架飞机），洛克希德公司就入账一笔测算出来的平均成本，而不考虑真实的产品成本是多少。该公司一直将真实成本比入账的测算成本（这种测算其实基于主观估计）高出的多余成本予以资本化，放在"生产成本"账户，直到真实的生产成本降下来。因为洛克希德公司认为后期生产的飞机成本会低于平均成本，到那时候，前面资本化的多余成本就可以摊入后期（盈利的）飞机的成本之中。这种办法在理论上非常完美，但是如果每架飞机的成本增量都高于其收入增量，那么上述处理显然就不合适了。真的非常不幸，洛克希德公司的实际情况就是每架飞机的成本增量都高于其收入增量。

到了1975年年底，洛克希德公司的资产账户"生产成本"里有大约

5 亿美元的成本被列为存货，而三星项目尚未出现盈利的迹象。事实上，情况还在进一步恶化，1975 ~ 1981 年的累计亏损达 9.74 亿美元（见表 6-5）。犹如想去掉名家书法中的小小败笔，洛克希德公司想转销这 5 亿美元的"小疙瘩"。但是，该公司并非在其亏损差不多已经明确的时候把整个"生产成本"核销，而是采用"分期核销计划"，即每年核销 5000 万美元（尽管有此措施，该公司仍然要继续在三星项目中记录惊人的亏损）。

表 6-5 洛克希德：L-1011 三星项目的历年亏损

（单位：100 万美元）

	1975 年	1976 年	1977 年	1978 年	1979 年	1980 年	1981 年	合计
三星项目亏损	94	125	120	119	188	199	129	974

"项目会计法"并不是只存在于过去的奇特会计处理方法，最大的航空器制造公司至今还在使用它。就像 20 世纪 70 年代洛克希德公司在 L-1011 三星项目中做的那样，波音公司也将"项目会计法"应用于其最先进的 787 梦幻客机。波音公司是在 2003 年开始研发梦幻客机的，但直到 2011 年才开始向客户交付飞机。在此期间，太多的生产和研发问题严重影响了飞机的交付时间，更有趣的是，这些问题也严重影响了项目会计法的会计估计。例如，在 2009 年，几次试飞失败后，波音公司核销了预期不能获得补偿的 25 亿美元的"项目会计成本"。最终，波音公司解决了其研发中的主要问题，生产随之提速。在 21 世纪初，该公司产生了大额的项目会计成本。2015 年 12 月，波音的资产负债表上有高达 285 亿美元的此类生产成本，需要在未来年份中被确认为与收入配比的成本。

贬值资产不提取减值准备

至此，我们已经讨论过两种滥用"会计两步舞"的警报信号。本章

第一部分讨论了"该跳两步时只跳一步"（如把应当费用化的支出资本化）。第二部分讨论了"第二步跳得太慢"（如摊销资产的时间长于恰当时间）。在这一部分，我们讨论了第三种滥用"会计两步舞"的警报信号：在第一舞步和第二舞步之间冻结舞步——也就是说，在把支出资本化时做得很对，但在获取预期收益之前，这些资本化的支出发生的贬值，并未被记入成本费用。

已经贬值的设备资产不提取减值

如果一家公司只按照刻板的既定时间表对固定资产做简单折旧，并假定不会发生任何事情打乱这个折旧计划是不够的。管理层应当持续评估固定资产可能存在的贬值，并在其预计未来利益低于账面价值时记录一笔费用。例如，有一台设备，管理层最初估计可用 10 年，但它却在 5 年内就彻底报废了。设备一旦报废，公司就应彻底丢开它最初的折旧时间表，并立即将它现在的资产余值转到费用之中。公司若是依然按原定的 10 年使用期计提折旧，就是本节讨论的现象——把支出资本化时很合规，但在其贬值时却不肯提取减值。毫不奇怪，那些宣布重大会计变化的公司（第 7 章所述）通常就是在早期未对贬值资产提取减值，现在想"洗大澡"了。

陈旧存货不提取减值

公司持有存货，是为了将其卖给客户。但是有时候，市场对一种产品的需求，与公司的期望并不相同。所以，公司可能必须降价，以售出市场需求较小的存货，或者把这些存货全部提取减值。管理层需要定期评估公司"多余和过期"的存货，减记存货账户，同时记录一笔费用（通常被称为"存货跌价损失"）。但是，固定资产有既定的折旧速度，公司却没法对存货预先设置贬值速度，以及决定哪些品种的存货应当被减记。因此，这一调整在相当程度上取决于管理层的判断能力及其台面下的操纵本领。

如果不提取必要的存货跌价损失，管理层就可以虚增公司利润。然而，这一行为必将后患无穷——当以大幅折扣卖掉存货（或者将其丢进垃圾堆）时，公司利润必将承受巨大压力。投资者应密切观察一家公司的存货跌价损失（以及相关的存货余额），确认公司并没有通过改变对陈旧存货的估计而虚增利润。若是管理层无理由地记入较低的存货跌价损失，那么公司的利润增长就是人造的了。

威帝斯半导体公司（Vitesse Semiconductor）在2001年记录了4650万美元的存货跌价损失，在2002年记录了3050万美元的存货跌价损失，但是在2003年，该公司很轻易地决定不再记录。2003年的这个决定无疑使其毛利倍增（前一年是4160万美元，当年是8320万美元），而其销售收入仅仅增长了3%。本章后面的部分会详述此事，看看这家公司到底做了什么。

警惕存货的意外增长 投资者可以通过计算存货周转天数（Days' Sales of Inventory, DSI）来监测公司的存货水平。本书第3章曾介绍，就如同应收账款周转天数（Days' Sales Outstanding, DSO）和同期收入对比可以检测应收账款一样，存货周转天数比较了存货余额与售出存货（也就是营业成本）之间的关系。这一计算方法，使投资者可以判别存货水平的绝对增长是和业务的总增长保持一致，还是迫于利润压力。

有时，公司预料市场需求上升，销售快速增长，就会战略性备货。这的确是个完美正当的商业战略，公司经常将其作为惯用借口来论证突发的存货增长是多么合理。若是公司以此理由解释存货增长，投资者应判别备货行动是存货增长之前就有的战略，还是在存货增长之后公司才以此自辩。这种备货战略若未被事先提及，投资者就应对存货增长存疑。

　　还有一个方法可以检测存货的增长是否与未来需求相符：把存货的绝对增量和公司的预期收入增长做简单对比。如果存货的增幅远大于预期销售额的增幅，那么多出来的存货极有可能是毫无根据的，投资者应予以关注。

不确认应收款项坏账和投资贬值

　　我们大致回顾一下本章前文讨论的两大类资产。第一类是由支出形成的，管理层预期将在未来给企业带来利益的资产（如存货、设备、预付保险费）；第二类是由销售或投资形成的，未来会转化为现金的资产（如应收款项、投资）。本章前三个部分叙述了第一类资产向利润表前进过程中公司所玩的操纵游戏，或者说，怎样操纵"会计两步舞"。在本章最后一部分，我们关注另一类资产上的操纵游戏——我们揭示一下公司是怎样在这些资产发生损失时不计提费用，从而虚增利润的。

　　有的公司非常幸运，顾客总是慷慨付现毫不赊欠，持有的投资也永不跌价。这样的幸运公司极其罕见。大多数公司有数量可观的顾客欠账不还，投资组合里时不时就有个别投资哗啦一声衰朽倒地，就是沃伦·巴菲特亲自坐镇也时不时会"三振出局"。

　　事情一旦至此，公司不能仅仅闭眼祈求收回所有的应收款项。会计准则要求，相关资产应按规减记到其可变现净值[⊖]。应收款项应在每个期末通过为其可能的坏账预估费用来计提坏账准备。与此相似，贷款人也应每季度把可能欠账不还的借款计入费用（或贷款损失）。此外，对永久减值的投资必须通过计入减值损失提取跌价准备金。公司若未做上述处理，就是在虚报利润。

　　⊖　指预期可收回的真实金额。——译者注

无法收回的应收账款没有计提充足的坏账准备

对应收账款加以调整，以反映预计的客户违约情况，这应当是公司的常态化工作。这会在利润表中计入一笔费用（"坏账费用"），同时减记资产负债表的应收账款（"坏账准备"是应收账款的减项）。坏账费用提取不足，或者将坏账费用不当转回，都会形成人造的利润。

警惕坏账准备的下滑　我们的老朋友威帝斯公司很随便地忘记记录存货跌价损失。在本章上一部分，我们读到威帝斯公司在 2003 年没有计入任何存货跌价损失，而前一年却计入了 3050 万美元。该公司还决定在 2003 年计入 190 万美元坏账费用，而前一年计入的是 1430 万美元。加上粗估的销售退回费用，威帝斯公司在 2003 年仅计入 220 万美元的费用，而 2002 年的此类费用是 4900 万美元。如果以和前一年同样的费用占收入的比例计入这些费用，则该公司的营业利润会降低大约 5000 万美元。这些骗术汇集在一家仅有 1.62 亿美元年收入的公司中，对投资者的误导是巨大的。因此在 2006 年，董事会的调查揭露了威帝斯公司一连串的会计问题，其中很多涉及不当记录收入和应收账款，也就不足为奇了。

> **小贴士**
>
> 如果所有的准备金账户都向着错误的方向移动（即下降），那么，快逃！

警惕坏账准备的下降　在经营正常的情况下，一家公司坏账准备金（doubtful accounts，ADA）的增长速度会与其应收账款的增长速度相近。如果应收账款增长但坏账准备金骤降，经常预示着这家公司没有记录足够的坏账费用，并且因此虚报了利润。

学乐集团出版公司（Scholastic Corporation）就曾发生过坏账准备金骤降。2002 年，该公司的应收账款猛增了 5%，而坏账准备金却下降了 11%。按其占应收账款总额的百分比计算，坏账准备金从 2001 年占应收账款总额的 24.1% 下降到 2002 年的 20.4%。如果保持 24.1% 的坏账准备金占应收账款比，那么 2002 年的营业利润会比现在低 1130 万美元。与威帝斯公司一样，学乐集团也少计提了好几种别的准备金，包括存货跌价准备金、预付版税准备金以及与一项近期收购相关的准备金。

贷款呆账准备金提取不足

金融机构和其他对外贷款的公司必须持续评估有多少贷款是永远无法收回的（叫作"信用损失"或者"贷款损失"）。在为不可收回的应收账款提取准备金时，采用的是应计制。贷款方在利润表上计入一笔费用（叫作"信用损失费"或者"贷款损失费"），在资产负债表上将其列为应收贷款总额的减项（叫作"贷款损失准备金"或者"贷款损失储备金"），减少贷款资产的总金额。

理想状态下，在财报日，公司为贷款损失准备的金额应足以覆盖银行的不可收回贷款。逐年提取准备金（利润随之减少），会使准备金的余额保持在恰当的水平。若是损失准备金的余额不足，则管理层就是在虚报利润。这些虚报的利润，终将在贷款质量恶劣时造成问题，彼时公司将被迫核销不良贷款。

警惕贷款损失准备的下降 2008 年，金融危机中的地产崩盘真是令投资者极其痛苦，很多贷款机构没能为不良贷款提取足够准备金，这样它们就是对投资者隐瞒了损失。给高风险客户（如次级贷款市场）提供贷款的机构，其风险更是暴露无遗。次级借款人经常获得巨额贷款，尽管他们的信用记录很差，背负大量债务且提供不出收入证明。当很多这样的不良借款人违约不还款时，次贷市场就垮掉了。

当贷款机构发现借款人拖欠和赖账增多时，须相应提高其贷款损失准备金。然而，为了增加必要的贷款损失准备金，机构就要同时加计费用，这意味着在貌似兴旺的牛市中降低公司利润，而要不要这样做，机构对此十分犹豫。

2006 年年末，面对高企的拖欠和攀升的不良贷款，在金融危机中第一家垮掉的次级贷款公司新世纪金融公司（New Century Financial）却无理由地降低了其贷款损失准备金。在 2006 年 9 月季报中，新世纪公司的惊人之举是把贷款损失准备金从 2.1 亿美元（不良贷款的 29.5%）降低到 1.91 亿美元（不良贷款的 23.4%）。该公司管理层好像也明白这样做不合适，就在利润报告中含糊其辞，把贷款损失准备金描述得像是增加了。（我们将在第四部分揭露了这一富有创意的重要手段。）如果新世纪公司在 2006 年 9 月季报中保持和上一季度差不多的贷款损失准备金占不良贷款比率，其每股收益将从财报披露的 1.12 美元降至 0.47 美元，剧减 58%。

对于关注新世纪公司贷款损失准备金的投资者来说，这是公司将倒的清晰预兆。2007 年 2 月初，新世纪公司在披露其第四季度财报的前一天，宣布重述其 2006 年前三个季度的利润。于是公司股价直降，在两个月后申请破产。

注意！

与不良贷款（借款人拖欠利息或者逾期不还的贷款）相比，贷款损失准备金反常下降更值得质疑。

特别注意公司借钱给自己的客户   有时，公司可以通过"内部财务方案"直接把钱借给客户。这一举动需要额外审查才能确保公司不是为了推高销售额，才把钱借给那些根本无力还款的客户。例如，一家激进的公司若是渴求销售增长，会放宽其贷款期限，以后再关心由此带来的坏账。

看一下西格内特珠宝公司（Signet Jewelers），它旗下有很多珠宝零售商：Kay、Zales、Jared 以及 H.Samuel。2015 年，该公司英镑区域有 61% 的销售来自西格内特公司为客户提供的"内部财务方案"。这上了一个台阶，因为在前一年，这一信用参与比率为 58%，而此前 10 年更是低至 50%。客户贷款的增长帮助西格内特公司实现了梦寐以求的同店销售增长目标，但很不幸，这种增长是昙花一现。2017 年，信用参与带来的销售增长放缓了，西格内特公司宣布了自金融危机以来的第一次同店销售负增长。

不提取投资减值准备

公司也应检查其投资组合的损失。如果股票投资、债券投资，或者其他证券的价值出现永久性下降，公司应记录减值费用。这一原则尤其适用于特殊行业，例如，金融业、保险业，投资是它们资产的重要组成部分。

2008 年全球金融危机时，几乎所有种类的资产都在暴跌，并给公司的投资组合带来损失，投资者要警惕在这样的市场衰退时期不计提投资减值准备金的公司。

可想而知，很多公司否认投资组合价值下降，认为无须提取减值准备金。起初，很多金融机构几乎不为这种下降做任何账务处理，然而当衰退程度加深时，公司很难不顾真实与合理原则而在资产负债表上保留这些价值虚高的资产。到那时，投资者会看到，公司终将提取一笔它们此前拒绝提取的巨额减值准备。

　　警惕使资产减值损失消失的骗术　日本的照相机公司奥林巴斯公司（Olympus）起初将会计欺诈手段玩得相当不错。该公司在 20 世纪 80 年代和 90 年代早期进行风险投资，这些投资最初在资产负债表上以成本价值列示。然而当这些投资的价值下跌时，奥林巴斯公司没有提取恰当的跌价准备金。后来，公司管理层决定使用一系列欺诈手段（著名的"Tobashi 计划"）隐藏这些损失，让它们凭空消失。日语 Tobashi 意即"飞走"。该操作就是，公司将亏损投资出售，或者将其从自身账簿中挪到别的公司名下，这样就对投资者隐瞒了损失。从某种意义上，损失消失了，或者说"飞走"了。

　　在第五部分"并购会计诡计"中，我们将详细论述奥林巴斯公司的欺诈之术，指出该公司采取了特殊手段，以收购和剥离资产为掩护，隐瞒了大约 20 亿美元的损失。

下章预告

　　与本章不同，第 7 章讨论采用"一步法"的成本费用。理论上，所有支出都能给公司带来利益，仅带来短期利益的支出（比如租金）应立即被列为费用，从不出现在资产负债表上。下一章，盈余操纵诡计第五种，即将讲述管理层对投资者隐瞒这些费用的手段。

第 7 章 | CHAPTER 7

盈余操纵诡计第五种：

使用其他方法来隐瞒费用或损失

在填写美国国税局的申报表时，不把自己的支出项全部填足是愚蠢的，因为这样做只会招来更高的纳税额。在制作财报时，如果不把费用写足，也是愚蠢的，但也是有用的——如果你正在施展诡计欺骗股民，想让他们觉得公司利润高于真实情况。本书第 6 章描述了公司管理层如何把成本费用藏在资产负债表之中，假装成真实的资产。本章将展示更加挑战投资者辨别本领的骗术——管理层是怎样通过不记录真实发生的成本费用压低成本费用，或者记录过低的费用的。惊人的是，公司的欺诈经常始于此技，更惊人的是，这个手段经常能做到瞒天过海。

在本书上一章，我们讨论到，和长期利益有关的支出一开始就在资产负债表上被列为资产，而和短期利益有关的支出要被立即费用化，不会出现在资产负债表上。我们已揭示监测资产、费用以及资本化政策的趋势，有助于发现公司是否在资产负债表上不当保留支出以虚增利润。本章将集中叙述的骗术是，管理层直接对投资者隐瞒的那些与短期利益有关的费用。

隐瞒费用或损失的其他方法

1. 不以恰当金额记录当前交易产生的费用。
2. 采用过于激进的会计假设，记录过低的费用。
3. 转回前期提取的准备金以削减本期费用。

不以恰当金额记录当前交易产生的费用

意图降低当期费用的第一个手段：不记录真实履约义务带来的费用（如租金）。

不记录季末收到的整张发票

隐瞒费用最简单的方法是，在应记账的季度，假装从未看到来自供应商的某张发票。例如，在3月末收到一张电费账单，不予记账，就会低报费用（和应付账款），并因此高估利润。

美国讯宝科技公司，就是一个在期末不记费用的典型案例。讯宝公司在2000年3月末向员工发放奖金，但是没有记录按照联邦社保法案（FICA）应付的350万美元的保险费。实际上，讯宝公司（不恰当地）决定在下一个账期实际付款时再记录这笔费用。就这样，由于在3月份没有正确计提保险费，讯宝公司的季度净利润虚增了7.5%。

请朋友帮个小忙

有时，"聪明"的公司管理层能从其他公司（如供应商）处获得帮助，让财报上的费用表面看来显得少一些。这种人为削减费用虚增利润的花招基于公司假装获得了供应商的折扣，而这种伎俩的实施自然需要供应商的帮助。下面本书将介绍公司是如何成功实施这一花招的。

公司先告诉一家供应商，下一年要签约购买价值900万美元的办公用品，并且愿意为此支付1000万美元。这张订单很大，所以公司要求在合同签署后，供应商要先支付100万美元的"折扣"。拿到"折扣"后，该公司立即做了一笔很不合适的处理，即将此"折扣"记为当期办公费用的减项。通过这一伎俩，公司利用这100万美元的收款提高了利润，而这100万美元本应被记为未来办公用品买价的减项。

来看一下日升医疗公司（Sunrise Medical），该公司在与一家供应商的交易中，收到当年已购货物的 100 万美元折扣。这对供应商意味着什么呢？这意味着日升公司同意提高下一年度的采购价格以对冲这笔折扣。该公司履行了一份"单方承诺函"以施展这一诡计。日升公司将这笔折扣减记了费用，但并没有向投资者和审计师披露，而获得这一折扣的条件是日升公司必须在未来向供应商高价购货。

小贴士

要经常检查从供应商处获得的可疑现金。正常情况下，现金是向供应商流出，而不是从供应商流入，因此，来自供应商的现金流入非同一般，通常是会计欺诈的标志。

警惕来自供应商的大额卖方信用或者折扣 新泰辉煌公司把供应商折扣这个概念应用到了完全不同的水平。该公司从其主要供应商歌林公司处获得了变化多端的"信用"，而正如我们上一章所述，歌林公司也是新泰辉煌公司的重要股东。新泰辉煌公司将这些供应商信用记为销售成本的减项，自然就推高了利润。可是问题在于，无论如何这些信用都不正常。这些信用额度大到惊人，甚至能超过新泰辉煌公司上市之后所有的利润之和。

尤其在 2005 年 12 月至 2007 年 6 月之间，新泰辉煌公司报出的利润合计为 14 270 万美元，其中含有歌林公司提供的卖方信用，总额是骇人的 21 470 万美元。此外，这些信用只是记在账面上的分录，从未给新泰辉煌公司带来现金流入。于是，新泰辉煌公司的表现是：盈利能力非常优秀，但经营活动现金流却是很大的负数。即便是投资新手，也能识破这一伎俩。考量现金流和净利润之间的巨大差异，可以快速检验利润质量。此外，机智的投资者可以从披露的财务报表附注里发现大额卖方信用和明显的关联交易。

警惕不提取意外损失准备金的公司　有时候，公司管理层需要为已发生，但尚未判决的或有事项设立意外损失准备金，并将其记为费用或损失。会计准则规定，当满足以下两个条件时，可以为这些或有事项（如与诉讼和税务争议有关的预计赔款）提取准备金：①损失很可能发生；②损失的金额可以被合理估计。

切记要检查表外采购承诺　以往交易形成的支付义务会在资产负债表上被列为负债。此外，如前所述，或有事项的应付款，有时也被记为负债。但是，公司都会有什么样的未来支付义务和或有事项呢？例如，一家公司同意在未来两年内购买货物，或者承诺资助一个项目，或是长期租赁一宗地产。

这些购买义务经常是无法取消的，但它们不会被列在资产负债表的负债部分，它们是典型的"表外负债"。不过，会计准则要求公司管理层在财报的附注中披露大额承诺。尽管不列示在资产负债表上，这些支付义务仍须公司履行。不注意这些的投资者，险矣。

会计术语简介

非应计或有损失

一些义务仅在会计附注中被披露，对财报的利润并无影响。但是，投资者应特别注意财报附注和管理层讨论与分析里面涉及的承诺和或有事项。有时，表外负债比资产负债表上列示的负债还重要。

采用过于激进的会计假设，记录过低的费用

这些招式告诉我们，在选择会计政策和估计隐藏费用这方面，管理

层有多大的灵活性。为员工提供养老金和其他退休后福利的公司，可以改变其会计假设，减记已入账的费用。与此类似，租赁设备的公司改变会计假设，也会影响财报上的负债和费用。公司管理层可以通过改变会计处理方法或估计金额，来操纵利润（并降低负债）。

改变租赁会计假设，提高利润

租赁会计能使管理层成为另一种"按摩"高手，他们可以"揉捏"会计假设以虚增利润。迪尔公司（Deere&Company）向农业客户出租农场机器时，将收取的约定的租金作为收入，主要成本费用是租出设备的折旧费。此事乍看非常简单，但这就是"揉捏"的起点。折旧费是以设备原值（设备起租时的价值）和残值（租赁末期的预期价值）为变量的函数，将两者之差在整个租期之内以直线法计算来得出折旧费。

但是，会计戏法可以缩小原值和残值之差（也就是未来折旧费的总和），仅仅人为设定较高的残值就可以做到这一点。简言之，由于残值代表着不必折旧的部分，那么这个戏法只要提高残值占原值的百分比就可以了。

2012 年，迪尔公司估计出租设备的残值是原值的 55%，应对其原值的另 45% 进行折旧。但是在接下来的几年中，这一比例每年都上升，在 2015 年达到 63%。这样提高残值后，迪尔公司仅需要对原值的 37%（从原来的 45% 降至此比例）计提折旧。基于对预计残值的狡猾调整，迪尔公司大幅降低了折旧费用，人为虚增了毛利和营业利润。

自办保险

有些企业不想支付昂贵的商业保险费（如为员工支付的健康保险和残疾保险），于是决定建立"自办保险"来应对相关风险。这些自办保险的公司的做法像迷你保险公司那样：建立一项他们认为足够支付保险赔款的基金，每期将基金所需金额记为费用。

每季度需要提取多少自办保险费？应付保险费该有多少？当然，这取决于管理层的测算。只要稍微改变一下测算值，或者改变一下测算前提，管理层就能把公司利润提高很多。

警惕改变自办保险费的测算前提 租赁中心公司（Rent-A-Center Inc.），是一家"先租后买"（rent to own）零售店的经营者，为员工自办赔偿保险、一般责任险、机动车辆责任保险。2006年6月，租赁中心公司决定修改一下当年自办保险计提保费的精算假设。该公司并不采用前述的普通行业的损失概率，而是采用基于经验数据的自己研究出来的损失概率。无论这一修改是否合理，它都为租赁中心公司带来了一时的利润增长。真的，这一修改本身为该公司带来了随后四个季度的利润增长。

通过改变养老金测算前提虚增利润

为员工提供养老金的公司，每季度必须把养老金方案下应增提的数额记录为费用。通常，养老金费用并不是直接明白地被列示在利润表上，而是和别的员工薪酬费用一起合并列示（常常是列为已售或者在售货物的成本、日常开支，或管理费用）。投资者应当详察财报附注中的养老金测算前提，其在相当程度上出自公司管理层的判断，并且可能被用于减少（甚至消灭）费用。

警惕养老金估算方法和估算前提的变化 计算养老金费用时，必须用到的几个精算假设是：贴现率、死亡率、赔偿增长率、预期资产收益率等。公司通常在财报附注里披露这些假设的变更。只要阅读附注，就能发现它们的变化。例如，纳威斯达国际公司（Navistar International Corp.）在2003年披露了养老金计划的调整，把预期寿命从12年修改为 18 年。通过延长预期寿命，纳威斯达国际公司把"未确认损失"摊入更长的期间，直接减少了 2600 万美元的养老金费用（同时虚增了等额利润）。

警惕计量日的变化　改变一下养老金计划计量日所在的月份，也能虚增利润。例如，2004 年，雷神公司（Raytheon Co.）把养老金计量日从 10 月 31 日改为 12 月 31 日，这一简单改变，使利润增加了 4100 万美元（每股收益增加了 0.09 美元），占全年总利润的 10%。

警惕金额过大的养老金收益　有时，公司的操作结果看起来完全不着边际——比如养老金费用出现了负数。发生这种现象，是由于该年度养老金相关资产的投资收益大于新增养老金费用，从而带来了"养老金收益"。这是怎么回事呢？一家公司若有极大额的养老金相关资产，就会带来金额过大的收益，即养老金收益。通常，这种事情发生于公司已有大额养老金计划但新增员工很少（甚至没有）的情况下。

例如，朗讯公司在 2004 年有 11 亿美元养老金收益入账，几乎与其营业利润相等（是营业利润的 91%）。并且，2002～2004 年，朗讯公司的养老金收益合计有 28 亿美元，同时有累计 60 亿美元的营业利润负值（即亏损）。和大多公司一样，朗讯公司不在利润表上单独列示养老金费用（或收益），而这一做法的后果就是，没有阅读财报附注中养老金相关内容的投资者会漏掉这一重要信息。

转回前期提取的准备金以削减本期费用

在前期提取准备金的好处之一就是虚增未来期间的营业利润，因为未来期间的成本费用早就已经被提取入账了。（第 9 章"盈余操纵诡计第七种：将未来费用确认在当期"将对此进行论述。）好处之二是，前期提取费用带来的负债，在未来期间转回时，可以很容易地被释放为利润。

资产负债表上，到处可见不同种类和金额的准备金。在第 6 章中，我们指出，资产负债表上列示的准备金是资产的减项，包括坏账准备金、贷款损失准备金和存货跌价准备。在本节，我们讨论的是作为对其他公司的付款义务而被记为负债的准备金。会计的权责发生制要求公司应提取已发生但尚未支付的费用（如质量担保），因此，公司很容易滥用准备金以操纵利润。

会计术语简介

今天虚增的负债，会在明天变成虚增的利润

负债和收入一样，通常具有贷方余额。对于想要虚增未来期间利润的公司管理层而言，这很重要，也很有价值。而操作方法真的很简单：在合适的科目里记录一笔虚假负债，然后在需要的时候做一笔分录，把负债的贷方余额转到费用账户——这样就减少了费用并虚增了利润。

世通公司转回准备金来减少线路费用

在上一章，我们讨论了世通公司怎样在 2000 年年初期激进地把线路费用资本化而不是费用化，从而虚增了利润。当然，这不是公司管理层能在线路费用上玩的唯一游戏。该公司还转回了多种风险准备金，并将其记为线路费用的减项。

警惕未完成业绩目标时的利润增长　来看看巴尔的摩（Baltimore）运动服装公司旗下品牌安德玛（Under Armour）是怎样试图在 2016 年隐瞒其业绩下滑趋势的。那年，安德玛的销售收入比上一年增长了 22%，业绩骄人，然而没有达到投资者期望的 24% 的增长目标，更明显的是，其利润总额的降幅超过 1.5%。

在第四季度公告全年利润时，这一失败却使公司因祸得福。该公司

在前 9 个月中，每月都计提年终奖，但到了第四季度，公司管理层知道如果无法完成关键年度业绩目标，是不会支付年终奖给职工的。于是，在第四季度，管理层转回了职工薪酬中的全部年终奖，修正了账目，减少了费用。这意味着，有 4800 万美元的销售、一般及管理费用以负数入账，这令财报的每股收益增加了 0.07 美元。这一费用的回调披露得并不明显，所以看起来第四季度销售、一般及管理费用的下降像是成本管理带来的效果，而实际上，这仅仅是一次会计调整。

警惕重组准备金转回形成利润　日光公司对此骗术可谓精通。绰号"链锯阿尔"的邓拉普做了首席执行官，他要对公司进行大规模重组。因此，日光公司提取了高额的重组费用，作为与未来重组计划支出相关的准备金。但是，由首席执行官做主，日光公司提取了很多不恰当的重组准备金和其他秘密准备金作为重组计划的一部分。这些不当准备金，后来被转回并释放为利润，虚增了利润总额，使投资者产生了"重组非常成功"的幻觉。

会计术语简介

转回重组准备金

假设公司公布要解雇 1000 人，并为此支付 1000 万美元的解雇补偿金。

增加：重组费用　1000 万美元。

增加：解雇负债　1000 万美元。

6 个月后，解雇完成了，只辞退了 700 人。公司把剩余的负债销账，因此减记费用，并增加了利润。

减少：负债　300 万美元。

减少：费用　300 万美元。

这就是通过虚增重组成本，公司在转回多余的准备金（和费用）时，凭空创造了一笔300万美元的利润。公司可以非常随意地提取重组准备金（以及其他准备金），并在此后转销这些账户的多余金额，从而虚增利润。

很多这样的准备金（尤其是通用的准备金）负债经常被列在"软性"负债账户中，通常是"其他流动负债"或者"预提费用"。投资者应注意观测软性负债账户，并警惕收入的剧烈下滑。公司通常在财报附注中披露这些软性负债，投资者一定要找到它们，并同时与各个准备金做对比。

让朋友帮个大忙——美满电子科技聪明地降低了费用

还记得我们前文讨论的英特尔公司和美满电子科技之间诡异的"两步走"交易吗？2006年，英特尔公司向美满电子科技出售业务，看起来是打折卖出，同时美满电子科技愿意以高于报价的价格，购买英特尔公司一定数量的货物（详见下文美满电子科技的财报附注）。正如第5章所说，显然英特尔公司以这种途径重构了交易：低估了出售资产的一次性交易，高估了更有价值的营业收入额（通过高价卖出货物）。

美满电子科技在季度报告附注中讨论了与英特尔公司的交易

基于并购ICAP（图像采集接口）业务的需要，公司与英特尔公司签署了购销协议。该协议约定公司须以约定价格、在约定时期向英特尔公司购买既定数量产成品及既定种类的晶片。购买上述产成品和晶片的时期并不相同。**英特尔公司的报价高于公司在任何情况**

下能获得的可比市场价格。根据并购会计准则，公司在协议签署时确认了一笔负债，列示公司有购买义务的货物买价和市场可比价之间的差异。

现在，我们从美满电子科技的角度再次审视这次交易的两部分。美满电子科技最初付给英特尔公司较低的价格购买其业务，作为交换，美满电子科技同意以高价从英特尔公司购买产品。看起来，因为溢价购买存货，这桩交易似乎降低了美满电子科技未来期间的利润，但事实并非如此。美满电子科技把全部溢价在资产负债表上记为负债（或者叫准备金），在未来出售存货时用于减记销售成本（冲销货物的采购溢价）。美满电子科技无须在提取这笔准备金时记录费用，因为在做并购会计处理时已经提取过了。因此，美满电子科技在不加记费用的情况下提取了秘密准备金，当该公司觉得合适的时候，就动用这笔准备金来冲销存货溢价。的的确确，美满电子科技的这桩交易使其有了更随意地调节每季度利润的便利。

公司管理层经常不为未来发生的支出提取必要的准备金。这些计提，通常是对公司正常经营产生负债的估计，例如，工厂的质量保证金。这些费用经常在季度末被提取。在上一章，我们阐述了预提费用（准备金）的概念，强调了这些准备金是相关资产的减项，例如，坏账准备金、存货跌价准备金。在本章这一部分，我们讨论的是被用来估计支付义务，并在报表上被列为负债的准备金。

对这些支付义务不做恰当提取，或者转回前期预提的费用，会虚增利润。因为这些计提依赖管理层的假设和主观测算，而公司管理层要想赚取更多的利润（以达成华尔街的期望目标），只须调整这些测算前提。举个例子,来看看戴尔公司在 2003 ~ 2007 财年年初的会计欺诈。
2007 年,戴尔公司审计委员会发布的特别调查报告揭示了该公司在准备
金方面的一些玄妙细节(一定要读,不要跳过,这是惊人猛料)。

2007 年 8 月重大事件公告中
戴尔公司关于其审计委员会调查报告的论述

　　调查发现了诸多会计问题,大多涉及调整各种准备金和计提的
负债,有证据表明这些调整是为了达成财务目标。根据调查报告,
这些调整的典型特征发生在季末关账出表的时候。调查发现,在这
个时间段,公司高管经常根据其经验对账户余额进行检查,寻找足
以完成季度业绩目标的可调整事项。调查报告认为,有相当数量的
此类调整是不恰当的,包括:为优化内部财务指标或者对外财报而
提取或转回预提费用、准备金;将超额提取的费用在负债账户之间
彼此结转;利用这些账户的余额冲销未来期间的其他费用。还有这
样的实例,公司在测算质保金负债时,提取的质保准备金超过了应
付质保金的测算值,但这些准备金并没有被恰当地释放到利润表之
中。并且,测算质保金负债时公司所做的调整,说明管理层对未来
质保支出或者损坏率的估计并不准确。

　　警惕质保金准备或者质保金费用的下降　很多公司的产品附加了质
量保证,以处理售后几年中可能发生的质量问题。例如,你若从戴尔公
司购买一款笔记本电脑,它会带有为期两年的质量保证期,公司承诺在
此期间为你免费维修或替换有问题的零件。

　　戴尔公司肯定不是被动地为你的电脑支付质保费用,任由这些费用
增长,然后坐视它们入账。根据会计准则要求,戴尔公司在笔记本电脑

卖出时就为其质量保证计提一笔费用。自然而然，管理层在判断每期提取的质保金额度时，可以行使很大的自主权。如果提取过少，利润会被虚增；如果提取过多，利润就会被低估（没准是公司未雨绸缪，给自己留条后路）。

其实，戴尔公司的部分调整属于对质保金负债的不当会计处理。重申一下，审计委员会的调查报告极好地揭露并精彩解释了戴尔公司的造假机制，因此可以请审计委员会直接教你这是怎么回事。

下章预告

本章我们介绍了公司管理层如何不当虚增当期利润。管理层进行这项操作时，可以两轮驱动：①确认过多的收入或者一次性利得；②确认过少的成本费用。在特定情况下，管理层还可能选择相反的战略——隐藏当期利润，并将其挪至以后期间。第 8 章将叙述管理层将收入挪至后期的错误做法，第 9 章将介绍他们把后期的成本费用挪至当期的错误做法。管理层实施这些骗术的目的是误导投资者，使其深信他们捏造的未来期间"虚假强劲"的利润增长。请您继续阅读，学习如何不被这些花招欺骗。

盈余操纵诡计第六种：

将当期利润推迟到以后期间确认

　　有这样一个问题，上市公司管理层为什么报出隐瞒利润的财报去误导投资者？你可能觉得这是为了避税。对于非上市公司而言这是正确答案，它们考虑的是怎么漏税。上市公司当然也考虑节税，但它们更需要让投资者看到公司利润平稳增长，符合他们的愿景。

　　回忆一下第 3 章"盈余操纵诡计第一种：过早确认收入"中公司管理层使用骗术的原因是，他们相信当期的财务业绩比未来期间的更重要。因此，他们决定把未来期间的收入在当期加速入账。现在我们把这个画面翻转，想象一下：特定情况下，管理层可能希望将当期业绩后移，以增大未来期间的利润。

　　让我们考虑一下这种情况：一家上市公司今天业绩的增长就如同抢钱一样快，但投资者并不知晓它明天会如何，或者一家公司今天忽然有一笔天上掉馅饼一般的大额收益或巨额合同。投资者当然爱看这样的数字，但他们同时也希望管理层在明天可以复制甚至超过这些数字。满足投资者层层加码的期望是可怕的，这导致公司管理层觉得使用本章所讲述的骗术很有必要。

将当期利润推迟到以后期间确认的方法

1. 在当期提取准备金，在后期转回，形成后期利润。
2. 以对金融衍生品进行不当会计核算来平滑利润。
3. 提取并购准备金，在后期将其转回为利润。

4. 把当期销售收入挪至后期入账。

在当期提取准备金，在后期转回，形成后期利润

当生意火爆、利润远超华尔街预期时，上市公司可能试图不把全部收入放进财报，而是储藏起来以备不时之需。考虑到这种情况，对于当期已经光明正大赚取的收入，公司管理层并不将其全部记进收入账，而是将其存放在资产负债表上，一直留到以后需要它的时候。这样做起来很简单，审计师也不会多问，他们可能认为这是"非常稳健"的会计处理方法。只须做一笔会计分录，增加资产负债表负债科目"递延收入"（或"未确认收入"）的余额，公司在以后期间需要这笔收入（提高利润）时，就再做一笔分录，将其挪至收入即可。（"会计术语简介"中对相关会计分录进行了相应说明。）

会计术语简介

提取递延（未确认）收入

假如一家公司，发生了现金销售900美元，则正确的日记账分录应为：

增加：　现金　　　　　900美元

增加：　　销售收入　　　　　900美元

如果管理层只想记录600美元收入，而把其余300美元储存起来留到下一年，就会这样记账：

增加：　现金　　　　　900美元

增加：　　销售收入　　　　　600美元

增加：　　递延收入　　　　　300美元

第二年，管理层只要把去年储存的递延收入释放到销售收入中即可：

减少：　递延收入　　　　　300 美元

增加：　　销售收入　　　　　300 美元

广积粮草备荒年

20 世纪 90 年代末期，软件巨头微软公司因涉嫌垄断而同时遭到美国司法部和欧盟的详细调查。可以想到，微软公司最不想让这些调查机构看到的，大概就是它飞速增长的收入和利润，因为这会成为调查机构的重要证据。该公司真的曾经试图推迟确认收入，方法是以"未确认收入"的形式将收入储存在资产负债表上，并递延到以后期间。

如表 8-1 所示，自 1998 年 3 月到 1999 年 3 月，微软公司的未确认收入账户每季度都增长数亿美元。事实上，这种储备真的是翻倍了，1998 年年初是 20 亿美元，1999 年 3 月是 42 亿美元。但是这种增长速度在 1999 年 6 月忽然放缓了，此后，微软公司的未确认收入的转出额与增加额就大致相当了。

表 8-1　微软公司的未确认收入（季度趋势）

（单位：100 万美元）

	第三季度 （1998.3）	第四季度 （1998.6）	第一季度 （1998.9）	第二季度 （1998.12）	第三季度 （1999.3）	第四季度 （1999.6）	第一季度 （1999.9）
未确认收入（期初余额）	2 038	2 463	2 888	3 133	3 552	4 195	4 239
本期增加	885	1 129	1 010	1 361	1 768	1 738	1 253
本期使用	（460）	（704）	（765）	（942）	（1 125）	（1 694）	（1 363）
未确认收入（期末余额）	2 463	2 888	3 133	3 552	4 195	4 239	4 129
本期净增（减少）	425	425	245	419	643	44	（110）
环比变化（%）	20.9	17.3	8.5	13.4	18.1	1.0	（2.6）

很多因素都可能导致公司建立巨额的未确认收入储备，并且之后巨

额储备会突然下降，对微软公司而言可能的一种解释是微软公司建立这些储备是"为荒年备粮"。根据 1999 年 9 月季报，微软公司的收入连续下降了 6.6%，投资者质疑"是不是荒年已经到了"。促使递延收入下降的另一因素是，在 1999 年 6 月，微软公司修改了收入确认会计政策，导致在早期确认了更多软件销售收入。微软公司决定采用一条新的会计准则（美国注册会计师协会立场公告 98-9），调高在软件卖出时确认的收入比例，调低计入未确认收入的比例。（请看下文中的披露。）不考虑其合理性，这一会计政策变更的影响是使微软公司将储存的递延收入释放为当期收入。

一次意外收益，分别在几年入账

现实情况是，极少有公司能够在储存几十亿美元收入储备的同时还能持续稳定增长，并且达到华尔街期望的目标。于是，当获得意外收益时，它们通常采用本章所叙述的第六种盈余操纵诡计：将当期收益挪至后期。

1999 年年报中微软公司披露的收入确认会计政策节选

1999 年第四季度，由于采用了美国注册会计师协会立场公告 98-9 条款，公司改变了向产品的未交付部分分摊公允价值的方法。未交付部分的价格占总价的比例下降了，而 Windows 系统和 Office 软件的销售收入额中未确认的递延收入的比例降低了，交货时立即确认的收入比例提高了。Windows 桌面操作系统的已确认收入占比从 20%～35%，显著降低到 15%～25%。桌面应用程序收入的占比从大致 20% 降低到 10%～20%。这一比例的范围取决于产品未交付部分的条款、价格、许可条件。这次会计政策变化的影响使得微软公司 1999 年的收入增加了 1.7 亿美元。

将贸易暴利挪至后期 安然公司臭名昭著的会计欺诈发生在 2000～2001 年，该公司的贸易部门在加利福尼亚州能源市场上意外赚到了巨额利润。这笔利润如此巨大，管理层决定将其一部分藏起来留给以后期间，按证券交易委员会的说法就是，"隐藏了暴利交易的额度和波动"。与安然公司的其他欺诈相比，这一动作是简单直白的：仅仅将部分贸易暴利做递延处理，将其藏在资产负债表的准备金中。在困难时期，这些准备金就派上了用场，使安然公司的财报免于出现大额损失。在 2001 年年初，安然公司的秘密准备金金额畸高，超过了 10 亿美元。于是该公司不当转回了数亿美元的秘密储备，以确保实现华尔街的期望。颇具讽刺意味的是，它不需要再在未来期间转回秘密储备了，因为安然公司在 2001 年 10 月破产，并且必须披露"留备灾年"的所有收入。2001 年 10 月，"灾年"真的来了，对于投资者来说，这相当于 5 级飓风！

利用准备金平滑利润乃是重罪 只要华尔街期望公司利润稳定持续增长，平滑利润便不是管理层的罕见策略了。然而，使用准备金将利润挪至后期和过早确认收入（盈余操纵诡计第一种）一样，都是恶劣的利润操纵骗术。这两种操作的后果，都是报出具有误导性质的财报。收入被过早确认时，未来的利润被记在当期；同理，平滑利润时，当期利润被挪至以后期间。

以对金融衍生品进行不当会计核算来平滑利润

业务健康的公司，可以靠利润平滑术做出漂亮、稳定、符合预期的业绩表现。来看一下按揭业的巨头、联邦家庭贷款按揭公司房地美，即便处于一个利率波动的时期，它也希望有非常平滑的利润。但房地美的利润平滑技术做过了头，搞成了 50 亿美元的欺诈。

市场利率的波动让"稳定的房地美"变得更不可预测

房地美的利润操纵术与其对金融衍生工具、贷款发放成本、损失准备金的错误会计处理高度相关。等到披露修正后的真实数据时，我们发现它的这些丑闻很是令人疑惑不解：该公司居然低报了利润。2000 ~ 2002 年，房地美少报了近 45 亿美元的净利润。如表 8-2 所示，房地美利用利润平滑技术，在 2001 年报出 63%，在 2002 年报出 39% 的利润增长，而真实的利润增长波动非常剧烈，在 2001 年为 -14%，而在 2002 年却为 220%。

表 8-2 房地美更正后的数据

（单位：100 万美元）

	2000 年	2001 年	2002 年	合计
原净利润	2 547	4 147	5 764	12 458
更正后净利润	3 666	3 158	10 090	16 914
更正数	1 119	（989）	4 326	4 456
原净利润增长（%）		63	39	
更正后的净利润增长（%）		（14）	220	

房地美为什么这样做呢？当然是因为华尔街需要这个公司的利润稳定增长并且符合他们的预期。2000 年，新会计准则（美国财务会计准则第 133 号）的实施带来的效果是，使企业包括衍生品在内的投资活动产生巨大的收益波动。很快，管理层就明白，这一会计准则的变化能给公司带来巨额的意外收益。最初房地美估计会有几亿美元的收益，但这一收益很快就涨到了几十亿美元。在我们眼里，几十亿美元的意外收入是大新闻，但是对于房地美，这是一个大问题。该公司股价飙升主要是由于它有稳定的、可预期的利润，它的绰号"稳定的房地美"是名副其实

的。因此，考虑到应保持这个美名以取悦华尔街，房地美谋划把这笔巨额意外收益的大部分藏起来，等到它需要平滑利润的时候再释放一些。

和安然、世通公司不同，房地美的骗术不是为了掩盖恶化的公司业绩，而是为了维持"稳定利润奶牛"的形象。换句话说，房地美的最终目标不是虚造利润，而是平滑利润。这两种骗术均违背了会计准则，并对投资者隐瞒了经济实况。两者之间的最大区别是，前者是无中生有虚造利润，后者是平滑利润。后者可能本来就是健康的公司，只想试图将自己打扮成具有可预期利润的样子。

通用电气公司滥用衍生品会计处理方法，扮作持续盈利　和许多大公司一样，通用电气公司也发行商业票据，即一种浮动利率短期债券。为了对冲利率变化风险，通用电气使用了衍生品协议，叫作"利率互换"（之所以叫这个名字，是因为通用电气将其变动利率的付款义务"换为"固定付款义务）。如果该公司处理方法正确，商业票据利率会在美国财务会计准则第 133 号（如前所述）条款下得到有效对冲，这意味着公司衍生品价值的波动不会影响公司利润。

2002 年，问题来了，看起来通用电气做了"过度对冲"，或者说，做了比对冲商业票据利率风险所需更多的互换。自然而然，通用电气过度对冲的数额在第 133 号准则条款下是无效的，这意味着每季度的价值变化都会影响利润。（这些对冲无效是因为它们并没有对冲掉任何东西。）通用电气很快就发现，由于这些无效对冲，它需要确认 2000 万美元的税前费用。

在 2002 年的整个第四季度中，通用电气公司都在努力寻找办法，避免确认这 2000 万美元的费用。2003 年 1 月初，在 2002 年第四季度的账期已经结束但财报尚未报出时，通用电气公司为其对冲交易创造了一种全新的会计处理方法，能让财报数据如愿以偿。审计师通过了其财报，通用电气的业绩符合华尔街预期的这种趋势得以继续保持。但一个颇大的遗留问题是，这一新奇的会计处理方法违背了公认会计准则。几年之后，证券交易委员会指控通用电气会计欺诈。

警惕无效对冲带来的巨额利润　投资者应该注意，如果一家公司财报显示有巨额收益来自对冲活动，而这些无效的（有时也叫作"经济的"）"对冲"完全是不可靠的投机交易，那么它们极易在未来期间造成巨额损失。并且，如果无效对冲产生的收益远大于损失，投资者应特别留心。来看看华盛顿共同基金（WAMU），该公司历史上曾有对冲类业务带来的大额收益。2004年，该公司报出16亿美元的"经济对冲"利润，同时其未做对冲的按揭服务权资产有5亿美元的损失。换句话说，华盛顿共同基金的对冲行为带来的收益是其潜在损失的3倍。投资者应提防与基础资产或负债同向变动的"对冲"，这个信号表示，公司管理层是在用衍生工具做投机，而不是在做对冲。

提取并购准备金，在后期将其转回为利润

正如我们前面指出的，做并购的公司会为投资者带来一些巨大的挑战。首先，合并后的公司很难做同比分析。其次，本书第五部分"并购会计诡计"中还会谈到，并购会计准则扭曲了经营活动现金流。最后，被并购的目标公司可能会隐藏并购之前赚取的一些收入，因此买方公司可以在并购后的期间将这些收入予以确认。我们就从这里开始讲后续的故事。

在"完成并购交易前的残期"缩小收入

想象一下，你刚签署了一份协议，要卖掉你的企业，交易会在两个月内完成。你收到买方公司管理层的指令，不再增加账面收入，直到并

购交易成功结束。你有些不解，但是遵循了这一指令，真的不再将收入记账。这样一来，你送给新股东一份慷慨的（同时也是不当的）礼物，两个月的收入被你隐藏了，而这些收入会变成买方公司的收入。

来看看 1997 年 3Com 合并美国机器人公司（U.S.Robotics）的案例。由于这两家公司的会计年度是不同的（3Com 的会计年度是在 5 月结束，美国机器人公司是在 9 月结束），于是并购交易结束之前有了两个月的"残期"。很明显，美国机器人公司隐藏了大笔收入，使 3Com 公司在并购完成之后再得到这些收入。看起来，在截至 1997 年 8 月的那个季度，3Com 公司的收入包含了美国机器人公司在"残期"没有记账的收入。铁证在此——在为期两个月的收购期间，美国机器人公司财报收入为 1520 万美元（大约每月 760 万美元），与该公司上个季度的 69 020 万美元收入（大约每月 23 000 万美元）相比真是少得可怜。与非并购时期的正常收入相比，美国机器人公司显然隐藏了超过 6 亿美元的收入（见表 8-3）。

表 8-3　美国机器人公司在并购前的"残期"收入剧减

（单位：100 万美元）

	第三季度 （1996.6）	第四季度 （1996.9）	第一季度 （1996.12）	第二季度 （1997.3）	（1997.4～5）
收入	546.8	611.4	645.4	690.2	15.2

警惕：目标公司在并购完成前收入过低　回忆一下，冠群电脑公司的管理层是怎样操纵财务数据，让高管拿走 10 亿美元奖金的？我们讲解过一些公司耍的花招，例如，"一个月有 35 天"、一次性确认 10 年分期付款合同的收入等。冠群电脑公司和 3Com 一样，获益于并购之前隐藏的收入。

让我们来看看 1999 年冠群电脑购买铂略科技公司（Platinum

Technologies）的案例。在 1999 年 3 月的财季，也就是交易完成之前的最后一个季度，铂略科技公司的收入额跌至 7 个季度以来的最低点，与上季度比较，环比下降 14 400 万美元，与上年同期比较，同比下降 2300 万美元（见表 8-4）。铂略科技公司的收入下跌得如此剧烈，是因为它计划被冠群电脑并购，因此延迟履行了与客户的合同。然而，无论真实的原因是什么，铂略科技公司的这些未完成销售都为其新股东贡献了人造的收入增长。让我们来进一步分析，如果铂略科技公司的收入下降不是隐藏收入的后果，投资者会认为冠群电脑收购了一家收入萎缩的公司。

表 8-4　被冠群电脑收购前夕，铂略科技公司的收入急剧下降

（单位：100 万美元）

	第二季度 （1997.6）	第三季度 （1997.9）	第四季度 （1997.12）	第一季度 （1998.3）	第二季度 （1998.6）	第三季度 （1998.9）	第四季度 （1998.12）	第一季度 （1999.3）
收入	164.2	190.8	242.7	193.4	217.4	250.3	314.7	170.1

把当期销售收入挪至后期入账

想象一下公司处于业务强劲增长的某个会计期末，管理层已经完成了拿到最高额奖金所需的所有利润目标，但是销售收入仍然以轻捷的步伐持续增长，而管理层想保证在下一个期间里也拿到高额奖金，因此管理层就可能停止确认收入，并将其挪至下一个期间。这做起来很简单，因为审计师未必知道这一花招，而你的客户也不会拒绝配合，因为这样一来他们会比原来付款付得更晚。尽管如此，这种操作是不诚实的，并且在后期粉饰出来的销售收入也误导了投资者。更重要的是，这表明公司管理层的决策不是基于良好的业务活动，而是为了向投资者提供粉饰后的财报。

下章预告

　　本章介绍了为隐藏正常的收入，或为了在更晚、更理想的时期再将收入加以确认，公司管理层都会做些什么。如果管理层的目标是减少当期利润并增加未来期间的利润，那么在早期加快确认费用即可。第 9 章将介绍公司加快确认费用的手法，该手法让今天的利润很惨淡，而明天的利润很可观。

盈余操纵诡计第七种:

将未来费用确认在当期

　　记得吗，小孩子会玩一个叫作"反着来"的游戏？小孩玩这个游戏时，做什么事情都要与平常相反。在本章，我们成年人也来玩一下这个令人开心的游戏。游戏伙伴是成本费用。盈余操纵诡计第四种和第五种的要点是公司将成本费用推迟到后期入账，或者干脆让它们永远消失，而相反的做法则是想办法增加当期的成本费用。

　　此类操作有两个基本原理：①与将支出在资产负债表放太久（即盈余操纵诡计第四种）不同，这项操作会将这些支出如弃旧物一般迅速转入成本费用；②不是为了隐瞒费用而放弃把发票入账，而是立即全部入账（越早越好）——即便这些钱花得毫无道理。听起来这些公司简直疯了，不是吗？请继续阅读本书，然后你就会完全理解公司管理层如何从这种游戏中获利。其实，公司玩这种游戏的频繁程度远超你的想象。

将未来成本费用确认在当期的方法

1. 在当期违规核销资产，避免未来期间形成费用。
2. 违规记录费用、提取准备金，以减少未来的成本费用。

在当期违规核销资产，避免未来期间形成费用

　　我们回忆一下把资产转化为成本费用的会计得克萨斯两步舞。公司

正确操作的时候，第一步先把支出放在资产负债表上将其列为资产，因为它们代表着未来的利益；第二步是当真正获得那些利益时，将其转到成本费用项目里。本书第 6 章"盈余操纵诡计第四种：将当期费用推迟到以后期间确认"介绍了破坏两步舞的第一种办法——从跳第一步到跳第二步过于缓慢，甚至完全不跳第二步。如表 9-1 所示，本章介绍的是和第 6 章相反的两步舞跳法，但也是不当的——跳完第一步瞬间就跳第二步。换句话说，就是过早核销资产、记录费用。

表 9-1 "两步舞"模式下的典型成本费用

第一步 资产	第二步 成本费用	第一步 资产	第二步 成本费用
递延的营销支出	销售费用	厂房设备	折旧费
存货	营业成本	无形资产	摊销费

不当转销递延的营销支出

回想一下在第 6 章我们提过的美国在线公司，该公司为了转亏为盈，将营销和获客成本资本化，这种激进做法带来了表面上的利润。我们批评了美国在线公司这种将正常成本费用资本化，并将其放在资产负债表上虚增利润的行径。然后，该公司将这些支出的摊销期从一年延长到两年，这有助于降低成本虚增利润，我们也已指摘其谬。正如我们在前几章叙述过的，美国在线公司资产负债表上名为"递延获客成本"（DMAC）的项下积攒了超过 3.14 亿美元（见表 9-2）。但是这家公司还有一个大问题：那些支出其实是未来的费用，应在未来 8 个季度内摊销——每季度摊销同等金额的 4000 万美元，即减少利润。考虑到美国在线公司适度的利润水平（1996 年的营业利润是 6520 万美元），每季度减少 4000 万美元利润是非常不受欢迎的。

表 9-2 美国在线公司的递延获客成本

（单位：100 万美元）

	1993 年	1994 年	1995 年	1996 年
收入	52.0	115.7	394.3	1 093.9
营业利润	1.7	4.2	（21.4）	65.2
净利润	1.4	2.2	（35.8）	29.8
总资产	39.3	155.2	405.4	958.8
递延获客成本	—	26.0	77.2	314.2

因此，3 个月后，其"递延获客成本"膨胀到 3.85 亿美元，美国在线公司开始执行第二套方案，玩起了"反着来"这个游戏。该公司不再继续跳会计两步舞，不再将营销支出摊入 8 个季度，而是转销整个账户里的余额，宣称这是"一次性费用"。当然，美国在线公司得有理由向审计师证实这些账户里的资产为什么一下子就"没用"了，并且不能使公司在未来获益。于是美国在线公司宣称，这笔转销是该做的，因为公司商业模式已经发生变化，对用户付费的依赖有所减少，同时拓展了其他收入来源。说实在的，我们怀疑这个解释并不恰当。

为了理清这一诡计的实施范围及其厚颜无耻的程度，我们重述其要点。第一，美国在线公司决定将常规的揽客支出放在资产负债表上，这就给投资者造成这样一种印象：该公司是一家赚钱的公司，而实际上，公司不仅不赚钱，还在大把烧钱。第二，该公司把摊销期从一年延长到两年，因此每季度少记了一半摊销费用，同时虚增了相应的利润。当然，美国在线公司知道，在这一点上，它的操作还是存在很大隐患的。由于采用激进的会计处理方式，美国在线公司成功把超过 3 亿美元的费用推迟记账，但无法让这些费用彻底消失。不过别担心，这位魔术师还有妙招作为这场演出的压轴节目。犹如梦境，美国在线公司的管理层做了一笔 3.85 亿美元的账，把所有虚幻的费用一笔核销，而如此重大的事情被轻描淡写地描述为"改变了会计假设"。你肯定也认为这些操作非常无耻。

不当核销"陈旧"存货

将揽客支出资本化的这种不合适的会计处理方法被美国在线公司使用了好几年（在开始玩"反着来"游戏之前），与此不同的是，存货支出是应当被资本化的，直到相应产品被卖出（大多数情形下）或者被作为陈旧存货核销（较少数情形下）。大多数存货相关的造假，都是通过不及时将存货从资产转至成本费用来实现的。这一骗术自然低估了成本费用，并虚增了利润。本章主要讲"反着来"游戏，所以管理层将存货转入费用的时间远早于销售实际发生的时间。

警惕转回以前提取的存货减值费用　芯片制造商辉达公司（NVIDIA）为其 2016 年的存货提取了一笔减值费用，降低了存货的净值，管理层的理由是：因为公司采用了新的生产流程，所以一些处理器就变得过于陈旧。基于这种考虑，辉达公司大幅提升了其减值费用，使该项费用达到 1.12 亿美元，而在 2015 年，此类费用是 5900 万美元，在 2014 年是 5000 万美元。事实证明，辉达公司对存货减值的估计过高，因为紧接着在 2017 年，公司宣告，在早就被核销的存货中，有 5100 万美元存货已经被卖出去了。在 2017 年，由于转回虚增的减值费用，辉达公司的毛利增长了 0.7%。

玩具太多了

玩具反斗城公司（Toys'R'Us）断定无法卖掉积压的大量存货，于是公司宣布，将提取 3.966 亿美元（税前）的存货重整费用，用于覆盖"存货位置的战略调整"（就是把卖得太慢的玩具从货架上搬走）以及关闭商店、配售中心带来的成本。与存货调整有关的费用总计 1.84 亿美元。公司解释说，从商店搬走的存货会通过别的销售渠道被廉价出售。通常情况下，这些存货会被减值到可变现净值，减值部分被计入营运费用。

我们讨论了美国在线公司提前转销递延的营销支出，辉达公司核销了其尚未丢弃的存货（并在后来卖掉了它们），玩具反斗城公司提取大笔一次性费用，所有这些，看起来都有相同的后果：将远期费用提前在本期确认，并且将这些核销的费用置于和正常业务活动无关的非营业利润之中。这些行为虚增了未来期间的利润，同时无损于当期的营业利润。

会计术语简介

重整费用可以带来本期利润和跨期利润

盈余操纵诡计第七种能同时带来本期利润和跨期利润。第一，未来期间的成本费用被提前确认，使后期负担的成本费用变少。第二，提前确认的费用经常被分类为"重整费用"或者"一次性费用"，不减少营业利润，为公司赢得了双赢的局面——因为这些成本费用影响的是非营业利润，所以当期营业利润并不受影响；而由于日常费用被挪至前期，未来期间的日常费用降低了，于是营业利润被虚增。

不当核销厂房设备的减值准备

本书第 6 章在介绍与厂房设备有关的骗术时，我们曾发出警告，在这些情况下管理层会虚报利润：把折旧期间设得过长，或者干脆在其明显减值时不予核销。现在我们继续玩"反着来"游戏，换个思路，想想管理层如何增加本期折旧费用——他们缩短折旧期间，宣称部分厂房设备贬值，虽然这些设备的性能相当完好。当公司新聘了一位首席执行官并给他诱人的股票期权，或管理层在不寻常的情况下使用这一策略的时候，投资者都应当特别警惕此类骗术。

新首席执行官的第一课 假定你要去一家正苦苦挣扎的公司做首席

执行官，并想让它以惊人的业绩增长一飞冲天。如果你能够使用欺诈手段达成目标，同时良心不受谴责的话，那么这里有一些"建议"给你。

在你新官上任的前几个星期，先发布几条大胆的提议，宣告要铲除前任遗留的弊政，力求让自己像一位强势、果断、讲究细节的领导者。对了，一定要简化流程、提取大笔减值（这经常被称为"彻底清算"），并且减值额越大越好。这会给投资者留下深刻印象，当然，也会使得未来期间的利润在表面上很容易增长。这其实是因为你这位首席执行官把未来费用前移到当期，并降低了利润的基数。你还要提议对虚高的存货和设备资产提取减值。投资者不会因这些短期损失而抛弃公司，因为这些损失都没有被放在营业利润内。当明天来临，你会报出增幅更高的利润，因为明天的成本早已在昨天就以减值为名被提取过了。

传说中的"链锯阿尔"邓拉普　这就是日光公司声名狼藉的"链锯阿尔"邓拉普貌似聪明之处，至少短期内如此。在 1996 年 7 月邓拉普上任时，日光公司正步履维艰，那时候邓拉普享有美誉，人们说他是一位扭转乾坤的艺术家。

此前，邓拉普在斯科特造纸公司（Scott Paper Company）做过18 个月的临时领导，他的骗术曾经将这家公司的股价拉高 225%，市值推高 63 亿美元。斯科特造纸公司随即被卖给金佰利公司（Kimberly-Clark），价格是 94 亿美元，同时邓拉普将 1 亿美元收入囊中，作为惜别之礼。在斯科特造纸公司的短暂任期内，邓拉普炒掉了 11 000 位员工，砍掉了大幅的研发支出，然后把公司卖给了主要的竞争对手。《华尔街日报》不禁为之喝彩，说斯科特造纸公司是自 1983 年以来邓拉普卖掉或解散的第 6 家公司。

因此，毫不奇怪，在日光公司宣布邓拉普将出任新首席执行官后，其股价跃升了 60%，这是该公司有史以来股价涨幅最高的一天。在接下来的一年里，公司业绩的好转给投资者留下了深刻印象。在对邓拉普的任命被公告之前，日光公司的股价是每股 12.50 美元，而在 1998 年，其股价达到了每股 53 美元的峰值，日光公司和邓拉普签了新的聘用合同，其薪酬是原来的两倍。

然后真相浮出了水面。1998 年 4 月 3 日，日光公司季报公告亏损，股价应声下跌 25%。两个月后，公司激进的销售行为产生的负面舆情迫使董事会启动一项内部调查。这次调查发现了许多违规的会计处理，同时结束了邓拉普和首席财务官的任期，导致公司要重报从 1996 年第四季度到 1998 年第一季度之间所有财报的利润。重报之后日光公司的1997 年财报中 2/3 的净利润消失了，公司也最终申请破产。

不当核销无形资产　和厂房设备的会计处理方法类似，大多数无形资产（但商誉例外）应当在管理层设定的期限之内摊销。在"盈余操纵诡计第四种"提及的情况下，拉长摊销期会降低每季摊销费用，从而虚增利润。当然，缩短摊销期有助于调低利润。这正好是"盈余操纵诡计第七种"的目标，因此，倘若无形资产的使用期太短，投资者应提高警惕。

警惕并购完成前夕的重组费用　回忆一下前面的章节，美国机器人公司为其新的母公司 3Com 献上的礼物是不是在并购之前隐藏几亿美元收入，并在并购完成之后由 3Com 释放呢？其实，通过简单运用本章所述的欺诈技术，美国机器人公司还有另一件极妙的礼物送给 3Com 公司。在并购之前，美国机器人公司提取了 4.26 亿美元的"重组费用"，这样，3Com 公司就不必在并购之后的日常经营中开列这些支出。在这笔重组费用之中，有 9200 万美元是被用来核销固定资产及商誉、购买机器设备的。顺理成章的是，美国机器人公司注销了这么多资产，3Com 未来的折旧费、摊销费就得以削减，从而增加了利润。

小心一再发生的重组　在经济困难时期，为精简业务、控制成本，公司经常需要为此支出重组费用。然而，重组事项不应成为常规事件。例如，我们在本书第 5 章中讨论的"盈余操纵诡计第三种：使用一次性或者非持续的活动来推高利润"，有些公司滥用此技，在每个账期都确认一些"重组成本"或者"一次性项目"，并且将其记在营业利润之外。我们举了阿尔卡特和惠而浦的例子，这两家公司连续多年在每一季度都确认重组费用。不久之后，投资者会问，公司如何区分经常性事项和非经常性事项。如果公司每年都发生某种特定费用，那么，应将其列入经常性费用之中。

违规记录费用，提取准备金，以减少未来的成本费用

在本章第一部分，我们讨论了公司如何在今天入账一笔费用，来避免以往的支出（它在资产负债表上被列为资产）变成未来的费用。在这一部分，我们介绍一种类似的骗术：公司在今天入账费用，避免未来的支出被确认为费用。在这个骗术中，管理层把未来期间的费用，甚至伪造的费用，塞入本期。这样做完之后，公司在未来期间得到的结果就是：①营业费用被低报；②伪造的费用和伪造的相关负债被转回，造成营业费用被低报，利润被虚增。下面我们来详细说明这两个结果。

今天入账的重组费用，会在明天虚增营业利润

如同美国在线公司急于把 3.85 亿美元的递延营销支出转销，以减少未来期间的摊销费用那样，需要提取重组费用（如解雇工人）的公司，会考虑把整个费用一笔核销，以降低未来期间的营业费用。然后，由于员工被解雇了，与这部分员工有关的薪酬费用在未来就会降低，而未来将支付给他们的离职补偿金则被算作今天的一次性费用。这样操作的结果就是：未来的营业费用消失了，而本期的非营业费用，即重组费用增加

了同等金额。但是切记，投资者通常会忽略重组费用，因此，这种费用对公司来说入账越多越好。公司的非经常性费用很多、经常性费用很少，这种情况就是双赢的。

警惕重组期过后奇迹般的业绩增长　我们回顾一下日光公司的例子。该公司前期的重组费用对后期的利润有着显著影响。如表9-3所示，日光公司的营业利润在重组之后的9个月内达到1.326亿美元的高峰，而前一年仅有400万美元。这就是邓拉普掌舵之后日光公司会计政策变化造成的影响。在1996年12月，日光公司确认了一笔3.376亿美元的特别重组费用，以及1200万美元的媒体广告费和"一次性的市场研究费"。根据证券交易委员会的起诉材料，日光公司1996年的重组费用被虚增了至少3500万美元，该公司还提取了一笔1200万美元的诉讼准备金。

表9-3　日光公司的经营业绩

（单位：100万美元）

	截至1996年9月，9个月	截至1997年9月，9个月	变动（％）
收入	715.4	830.1	16
毛利	124.1	231.1	86
营业利润	4.0	132.6	无
应收账款	194.6	309.1	59
存货	330.2	290.9	（12）
经营活动现金流	（18.8）	（60.8）	N/A

警惕困难时期的"彻底清算"费用　市场衰退时期是提取巨额费用的最好时机，因为在这样的时期，投资者全神贯注于公司怎样摆脱衰退，提取大笔费用不太可能引发他们的愤怒，事实上，这样的操作还经常被当作积极因素。正如我们前面讨论过的，管理层可以轻易利用这些费用来不当核销经营性资产，或者建立虚假的准备金。

超额提取重组准备金并在未来释放这些准备金时虚增利润

前一章已经介绍过，公司醉心于报出平滑的可预期利润。让我们回顾一下房地美的例子，该公司提取的准备金非常多，在把超过40亿美元的准备金完全释放之前，就被抓了现行。提取准备金并在需要的时候予以释放对于管理层而言，是比"反着来"游戏更有用的技术。

利用重组准备金平滑利润 当一家公司提取规模恰当的重组费用时（如计划裁员100人时，就只提取这100人的辞退准备金），未来的辞退赔偿金就被挪到当期，并被记录为非经常性费用。此类跨期调整本来已经是极妙的了，但是一些高管过于贪婪，要再多骗一次。（多么无德！）于是，当管理层计划解雇员工时，他们提取大而不当的重组费用（如只计划辞退100人，却提取了200人的辞退准备金）。本来辞退100人就足够，却公告要辞退200人，这样管理层提取的重组费用和相关负债就加倍了。假定管理层每解雇一位员工就要支付2.5万美元的补偿，那么如果管理层是有德之人，就会只提取250万美元补偿金，然而若是他们把解雇人数从100人故意加倍到200人，就会提取500万美元补偿金。

在公司为100位离职员工发放了合计250万美元的补偿金后，剩下的250万美元就留在负债之中，却并没有相应的支付义务。就这样，管理层先提取、后释放了负债账户的大笔虚假准备金，从而削减了补偿费用。对于无耻的公司而言，这真的是用不了几个小钱就能超过华尔街预期的迷人骗术。我们可以将其称为"利润奶牛"。

警惕在并购时提取准备金的公司 2000年12月，讯宝科技公司为了收购其竞争者Telxon公司，提取了1.859亿美元的费用。当时，讯宝公司判断这些费用是必需的，且这些费用将被用于业务重整、资产减值（包括存货减值），以及并购融合支出。后来投资者发现，这些费用里有一些只是秘密储备，公司的目的就是在未来虚增利润。这些费用还包括虚报的存货核销费，在未来卖掉这些存货时，公司就能虚增其毛利。

与此类似，1997 年 6 月，施乐公司（Xerox）买下了自己欧洲分部 20% 的股份，此前这些股份属于英国兰科集团（Rank Group）。关于这次购买，施乐公司不当提取了 1 亿美元的准备金，以应对这次交易的"不确定性风险"。施乐公司提取的这笔准备金，违反了公认会计准则关于"不确定和不可量化风险"的规定。不过没关系，施乐公司将这笔准备金当成了地下银行，每当公司业绩低于华尔街预期时，就从中释放一些钱，加入公司利润之中。施乐公司不断从中提款，每季度都提，用于和并购毫无关系的事项，直到 1999 年年末这笔准备金被彻底用光。1997 ～ 2000 年，施乐公司以同样的骗术，将大约 20 种其他类型的超额准备金释放到收益中，合计 3.96 亿美元，以增加利润。

在丰年建立准备金

在圣经中有个故事，讲的是约瑟夫有一种为法老解释怪梦的技能。听完梦的详情之后，约瑟夫警告法老，饥荒即将来临，在 7 个丰年之后，会有 7 个荒年。约瑟夫被任命为法老的主管，随即启动备荒计划，储备食物和物资。当 7 个荒年来临时，法老和所有埃及人都得以幸存。

公司也一样要顾虑未来，有规律的业务周期是可以预料的，但是突发的经济危机是不可预料的。如今聪明的管理层明白约瑟夫和法老学到了什么——丰年之后必有荒年。因此，一家公司若已完成了本期业绩目标，就会试图把未来期间的费用挪至本期。亨氏公司（Heinz）预计荒年会立即来临，于是就在前一年度预付一些支出，这样就把成本挪到前一年，为下一年增加了利润。亨氏公司的分支机构之一也乐于玩弄此类伎俩，例如，谎报销售成本、向供应商不当索取"做广告"的发票、报销其实尚未接受服务的服务发票等。

下章预告

本章和第 8 章都叙述了管理层爱玩的游戏：①平滑利润；②将收益从丰年挪至荒年；③把讨厌的费用出清，以便在未来期间产生利润，迷惑投资者。

本章和第 8 章是"盈余操纵诡计"的最后两种。在盈余操纵诡计第一种至第五种中，管理层有大堆伎俩可以欺骗投资者，让他们相信公司的虚假盈利能力。如果管理层想让明天的业绩美妙动人，他们可以使用盈余操纵诡计第六种和第七种。

从第 10 章开始，本书进入第三部分——"现金流量诡计"。在利润指标上玩会计游戏已经是过于简单的常规智慧，而现金流量指标则是并不容易啃下的硬骨头。在第三部分，我们将揭穿这一谜团，并证明现金流量诡计也相当普遍，并且对于管理层而言，这和本书第二部分说的利润造假一样简单，一样容易骗倒投资者。

3

现金流量诡计

CASH FLOW SHENANIGANS

随着近年来众多的财务舞弊案被爆出，投资者越来越不信任权责发生制下公司报告出来的利润表中的数字。一次又一次地，公司通过提早确认收入或者隐瞒费用的手段来愚弄投资者，因此有些投资者认为利润就是在公司操纵下的数字，那干脆我们别看它了，来看经营活动现金流量这个更"纯粹"的数字吧。

当然，这样想是朝正确的方向前进了一步，但是就像我们过马路要左右来回看一样，从权责发生制的利润过渡到现金流量的数字，同样也需要"左右"看。至于为什么要如此谨慎，等你看完本书第三部分就会自然明了。

在第三部分，我们展示了三种现金流量诡计，揭示了公司为虚增经营活动现金流量净额而可能采用的手段。我们同样也给出了如何快速识别这些现金流量诡计，以及如何调整报告中的数据来得到更加可持续的现金流量指标的方法。

现金流量诡计

现金流量诡计第一种：将筹资活动现金流入归类为经营活动现金流入（第 10 章）。

现金流量诡计第二种：将经营活动现金流出归类为其他活动现金流出（第 11 章）。

现金流量诡计第三种：使用非持续性的活动来提高经营活动现金流量（第 12 章）。

权责发生制与收付实现制

在了解具体的造假手法之前，首先掌握权责发生制和收付实现制的概念，并且熟悉现金流量表的列报结构是非常重要的。会计准则要求企业按照权责发生制来报告它的业绩。这就意味着当你认为自己已经赚得收入的时候，你就可以确认收入（而不是当收到现金的时候）；当你认为当期受益的时候，你就可以确认相关的费用（而不是当实际支付现金的时候）。换句话说，在权责发生制会计处理方法下，现金的流入和流出是不重要的。对投资者来说很幸运的是，企业必须单独披露现金流量表来记录现金的流入和流出，现金流量表区分了现金的三种来源：经营活动、投资活动和筹资活动。现金流量表经营活动部分的现金流可以被用作权责发生制利润指标的一个替代业绩指标。

如前文所述，一些有见识的投资者经常将净利润与经营活动现金流量净额做比较，如果经营活动现金流量净额显著滞后于净利润，就会感到利润质量有问题。确实，净利润很高，但是经营活动现金流量净额很小，这往往意味着该公司可能使用了一些盈余操纵诡计。

让我们比较一下典型的利润表和现金流量表的经营活动部分的格式和结构。根据会计准则（美国财务会计准则第 95 号），企业可以选择用"直接法"或者"间接法"来编制经营活动现金流量净额。直接法直接列示每一种主要的现金流入（如从客户处收到的现金）以及每一种主要的现金流出（如支付给供应商和员工的现金）。相反，间接法是从权责发生制下的净利润开始，经过一些项目调整后，最终得到经营活动现金流量净额。直接法显然更合投资者的胃口，准则制定者也特别指出它们更推荐企业采用直接法来列报经营活动现金流量净额。但是，准则制定者的这一要求在企业实践中明显失效，几乎所有公司在列报经营活动现金流量净额时都选用了间接法。这里我们给出了利润表（权责发生制）、直接法下的经营活动现金流量和间接法下的经营活动现金流量（见表 P3-1～表 P3-3）。

表 P3-1　利润表（权责发生制）

营业收入	1 000 000
减：经营性费用	（850 000）
营业利润	150 000
减：非经营性费用	（50 000）
税前利润	100 000
减：所得税费用（税率35%）	（35 000）
净利润	**65 000**

表 P3-2　直接法下的经营活动现金流量

从客户处收到的现金流入	750 000
减：	
支付给供应商的现金流出	（550 000）
支付给员工的现金流出	（600 000）
支付所得税的现金流出	（35 000）
支付利息的现金流出	（40 000）
经营活动现金流量净额	**（475 000）**

表 P3-3　间接法下的经营活动现金流量

净利润	65 000
调整为经营活动现金流量净额的调整项	
折旧和摊销	40 000
计提的坏账损失	10 000
营运资本账户的变动	
应收账款	（820 000）
存货	（80 000）
预付款项	50 000
应付账款和递延收入	260 000
经营活动现金流量净额	**（475 000）**

　　尽管净利润和经营活动现金流量净额衡量了企业业绩的不同方面，但投资者通常期望两者同向变动。也就是说，如果一家企业报告了不断

增长的净利润，但是经营活动现金流却一再萎缩，那么就值得投资者对此好好探究一番了。请注意，在上面间接法列示的例子中，经营活动现金流量净额与净利润就相差 54 万美元之多（-47.5 万美元减去 6.5 万美元）。就像我们前面讲过的，这个结果可能会使得投资者怀疑公司使用了某些盈余操纵诡计。

业绩指标——从利润数字转向现金流量数字

管理层当然知道投资者非常重视"利润质量"。就像我们在例子中讨论过的那样，投资者会用利润与经营活动现金流量比较来测试利润质量，高管对这一点非常清楚。他们还知道，很多投资者都将经营活动现金流量净额作为衡量企业业绩最重要的指标，还有一些投资者干脆就不看利润数字，转而关注企业产生现金的能力。

所以，毫不奇怪，企业在财务报告和业绩披露上越来越"大胆创新"。许多企业开发了一些"创新手段"来误导投资者，而这些手段用以前传统的利润质量分析方法是无法识别的。在本书第三部分，你将看到这些手段中有很多与经营活动现金流量的操纵有关。

经营活动现金流量：最受宠的那一个

在了解现金流量诡计之前，我们必须掌握现金流量表的基本结构。现金流量表解释了一家公司的现金余额在一段时间内为什么发生变动。它告诉我们现金如何流入和流出，也解释了现金的期初余额如何变动为期末余额。所有的现金流动都可以被归类为下面三种活动之一：经营活动、投资活动和筹资活动。图 P3-1 列出了每种活动中典型的现金流入和现金流出项目。

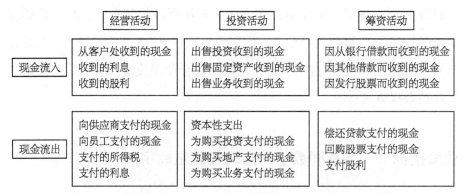

图 P3-1 现金流量表分为三个部分：经营活动、投资活动和筹资活动

投资者并不认为现金流量表的这三个部分同等重要。其中，经营活动部分是"最受宠的那一个"，因为它代表着企业能从日常经营业务中赚到多少钱（也就是经营活动现金流量净额）。许多投资者并不怎么关心一家企业的投资活动或者它的资本结构变化，有些投资者甚至非常极端地完全不看现金流量表的其他两个部分。但是，现金流量表的经营活动部分应当包含其所有的经营活动，对吧？

但其实并不总是这样。企业在列报现金流量时也有相当大的自由裁量的余地。大多数的现金流量诡计都是"同一时期内的模块游戏"，也就是企业自己决定一笔现金该进入现金流量表的哪个部分。例如，一笔现金流出到底是应该被算作经营活动现金流出，还是投资活动现金流出？很显然，管理层的决定会极大影响到报告的经营活动现金流量净额，进而影响到投资者对公司业绩的判断。其他的诡计也都涉及管理层主观判断现金流的入账时机，从而试图描绘公司一派繁荣的假象。

侠盗罗宾汉

大家可以将这些"同一时期内的模块游戏"看作侠盗罗宾汉劫富济

贫的行为——从现金流量表上有富余的部分中偷取现金，并挪到那些不足的部分中。在很多情况下，"不足的部分"往往是经营活动，因为投资者都盯着这块内容，而"富余的部分"往往是投资活动和筹资活动，因为这些部分经常被投资者忽视。

你将会发现，这些侠盗罗宾汉的伎俩非常简单，而且也比你想象的要常见。将好东西（现金流入）塞入更重要的经营活动中，而将坏东西（现金流出）放入不那么重要的投资活动和筹资活动中，公司可以很轻松地找到理由这么做。图P3-2给出了一些伎俩，例如，不恰当地将因从银行借款而收到的现金流入记为经营活动现金流入，或者将一些经营活动的现金流出记为资本性支出等。

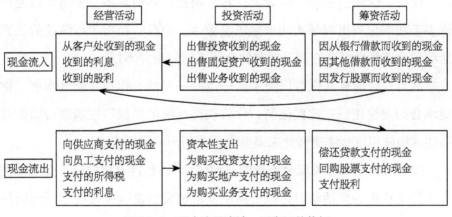

图 P3-2 现金流量诡计：罗宾汉的伎俩

诺丁汉的治安官在哪里

就像诺丁汉的治安官无法阻止罗宾汉劫富济贫一样，现有的会计准则也无法阻止公司使用这些现金流量诡计。这是由于准则制定者在编制现金流量表准则的时候对许多关键问题没有清晰地进行界定。事实上，在关于"将什么现金流记入哪部分"的规定上，现有会计准则非常模糊，十分方便管理层自由决定现金流的归属。

　　事实上，有时候会计准则还会成为罗宾汉俩俩的"同谋共犯"，因为某些时候它无法准确反映交易的经济实质，而结果就是，即使公司是按照准则编制的现金流量表，它报告的经营活动现金流量净额可能也不能准确表达该公司业务的增长情况。当然，对于这些遵守准则的公司，我们自然不能控诉其欺诈，但按规则行事也并不意味着这家公司报告的数字就一定反映了它的经济现实。

好消息和坏消息（主要是好消息）

　　现在，让我们来看一些好消息和坏消息。坏消息是，公司可以使用许多手法来报告出误导人的现金流量数字。而且，在报告可持续的经营活动现金流量净额这方面，现有的会计规则做得并不好。

　　然而，好消息是你意识到了这一点——对的，你正在读这本书。你要学会如何快速识别这些俩俩，你将获得足够的知识和技能来帮助你将那些试图使用现金流量诡计来误导你的公司——识别出来。

　　接下来的三章有关现金流量的三种诡计[⊖]，包括管理层将不受欢迎的现金流出移出经营活动时，以及将受欢迎的现金流入塞入经营活动时使用的诡计。自然，我们也将讨论如何识别这些诡计。第 10 章将讲解诡计的第一种——将筹资活动现金流入归类为经营活动现金流入。

　　⊖　原书为四种，似应为三种。——译者注

现金流量诡计第一种：

将筹资活动现金流入归类为经营活动现金流入

在 1988 年热映的喜剧《龙兄鼠弟》(*Twins*)中，阿诺德·施瓦辛格（Arnold Schwarzenegger）和丹尼·德·维托（Danny DeVito）扮演了一对最不可能的双胞胎兄弟。在电影中，一个基因实验室为了创造完美人类而进行着一项秘密实验，而这对双胞胎兄弟就出生在这个基因实验室里。研究人员通过人工干预繁殖和基因筛选，将优质基因和劣质基因分别筛选给了两个小孩，最后他们创造了一对双胞胎兄弟，一个是如阿多尼斯般的完美人类（阿诺德·施瓦辛格饰演），一个是集合人类所有缺点的小矮个（德·维托饰演）。

就在同年，新的现金流量报告准则（美国财务会计准则第 95 号）开始实施，正式规范了现金流量表及其三大部分（经营活动、投资活动和筹资活动）的列报。一些公司的管理层在使用新准则的时候如同效仿《龙兄鼠弟》中的基因筛选一般对现金流量表进行粉饰。他们将所有有利的现金流入列报在最重要的部分（经营活动），而将最不利的现金流出列报在其他部分（投资活动和筹资活动）。

最近几年，许多公司似乎正在运作着它们自己的"双胞胎基因实验室"，并且试图去创造出最完美的现金流量表。在本章节，我们将揭示在这些"实验室"中最重要的秘密操作方法之一：将筹资活动现金流入归类为经营活动现金流入。

将筹资活动现金流入归类为经营活动现金流入的方法

1. 将正常的银行借款确认为虚假的经营活动现金流量。

2. 通过在回款期之前转让应收账款来增加经营活动现金流量。

3. 通过虚构应收账款转让来虚增经营活动现金流量。

上述三种方法都是将筹资活动产生的现金净流入转移确认到经营活动，从而虚增经营活动现金流量。如图 10-1 中我们设计的简便现金流量图所示。

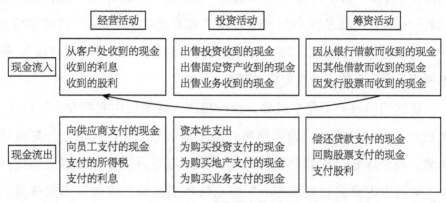

图 10-1　简便现金流量图

将正常的银行借款确认为虚假的经营活动现金流量

2000 年年末，德尔福陷入窘境。一年之前，它与通用汽车公司分离，公司管理层打算将其打造成一家具有实力的独立公司。然而，尽管管理层雄心勃勃，但公司并没有成为优秀的汽车零部件供应商。自从剥离成为独立公司后，德尔福编造了许多骗局来虚增业绩。之后，随着经济每况愈下，汽车行业也摇摇欲坠。

2000 年第四季度，德尔福的经营状况继续恶化，公司不得不告知投资者公司第四季度的经营活动现金流量转为巨额负数。对德尔福来说这将是一次毁灭性的打击，因为公司经常在业绩报告中醒目的位置标榜其现金流量表现，来体现公司优秀的业绩表现和（传说中的）强大竞争实力。

结果，尽管已经深陷谎言的泥沼之中，德尔福又捏造了另一个骗局来拯救其第四季度的业绩。在 2000 年 12 月的最后一周，德尔福向第一银行（Bank One）提出以 2 亿美元的价格出售其金属材料库存。不出所料，第一银行对购买金属材料丝毫不感兴趣。注意，我们讨论的是一家银行，而不是一家汽车零部件制造商。德尔福当然理解这一点，因此它以第一银行在几周之后（这一年结束后）将这批材料"卖还"给德尔福为条件与银行草拟了协议。为了换取银行对这批材料几周的"拥有权"，德尔福将按照一个较小的溢价将其买回。

让我们回顾一下整个过程，想一想在上述案例中究竟发生了什么。上述交易的经济实质应该很清晰：德尔福从第一银行获取了一笔短期借款。与许多银行借款的情形一样，第一银行也需要德尔福提供抵押物（案例中为金属材料库存）来防止德尔福违约。德尔福本应该将从第一银行收到的 2 亿美元确认为借款（筹资活动现金流量的增加）。作为一笔单纯的借款，它在德尔福的资产负债表中本应被体现为库存现金和负债（应付借款）的增加。显而易见，借款和延期归还并不能增加收入。

但是，德尔福并没有将这笔交易按照经济实质和交易双方的意图作为一笔借款进行确认，而是厚颜无耻地将其确认为 2 亿美元的材料销售所得。通过这种做法，德尔福虚增了收入和利润，如盈余操纵诡计第二种中讨论的一样。不仅如此，德尔福通过"销售"这批库存虚增了 2 亿美元的经营活动现金流量。如表 10-1 所示，如果没有这 2 亿美元，德尔福全年本应该仅确认 6800 万美元的经营活动现金流量（而不是披露的 2.68 亿美元），其中包括了第四季度 -1.58 亿美元的现金流量。

表 10-1　德尔福经营活动现金流量

对虚假借款的影响进行调整后	（单位：100 万美元）
	2000 财年
经营活动现金流量净额	268
减：错误确认为经营活动现金流量的借款	（200）
调整后经营活动现金流量净额	68

记住，虚假收入也许也意味着虚假的经营活动现金流量

在盈余操纵诡计第二种中，我们讨论了公司用来确认虚假收入的各种手段，包括进行缺乏经济实质或者缺乏合理商业逻辑的各类交易。当一些投资者发现有虚假收入和其他盈余管理的情况存在时，他们会完全不相信资产负债表中的数字，转而盲目依赖现金流量表。我们认为这种做法是不明智的。投资者应该明白虚假收入也许也意味着虚假的经营活动现金流量。德尔福的例子就很清晰地阐述了这一点，还有其他很多自食其果的类似案例。因此，作为一个规律，虚假收入也许预示着虚假的经营活动现金流量。

谨慎对待经营活动现金流量的计量标准　在投资者面前，德尔福对它列报的经营活动现金流量避而不谈，而是强调它自己定义的现金流量测算方法，并迷惑性地将其称为"经营性现金流量"。通常情况下，投资者会将"经营活动现金流量"和"经营性现金流量"的定义混用，但德尔福对它们的定义完全不一样。（第四部分"关键指标诡计"将会针对这一内容有更多阐述。）

在 2000 财年，德尔福在其现金流量表中的经营活动现金流量部分列报了 2.68 亿美元，然而它自定义的"经营性现金流量"（被列在业绩报告中）为 16 亿美元。没错，我们没有在开玩笑，差异竟然有 14 亿美元！由于欺诈的程度实在太恶劣，谨慎的投资者已经注意到了，并且立

刻对公司保持质疑态度。(第13章针对这14亿美元的差异会有更详细的阐述)。当然，甚至连在经营活动现金流量中列报的2.68亿美元也被虚增了，因为其中包括了前文所述的向银行虚假销售存货。证券交易委员会不得不在现场花了一整天时间梳理德尔福的所有诡计，最后对公司的欺诈舞弊行为做出了处罚。

德尔福不仅偷换概念，将经营活动现金流量替换成经营性现金流量，使人误解，而且还经常在它的季度业绩报告中强调此事。当管理层用自创的现金流量计量标准来重新计量并强调如此重要的经营活动现金流量指标时，投资者应该谨慎对待。当然，管理层对计量标准的创新使用并不都意味着欺诈舞弊；尽管如此，投资者也应该适当加强怀疑态度。

复杂的表外结构增加了虚假经营活动现金流量的风险

我们已经列举了安然公司所使用的一些欺诈手段，尤其是其对表外关联方的使用，例如，特殊目的实体。安然公司所捏造的一些手段帮助其呈现出使人误认为更强劲的经营活动现金流量。举个例子，安然公司会设立一个实体，并为其担保，帮助它获得贷款。然后这家受安然公司控制的实体利用获得的贷款向安然公司"采购"商品。最后安然公司将通过"销售"商品所收到的货款确认为经营活动现金流量。

这些交易看上去似乎比较复杂，但是其经济实质非常简单：安然公司将商品销售给了自己。问题在于它只确认了该交易的一部分——能够体现现金流入的部分。具体来讲，安然公司将"销售"商品确认为经营性现金流入，但忽视了关联实体"采购"商品的现金流出。如果安然公司按照经济实质来确认这笔交易，则现金流入应该作为一项借款被确认为融资性现金流入。通过这种手段，安然公司粉饰出几十亿美元的经营活动现金流量，这种交易以牺牲其筹资活动现金流量为代价，当然，也损害了其投资者的利益。

通过在回款期之前转让应收账款来增加经营活动现金流量

在前面部分，我们讨论了德尔福和安然公司在其"双胞胎基因实验室"中如何利用危险的诡计来确认完全虚构的经营活动现金流量。在此部分，我们将讨论公司如何利用惯常而且又完全合理的交易来增加经营活动现金流量：转让应收账款。然而，管理层在其财务报表中列报此类交易的方式经常让投资者一头雾水。

将客户还未回款的应收账款转为现金

公司经常会转让应收账款，这是一个非常有用的现金管理策略。这类交易非常简单：公司通常希望应收账款在到期之前能够回笼，因此将部分应收账款的所有权转让给有意向的投资者（如银行）。当然，公司需要从收款总额中扣除必要费用作为代价。

让我们来思考一下这类交易的目的和利益方。这类交易安排听上去像是筹资活动还是经营活动？许多人可能会认为，这类交易中银行只是简单地从中扣除了固定费用，看上去显然像是传统的借款——一种融资形式，尤其是当管理层能够决定收到现金的时间和金额时，因此认为这类交易不会影响经营活动现金流量。然而，准则并不是这么规定的。准则规定将转让应收账款收到的现金确认为经营活动现金流入更恰当，而不是确认为筹资活动现金流入。为什么是经营活动？因为收到的现金可以被认为是过去销售的回款。的确，这是众多甚至会让最理智的投资者都感到模棱两可的灰色地带之一。

会计术语简介

应收账款转让

当一家公司正在转让其应收账款的时候，能够将其识别出来对投资者来说很重要，因为这类交易被确认为经营活动现金流入。公司有很多方法来转让其应收账款，包括保理和证券化。投资者应在财务报表中留意这些关键词。

保理： 简单将应收账款转让给第三方，通常是银行或者特殊目的实体。

证券化： 将应收账款收款权重新打包作为一项新的金融工具（"证券化"）转让给第三方（通常是特殊目的实体）。

转让应收账款：增加现金流的一种不可持续方法

2004 年，药品经销商卡地纳健康（Cardinal Health）需要大量现金，于是，管理层决定转让应收账款来帮助公司迅速获得现金。到了年底（2004 年 12 月），卡地纳健康已经转让了 8 亿美元的应收账款。这也是公司在 2004 年 12 月比去年同期增加了 9.71 亿美元的经营活动现金流量最主要的原因。

卡地纳健康当然可以利用应收账款换取现金，但是投资者应该意识到这并不是一种可持续的增加经营活动现金流量的方法。卡地纳健康本质上是从第三方，而不是客户处回收了本应该在几个季度之后回收的应收账款。通过提前回收现金，公司本质上是将未来期间的现金流入转移到了当期，给未来期间的现金流量留下了一个"窟窿"。提前将现金流量转移到当期，很有可能会造成未来经营活动现金流量的不足——当然，除非管理层找到其他现金流操纵诡计来填补这个窟窿。

留心现金流量表中的突然的重大变动　甚至外行投资者都能够识别出卡地纳健康的应收账款发生了重大变动，并且经营活动现金流量也因此大幅增加。如表 10-2 卡地纳公司的现金流量表所示，请大家注意经营活动现金流量增加了 9.71 亿美元（从 5.48 亿美元到 15 亿美元），这主要是因为应收账款减少了 11 亿美元。具体来说，在 2004 年下半年，应收账款的减少使得现金流入增加了 6.22 亿美元, 而在去年同期, 应收账款的增加使得现金流出增加 4.88 亿美元。毫无疑问, 大额应收账款转让能够显著提高经营活动现金流量表现, 但并不能改善卡地纳健康的核心业务。强调一下, 投资者不应该仅关注经营活动现金流量增加了多少, 还要关注它是如何增加的——这两者之间有显著区别。

表 10-2　卡地纳健康披露的经营活动现金流量

（单位：100 万美元）

	半年报	
	截至 2003 年 12 月 31 日	截至 2004 年 12 月 31 日
持续经营净利润	697.1	421.6
折旧和摊销	143.2	198.2
资产减值损失	4.8	155.8
坏账损失	（2.7）	0.8
应收账款减少 /（增加）	（488.3）	622.3
存货的增加	（841.4）	（707.5）
销售型租赁的减少（增加）	22.0	（95.3）
应付账款的增加	964.3	794.1
其他应计负债和经营性项目变动净额	49.4	129.2
经营活动现金流量净额	548.4	1 519.2

鉴于卡地纳健康的经营活动现金流量发生如此重大的变化, 我们需要进行更深入的研究。在这个案例当中, 你可能很容易会发现公司开始转让越来越多的应收账款, 而且其做法显然也没有不合理之处。事实上, 公司也非常乐意将转让应收账款清晰地披露在其业绩报告和季度报告文件中（尽管将其披露在现金流量表中更恰当）。尽管可能一些随意或者懒惰的投资者很容易被卡地纳健康强劲的经营活动现金流量增长能力所折服, 但是稍微有点常识的投资者都能意识到这种增长来源于偶发性交易, 而并不能持续。

秘密地转让应收账款

不像卡地纳健康还算相对透明地进行披露, 一些公司对它们因转让应收账款而增加经营活动现金流量的事实并不坦诚。举一个电子产品制造商的例子。新美亚（Sanmina-SCI）在11月初披露了其截至2005年9月的第四季度报告。在其业绩报告中，新美亚着重披露了其强劲的经营活动现金流量，作为其第四季度"头条"之一。在报告开头处，新美亚也自豪地强调了其应收账款余额的降低。

但是业绩报告并没有披露整个变动的来龙去脉。将近2个月后，2005年12月29日，正当投资者休假时，新美亚在其年度报告文件中的隐蔽之处披露：第四季度经营活动现金流量增加的主要原因是应收账款的转让。新美亚披露，截至第四季度末，在其转让的应收账款中仍有2.24亿美元的应收账款保留被追索的权利，相比前一年同期披露的8400万美元的金额大幅增加。尽管新美亚在过去几个季度中一直在默默地转让应收账款，但涉及金额从未达到如此巨大。如表10-3所示，如果没有应收账款转让金额的大幅增加，新美亚的经营活动现金流量将会减少1.39亿美元至3600万美元，而不是其披露的1.75亿美元。

表10-3 截至2005年9月第四季度的报告中，新美亚的经营活动现金流量净额扣除应收账款转让影响后的调整数

（单位：100万美元）

	截至2005年9月第四季度
经营活动现金流量净额	175
已转让应收账款的季度变动	（139）
调整后经营活动现金流量净额	36

小贴士

当调整经营活动现金流量来排除已转让应收账款影响的时候，使用季度末已转让但未回款的应收账款变动数来调整，这样你就能关注到上一季度未回款但本季度回款的应收账款。

阅读季度报告也能预知将要发生的事项　当然，完整阅读年度报告文件就能知道应收账款转让导致了经营活动现金流量的变动。但你能在年度报告文件披露之前就预知到上述情况吗？事实上，答案是可以。聪明的投资者如果阅读以前几个季度的季度报告文件，就会发现新美亚讨论过应收账款转让事项不下四次。他们还会发现公司早在两个季度之前就在其业绩电话会议上提到过应收账款的处置安排方式。因此，当第四季度公司由于应收账款的显著减少，导致经营活动现金流量的突然猛增时，这些聪明的投资者就可以知道他们应该更加谨慎，并且了解到发生了什么。

拒绝晦涩难懂　显然，当公司披露敏感且重要的结构性安排（如转让应收账款）时，遮遮掩掩是不合理的。当公司没有披露细节时，投资者需要保持警觉，并质疑公司为什么没有把如何将应收账款货币化清楚地披露出来。也许管理层的目的只是粉饰现金流量表，但也可能存在最差的情况，就是公司正在试图向投资者隐藏资金链断裂的真正事实。如果是这样，那就不只是简单地粉饰，而意味着公司正在掩盖其严重的经营恶化情况。2002 年，环球电信（Global Crossing）就在其破产申请前6 个月转让了价值 1.83 亿美元的应收账款。类似地，1999 年年末，施乐（Xerox）默默转让了价值 2.88 亿美元的应收账款，从而使得其在年末报告中披露了 1.26 亿美元的现金余额，此举惹恼了证券交易委员会。

通过虚构应收账款转让来虚增经营活动现金流量

在前文，我们讨论了正常应收账款转让对经营活动现金流量的影响。我们也认为在许多情况下，转让应收账款不仅是合理的，而且还是一种谨慎的经营决策。然而，投资者也需要明白未来期间的现金流量在当期被回收是不可持续的。在此部分，我们将讨论更加恶劣的行为，也就是公司"双胞胎基因实验室"中最隐蔽的操作手法：虚构应收账款转让。

伪造应收账款转让——诡计的"水门事件"

尼克松总统因为试图掩盖非法闯入水门大厦事件而不得不辞任。一份18.5分钟的白宫录音记录了确凿的证据，但却为掩盖犯罪事实而被销毁。与此相似，游隼公司利用了一个便捷的手段来隐藏其会计丑闻。正如我们在第4章"盈余操控诡计第二种：确认虚假收入"中讨论的，游隼公司多年以来通过利用令人迷惑的手法，例如，确认虚假收入并且进行互惠交易，来粉饰其收入，最终导致其在2002年破产。虚假收入在资产负债表中虚增了大量的无法收回的应收账款。游隼公司开始担忧这些虚增的应收账款会暴露其虚假收入，因此，掩盖行为随着**虚假转让应收账款**开始了。

游隼公司将其应收账款转移给了银行来换取现金，然而其仍然承担了回收损失的风险。当然，回收风险是巨大的，因为公司**根本就没有客户**——许多相关销售都是虚假的。由于回收损失风险并没有被转移，银行就对游隼公司保留了当应收账款无法收回时的追索权。

由于应收账款实际上并没有真正被转让，因此该交易的经济实质更像是抵押贷款，正如我们在本章前文所讨论的德尔福案例一样。以应收账款作为抵押向银行贷款，在现金流量表中，该交易应该被列报为**筹资活动**现金流入。然而，游隼公司忽略了该交易的经济实质，将该交易确认为应收账款转让，并厚颜无耻地将收到的现金确认为**经营活动**现金流入。

小心风险因素的披露变化　许多投资者会轻视公司报告中"风险因素"部分，因为这看上去像是法定披露模板。我们在这里提醒投资者，忽视风险因素是一种冒险做法。尽管大部分章节不会有大的变化，但是投资者应该仔细甄别措辞中的**变化**。如果增加了新的风险或者原列举的风险有所变化，公司或者其审计师就会认为应予以披露，那么你就需要知道。

举个例子，2001 年，在游隼公司因欺诈舞弊瓦解的前一年，公司就增加披露了一个重要的新风险因素，这本应能够引起投资者的警觉。游隼公司将其风险因素变动了两次，先是在 2001 年 6 月，然后又在 2001 年 12 月。2001 年 6 月的新增披露告诉报告使用者游隼公司正在进行新的客户融资安排，包括借款和租赁。公司还披露了一些客户无法履行他们的义务的情况。如果这项披露能够被公司放在风险因素中正式告诉你，那么它一定具有重要意义。

2001 年 6 月，游隼公司新披露的风险因素

除此之外，其他因素，包括宏观经济环境所导致的间接因素，会在一个或者几个季度内，持续对我们的经营业绩产生负面影响。例如，面对目前的经济环境，越来越多的客户向我们提出客户融资需求，包括借款和租赁。我们希望这种客户融资需求能够持续，并且我们已经在为客户提供融资，因为我们相信这能为业务承揽增加竞争力。尽管我们有制度来控制和降低相关风险，但是制度并不能保证有效降低相关信用风险。我们已经因客户无法履行他们的义务而蒙受了损失。如果未来发生亏损，这将会对我们的业务造成损害，并且对我们的经营业绩和财务状况造成严重的负面影响。

然后，在 2001 年 12 月，游隼公司在 6 月的披露报告的基础上新增了一小段话。尽管只有 12 个字，但读上去像是五级火警。

2001 年 12 月，游隼公司新披露的风险因素

公司可能视情况转让部分客户的应收账款，不附带追索权。

游隼公司不仅只是寻求新方法来为客户提供融资，它还试图转让其应收账款。这句新增加的句子充满隐晦色彩，并且只被默默地披露在风险因素部分，在其他部分并没有被提到，这实在值得关注。游隼公司只满足披露要求的最低标准，显然是向投资者隐瞒了某个重大事项。

小贴士

阅读季度报告所披露事项的变化情况是一件非常值得你花时间去做的事，尤其是阅读报告的重要部分。大部分研究平台和文字处理软件具备"文字对比"或者"突出显示"功能。因此，拿两份报告进行逐一对比很有效，并没有听上去那么呆板。

冠群电脑公司做了一个会计"决策"

冠群电脑公司 2000 年的年度报告文件披露了其当年经营活动现金流量的主要来源之一是其在第四季度将应收账款转移给一个第三方，但并没有披露更多其他细节。投资者对此项交易的细节、过程或重要性，都一无所知。

冠群电脑公司 2000 年年度报告中的应收账款披露

净利润调整非现金项目之后，当年主要现金流量增加了。其他现金流量来源包括应收账款大量回款，以及**公司在第四季度做出的决**

策，即选择部分应收账款转让给第三方。公司可能继续利用融资公司来进一步减少负债、降低汇率风险，以及减少期末应收账款余额。

回顾第 3 章 "盈余操控诡计第一种：过早确认收入"，证券交易委员会对冠群电脑公司在 1998 ～ 2000 年提前确认的超过 33 亿美元收入进行了处罚。与游隼公司类似，冠群电脑公司需要掩盖确认的虚假收入。冠群电脑公司找到了通过转让应收账款来掩盖虚假收入的方法，并且似乎想要进行暗箱操作。不管什么时候，当公司披露经营活动现金流量（或者其他重要指标）的驱动因素源于某项交易安排时，投资者应该试图去了解此交易安排的机制。只有发生重大变化时公司才会进行新的披露，因此当你注意到某个新内容，就应该把它当作一项重要的事项对待。往好的方面考虑，这可能只是偶发性的获利；然而，往坏的方面考虑（如冠群电脑公司），这可能预示着一项重大违规。

有追索权还是无追索权

典型做法是一家公司以无追索权的形式转让其应收账款，这意味着客户违约风险被转移给了受让方（通常为一家金融机构）。当应收账款以无追索权形式被转让时，转让方可将收到的现金确认为经营性现金流入。相反，当转让方仍保留部分信用风险（"追索权"）时，则应将该交易确认为一项借款，将收到的现金确认为融资性现金流入，而不影响经营性现金流量。在包含追索权的交易安排下，经营性现金流量和自由现金流量应该是独立的，互不影响。

公司经常会犯迷糊，尽管保留信用风险，但仍然将收到的现金确认为经营活动现金流量的一部分，但是正确的分类应该是将其计入筹资活动。以中联重科为例，这是一家中国的施工设备制造商，它声称以无追索权形式转让了应收账款（因此经营性现金流量包含了 52 亿元人民币的收入），但实际上公司仍保留了部分信用风险。精明的分析师应该能注意到当中联重科披露客户违约时，其有义务向金融机构回购设备。（详见公司在 2014 年度报告附注中披露的内容。）尽管中联重科并没有直接对坏账负责，但是回购承诺强制公司在发生坏账时提供现金补偿。我们认为，这种形式等同于追索权，只是绕了一个弯。

中联重科 2014 年年度报告

2014 年，价值 51.97 亿元人民币的应收账款（2013 年为 20.21 亿元人民币）向银行和其他金融机构以无追索权形式进行保理，因此终止确认。在无追索权保理协议下，公司**同意向其应收账款保理银行及其他金融机构以公允价值回购设备，并与银行和其他金融机构签署相关设备销售合同。**

下章预告

另一个被管理层用来虚增经营性现金流量的聪明方法是，将"不利因素"（如现金流出）从经营活动转移到现金流量表的其他部分。下一章将阐述如何将这些现金流出转移到不太受关注的投资活动中。

现金流量诡计第二种：

将经营活动现金流出归类为其他活动现金流出

1975 年 7 月 30 日，卡车司机工会主席吉米·霍法（Jimmy Hoffa）在离开一家底特律餐厅后就消失得无影无踪。人们普遍认为他是被暴徒所杀害，但是美国联邦调查局搜寻了 35 年，仍然无法找到他的遗体。城市里流言四起，关于他最后的葬身之处流传着许多不同的版本，包括新泽西的垃圾堆、密歇根的污水处理厂、佛罗里达的大沼泽，甚至巨人体育场（旧的那个）。但只有一件事是确定的：不管谁埋葬了吉米·霍法，他肯定不想让吉米·霍法被发现。

正如杀害霍法的凶手，许多公司也有秘密的"处理厂"来掩埋它们不想让任何人发现的现金流出，即现金流量表中的投资活动。公司利用各种巧妙的方法将正常的经营活动现金流出转移到投资活动中，并期望这些现金流出永远不被发现。大部分投资者就像搜寻吉米·霍法的联邦调查员，似乎对这类藏起来的现金流出毫无头绪。

尽管我们无法帮助联邦调查局搜寻霍法，但是我们可以帮助投资者去寻找被隐藏起来的现金流出。管理层喜欢将经营相关的现金流出掩埋在投资活动中，本章将阐述投资者应该去哪里以及如何去寻找这些现金流出。接下来，我们将讨论公司用来将经营活动现金流出转移到投资活动的四种主要方法。

将经营活动现金流出归类为其他活动现金流出的方法

1. 通过回旋镖交易虚增经营活动现金流量。

2.不合理地将正常的经营成本资本化。

3.将材料采购确认为一项投资活动现金流出。

4.将经营活动现金流出转移到现金流量表表外。

公司通过利用上述四种方式将经营活动现金流出转移到投资活动中，从而虚增经营活动现金流量，如图 11-1 所示。

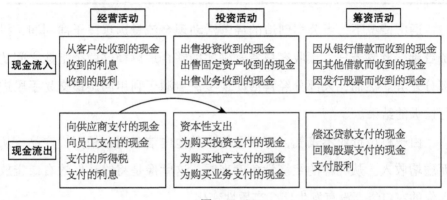

图　11-1

通过回旋镖交易虚增经营活动现金流量

环球电信是 20 世纪 90 年代互联网泡沫时期最领先的科技公司之一。当时，公司正在建立一个连接四大洲、覆盖超过 200 个城市的海底光纤电缆网络，投资者也对该项目抱有较高的预期。然而，到了 2000 年年末和 2001 年年初，该项目接近完成阶段时，评论家开始质疑环球电信是否能够销售足够的电缆网络来覆盖其高额的项目成本，并偿还其巨额的债务。

每当被质疑时，环球电信似乎总是能够对这些质疑者进行强有力的反驳："看看我们所创造的现金流。"环球电信签订了许多能够获得客户预付账款的合同，公司经营活动现金流量就能证明这一点。2000 年，公司尽管亏损了 17 亿美元，但其披露了正的 9.11 亿美元的经营活动现金流量净额（见表 11-1）。

表 11-1　环球电信经营活动现金流量净额 VS. 净利润

（单位：100 万美元）

	1998 财年	1999 财年	2000 财年	截至 2001 年 6 月半年报
经营活动现金流量净额	349	732	911	677
净利润（亏损）	（88）	（111）	（1 667）	（1 246）
经营活动现金流量净额 - 净利润	437	843	2 578	1 923

通常情况下，当公司创造的经营活动现金流量远远高于净利润，投资者都会欣喜若狂。预收客户货款确实能够合理解释这两个指标之间的部分差异。然而，大部分经营活动现金流量源于利用回旋镖交易手段进行操纵的结果。

由于科技行业不景气，环球电信和其他电信公司互相买卖产品，从而虚增收入。从纯粹的经济学角度来看，这就像是将钱从你的右口袋放入你的左口袋，没有发生什么实质性变化。

具体操作过程如下：环球电信向电信客户销售大量未使用的电缆网络容量，同时，公司又从相同的客户手中采购金额差不多大小的不同的网络容量。换句话说，环球电信向某个客户销售网络容量，**同时采购差不多容量规模**的不同网络。这是一个典型的回旋镖交易。你甚至能够想象到环球电信的管理层正告诉其客户，"你只要罩着我，我也会罩着你"。

那么，这跟现金流量有什么关系？环球电信确认这些回旋镖交易的手法能够人为地虚构经营活动现金流量。公司将其在交易中收到的客户货款确认为一项经营活动现金流入，然而公司支付给相同客户的采购货款却被确认为一项投资活动现金流出。实际上，环球电信通过压缩投资活动现金流量来虚增经营活动现金流量，这让公司能够展现出远远超过交易经济实质的强劲的经营活动现金流量。通过压缩投资活动现金流量来夸大经营活动现金流量并无大碍，因为经营活动现金流量**才是投资者所关注的关键现金流量指标**。我们之前提到过"厚颜无耻"这个词吧？

时刻注意回旋镖交易

这类交易通常非常狡猾，你要去仔细辨认这些交易安排的经济实质。勤快的投资者大多数时候都能够识别出这类交易，我们可以在季度报告和年度报告文件中找一找这类交易的披露，但不要指望公司会使用"回旋镖交易"这样的字眼。公司当然不会明显地将这类交易披露出来，投资者需要花一点工夫去寻找。然而，经常会有许多关于这类交易的蛛丝马迹，尤其是当交易体量巨大的时候。考虑一下环球电信在其 2001 年 3 月季度报告文件中关于回旋镖交易的披露。

该披露本身就应该能够吓到投资者。在报告文件的第 11 页，环球电信披露其 4.41 亿美元的息税折旧摊销前利润中，有 3.75 亿美元源于向客户的销售，"而在本季度公司向这些客户做了大量的资本支出承诺"。报告文件的第 16 页提醒读者，环球电信向客户采购网络容量，"新增资本支出承诺总计预计 6.25 亿美元"。

环球电信在其 2001 年 3 月季度报告文件中关于回旋镖交易的披露

第 11 页：截至 3 月的季度，追溯调整后息税折旧摊销前利润为 4.41 亿美元，现金收入为 16.13 亿美元，其中有 3.75 亿美元**源于重要的运输公司客户。本季度，这些客户与公司签订合同，采购价值 5 亿美元的环球电信网络容量。同时，公司也向这些客户做了大量的资本支出承诺。**

第 16 页：本季度，公司还与**多个运输公司客户签订多项关于**

购买网络容量和协同定位空间的协议。 这些交易的实施旨在降低本地网络拓展成本，在公司认为有网络容量需求的市场降低建造成本，以及增强公司在实施其全球网络建设过程中地区覆盖面的多样性。这些新增资本支出承诺合计预计 6.25 亿美元，包括加勒比系统的建设成本。

当你看到回旋镖交易时保持警惕

一旦你识别出一项回旋镖交易，进一步查看并且理解该交易安排的经济实质是非常有必要的。你需要跟踪后续披露，要求公司和管理层解释该交易安排，并评估该交易的经济实质和对公司经营业绩的影响。考虑一下公司是否有意规避披露该交易，或者将该交易披露得非常复杂——可能公司不想让你知道该交易是如何操作的。如果某项回旋镖交易并不能让你信服，那么你就不能信赖公司的诚信度。

关键指标诡计

如上述摘录部分所示，你可能会对环球电信所强调的"现金收入"和"追溯调整的息税折旧摊销前利润"等奇怪指标产生疑问。公司用这些指标来迷惑投资者，并宣称与公认会计准则定义的收入和利润指标相比，这些是更好的业绩指标。正如你能想到的，这些指标被公司用来规避公认会计准则。这些指标能够让环球电信通过回旋镖交易收到现金并引以为傲，但实际上这些收到的现金在当期无法被合理确认为收入。管理层故意规避公认会计准则来误导投资者的行为非常危险，并且非常值得去剖析。针对这一话题，我们将会在第四部分"关键指标诡计"中进行更加深入的讨论。

不合理地将正常的经营成本资本化

将正常的经营成本确认为一项资产，而不是一项费用，听上去简单，实际上操作起来也确实非常简单。然而，这是最可怕和最致命的诡计之一。为什么？因为这一简单的诡计不只是粉饰业绩，同样也虚增了经营活动现金流量。

世通公司正是使用了这种骗术造就了历史上最大、最为世人震惊的财务造假案之一。通过将几十亿美元的正常经营成本确认为资本支出，世通公司不仅人为地虚增了利润，而且还夸大了经营活动现金流量。

> **小贴士**
>
> 如果你怀疑一家公司通过不合理资本化虚增利润，不要忘记经营活动现金流量也有可能被夸大。

将正常经营成本确认为一项资产而不是一项费用

回顾一下我们讨论的，关于世通公司如何将其线路成本（明显是一项经营费用）确认为一项资产，而不是一项费用，从而不合理地虚增了其业绩。这个简单的手法帮助公司将自己包装成一个非常赚钱的公司，而不是向投资者提示风险。

这个手法也让世通公司展现出强劲的经营活动现金流量。购买资产（"资本性支出"）在现金流量表中应被列为投资活动。通过将线路成本确认为一项资产，世通公司将一项巨额经营活动现金流出转移到了投资活动中。

根据公司的重述，通过在线路成本方面弄虚作假，世通公司 2000 年和 2001 年的经营活动现金流量虚增了近 50 亿美元。再加上其他方面的不合理资本化和经营活动现金流量虚增，世通公司这两年的经营活动现金流量被夸大了 86 亿美元, 即表 11-2 中披露的 157 亿美元和重述的 71 亿美元之间的差异。

表 11-2　世通公司经营活动现金流量, 披露和重述, 2000 ~ 2001 年

(单位: 100 万美元)

	2000 财年	2001 财年	合计
披露的经营活动现金流量净额	7 666	7 994	15 660
不合理资本化的线路成本	(1 827)	(2 933)	(4 760)
其他经营活动现金流量虚增	(1 612)	(2 216)	(3 828)
重述后的经营活动现金流量净额	4 227	2 845	7 072

在第 6 章 (盈余操纵诡计第四种) 中, 我们讨论了几种识别公司激进的资本化行为的方法。不诚信的公司管理层可能会将任何正常经营成本不合理地资本化, 然而, 最常见的资本化对象往往是那些带有长期性质的成本支出, 例如, 研究和开发支出、与长期项目相关的人力支出、软件开发支出, 以及业务和客户承揽支出。通过观测这些科目, 投资者就很有可能识别出公司激进的资本化行为。

小贴士

"柔性"资产科目 (如"预付费用""其他资产") 的快速增加可能预示着激进的资本化行为。

还需要关注自由现金流量　当公司不合理地将开支确认为一项资产而不是一项费用时, 经营活动现金流量将会被夸大。然而, 正如我们在第 1 章中讨论过的, 自由现金流量可能不会受到影响, 因为它是一种扣除资本性支出后的现金流量指标。如表 11-3 所示, 通过计算自由现金流量揭示了世通公司严重的问题——1999 ~ 2000 年, 自由现金流量减少了 61 亿美元。

表 11-3 世通公司自由现金流量

（单位：100 万美元）

	1999 年	2000 年
披露的经营活动现金流量净额	11 005	7 666
减：资本性支出（capex）	（8 716）	（11 484）
自由现金流量	2 289	（3 818）

　　某些聪明的公司想出了一些招数，在不影响自由现金流量的情况下将目前，或者未来正常发生的经营性开支转移至其他科目。举个例子，2013 年，赛富时（Salesforce.com）将一项持续多年的软件许可证确认为一项"融资租赁"，并开始对其进行不正常的会计处理。在以前年度，这类许可证通常作为一项经营性开支被列报在利润表和现金流量表中的经营活动部分。

　　然而，赛富时将此项许可协议确认为一项租赁业务，并将支付给软件商的大部分款项从现金流量表的经营活动转移到筹资活动，并列报在"融资租赁的本金支付"项下。由于这一项位于现金流量表的倒数第二行，因此不太可能会引起分析师的注意，以至于他们无法发现现金流量被人为地虚增了数百万美元。

会计术语简介

自由现金流量

　　自由现金流量可以计量一家公司创造现金的能力，该指标考虑了维持或扩大资产规模的现金流出（如设备购买）带来的影响。自由现金流量通常计算如下：

　　经营活动产生的现金流量 − 资本性支出

将材料采购确认为一项投资活动现金流出

　　营业成本是指公司因销售活动而发生的直接采购或生产产品的费用。

在利润表中，营业收入减去营业成本等于公司的毛利润，这是公司产品盈利能力的重要指标。

现金流量表有时候并不是那么明确。公司采购产品并销售给客户，正常情况下，采购支出应该作为一项经营活动现金流出被列报在现金流量表中。但是令人好奇的是，某些公司将这类支出确认为投资活动现金流出。

采购 DVD：经营活动还是投资活动

奈飞（Netflix）在早期是一家以邮寄形式为基础的电影租赁公司。你可以想象，公司最大的费用开支之一即为采购用于租赁给客户的 DVD。DVD 实质上为公司的存货，因此公司将其 DVD 资料库在资产负债表中确认为一项资产，并对其进行摊销（新上映电影摊销期为一年，已上映电影摊销期为三年）。正如你可以预期到的，摊销费用作为一项营业成本被列报在利润表中。2007 年，奈飞 DVD 资料库摊销费用达到了2.03 亿美元，其收入为 12 亿美元。

尽管奈飞的利润表合理反映了 DVD 成本的经济实质，但其现金流量表并没有做到这一点。你会认为 DVD 采购支出就像材料采购支出一样应该在现金流量表中被确认为一项经营活动现金流出（尤其是采购的新上映的电影，且仅摊销一年）。然而，奈飞并不这么认为。相反，公司认为 DVD 采购是一项资产采购，因此相应的现金支出应该列报在投资活动中。这种处理方法将一笔大额现金流出（DVD 采购）从经营活动转移到了投资活动，从而虚增了经营活动现金流量。

有意思的是，奈飞当时的竞争对手百事达公司（Blockbuster）(后者一贯的会计处理并不谨慎）却在 2005 年年底改变了其采购 DVD 的会计处理政策。在此之前，正如奈飞一样，百事达公司将 DVD 采购支出确认为一项投资活动现金流出。然而，在咨询了证券交易委员会之后，百事达公司开始将 DVD 采购支出确认为一项经营活动现金流出，并对历史数据进行了追溯调整。

当进行同行业比较时，考虑会计政策的区别　由于奈飞将 DVD 采购支出列报在投资活动中，而百事达公司将其列报在经营活动中，因此在没有进行调整的情况下，投资者无法比较两家公司的经营活动现金流量情况。如表 11-4 所示，2007 年，奈飞的经营活动现金流量比百事达公司强劲得多，然而，将 DVD 采购支出调整之后，两家公司之间的差距就小很多。

表 11-4　奈飞和百事达公司经营活动现金流量（2007 年）披露的和奈飞调整 DVD 采购开支之后的经营活动现金流量

（单位：100 万美元）

	奈飞	百事达
披露的经营活动现金流量净额	291.8	（56.2）
采购 DVD 资料库现金流量表处理	投资活动现金流出	经营活动现金流出
采购 DVD 资料库金额	（223.4）	（709.3）
可比金额（按百事达处理方法进行比较）	68.4	（56.2）

质疑那些听上去像是正常经营成本的投资活动现金流出　尽管分析师声称阅读现金流量表是他们分析不可或缺的一部分，但是他们往往忽略了经营活动以外的部分。简单地浏览奈飞的投资活动部分就能发现公司将"采购 DVD 资料库"确认为一项投资活动。只要是对奈飞的业务略知一二的投资者，都能够意识到采购 DVD 资料库是奈飞正常的经营成本。

购买专利和新开发技术

一些专业的体育俱乐部的运动员均是其自主物色、选拔、培养起来的，而其他俱乐部则依赖"自由无约"市场来签约运动员（尽管通常以较高的价格）。同样，一些公司依赖自身内部研究和开发项目来实现业务的自然增长，而其他公司则通过收购开发阶段的技术、专利和许可证来实现业务增长。尽管不同业务战略都为了同一个目的，但公司对相关支出费用在现金流量表中的处理方式却有所不同。具体来说，为内部研究和开发所支付的员工工资和供应商货款等支出，应被确认为一项经营活动现金流出。然而，一些公司将为获取已经研究并开发出来的产品，而发生的开支确认为一项投资活动现金流出。

在一些行业中，收购开发阶段的技术非常普遍。举个例子，小型生物科技研究公司会时常研发新的药物，并且一旦快要通过美国食品药品监督管理局的注册时，就将药物专利权卖给大型制药公司。作为药物所有者，大型制药公司收获所有利润回报。当分析这类制药公司的业务时，当然应该考虑一下用于收购药物专利权的现金支出。然而，由于这类支出通常被列报在投资活动部分，因此许多投资者甚至没有察觉到它们的存在。

考虑下生物制药公司塞法隆（Cephalon）的案例。为了使业绩快速增长，塞法隆在 2004 年和 2005 年大肆收购与一些新开发药物有关的专利、所有权、许可证等，收购成本达到 10 亿美元。塞法隆将这些支出确认为"收购"，并将其列报在现金流量表中的投资活动中。如果塞法隆将这些支出确认在经营活动中，则公司经营活动现金流量将在这两年呈现巨额负数（见表 11-5）。

表 11-5　塞法隆经营活动现金流量净额（扣除收购药物专利后的调整数）

（单位：100 万美元）

	2003 年	2004 年	2005 年
披露的经营活动现金流量净额	200.2	178.6	185.7
"收购"药物专利、所有权、许可证	—	（528.3）	（599.7）
调整后经营活动现金流量净额	200.2	（349.7）	（414.0）

类似地，纽昂斯通信公司（Nuance Communication）是一家语音识别软件公司，它以巨额资金收购了一项处于开发阶段的技术。2014 年，纽昂斯披露了 2.53 亿美元的"业务和技术收购款项支付"，并将其确认为一项投资活动现金流出列报在其现金流量表中。对于公司而言，这是

一笔巨额现金流出，尤其是相比公司当年 3.58 亿美元的经营活动现金流量而言。然而，尽管花费了巨额资金，纽昂斯认为其所收购的每个单个资产是不重要的，因此几乎没有披露购买细节。当然，当投资者分析纽昂斯现金流量时需要考虑花在这些资产上面的资金，因为有可能与已获取的技术和其他开发成本相关。

我很乐意在星期二为你今天这个汉堡付钱

一个有意思的转折，拜维尔公司（Biovail Corporation）（2010 年与威朗合并）通过非现金交易购买了一些药物的所有权。交易时，拜维尔并没有支付现金，而是向买方发行了一项权证——实质上是一笔长期借款。由于交易时并没有发生现金流动，因此也就不会影响现金流量表。随着拜维尔定期偿还借款，现金支付在现金流量表中被确认为债务偿还，即一项筹资性现金流出。

拜维尔以非现金形式购买药物所有权与塞法隆购买专利、奈飞购买 DVD 如出一辙。交易的经济实质为正常的经营活动，但在现金流量表中的披露方式五花八门。当投资者分析拜维尔创造现金流能力的时候，这类购买支出当然不应该被忽视。

寻找"补充现金流量信息" 公司通常将非现金交易信息披露在"补充现金流量信息"中。此披露有时紧跟在现金流量表之后，然而，有时候公司会将此披露深埋在附注中。举个例子，拜维尔将其非现金购买交易披露在位于现金流量表之后 30 页的补充现金流量附注中。

拜维尔的补充现金流量披露

2003 年，**非现金投资和筹资活动**包括与购买 Ativan 和 Isordil 相关的 17 497 000 美元的长期债务，以及为了偿还信赖制药（Reliant）

的部分借款而认购其发行的价值 8 929 000 美元的系列优先股。2002年，非现金投资和筹资活动包括与购买 Vasotec 和 Vasereti 有关的99 620 000 美元的长期债务、与购买 Wellbutrin 和 Zyban 相关的69 961 000 美元的长期债务，以及与修订 Zovira 分销协议相关的80 656 000 美元的长期债务。

将经营活动现金流出转移到现金流量表表外

本章最后一部分将阐述聪明的管理层如何将不良经营活动现金流出转移出现金流量表。

大部分公司的员工养老金计划的资金来源是经营性资金，这不可避免地会对所披露的经营现金流量产生不利影响。那么如果这类计划能够在不消耗珍贵的现金流的情况下募资呢？

2011 年，帝亚吉欧（Diageo）是一家烈酒制造商，旗下有 Johnnie Walker、Smirnoff 和 Guinness 等品牌。该公司使用价值 5.35 亿英镑的威士忌筹资来实施其英国养老金计划。威士忌随着年份的增加而增值，从而使养老金计划的价值也不断增加。同时，其披露的现金流量丝毫不受影响。类似地，2016 年，IBM 使用价值 2.95 亿美元的美国国库证券募资以实施其养老金固定收益计划，从而节约了相对应的现金流量。

下章预告

正如本章所示，将经营活动现金流出转移到投资活动的操作手法，对于那些希望利用强劲的现金流量来取悦投资者的管理层而言，非常具有诱惑性。然而，对于这个好东西，管理层似乎无法就此停手。

现金流量诡计第三种：

使用非持续性的活动来提高经营活动现金流量

热播游戏秀《谁想成为百万富翁》(*Who Wants to Be a Millionaire*)拥有100多个国家的版本，是最成功的电视节目之一。游戏规则极其简单：参赛者需要回答15个鸡毛蒜皮的问题，如果回答正确所有问题将赢得大奖；如果参赛者回答错误一道题，则只能卷铺盖走人。

如果参赛者对某个问题的答案很纠结，则可以使用一次"救援"。举个例子，参赛者可以向其朋友寻求帮助，或者让观众进行集体投票。这些救援很有用，经常能够帮助参赛者顺利通关。但是，参赛者必须谨慎使用，因为每人只有三次"救援"机会。

类似地，备感纠结的公司经常使用有效的"救援"机会来帮助维持它们的现金流量。正如游戏秀一样，公司使用这些"救援"通常是明智的，当然也是合法的。但公司可能不会像游戏秀一样披露这些现金流量"救援机制"。这只能靠你自己去发现它们，如果没有发现，就别指望公司会来提醒你。

使用非持续性的活动来提高经营活动现金流量的方法

1. 通过延迟支付供应商货款来增加经营活动现金流量。
2. 通过提前回收客户货款来增加经营活动现金流量。
3. 通过减少采购来增加经营活动现金流量。
4. 通过偶然所得来增加经营活动现金流量。

通过延迟支付供应商货款来增加经营活动现金流量

今年想要节省出更多的现金吗？使用你的"延迟支付"救援：等到

下一年 1 月初再支付前一年 12 月的货款。如果延迟支付货款 1 个月，期末银行存款余额将会变多，从而鬼使神差地使公司看上去好像当年创造了更多现金。但是，不要以为你找到了一个每年都能增加现金流量的方法，而应该意识到这只是一种权宜之计。想要在下一年继续增加现金流量，你必须将相当于 2 个月的货款延迟到下一年 1 月份支付。

延迟支付可能是一个有用的现金管理策略，当然将现金多保留一个月时间也无可厚非。同样，公司延迟支付供应商货款继而立刻享受现金管理收益完全是合理的。然而，公司不能永远延迟支付。通过延迟支付（即应付账款的增加）所获得的现金收益，应该被认为是一项不可持续的行为，而不是意味着公司已经找到了一种可以持续创造更多现金的方法。尽管这好像是常识，但令人惊讶的是有很多公司只顾吹捧它们强劲的经营活动现金流量，却不提及它们的小秘密：这是通过延迟支付供应商货款换来的。

家得宝压榨其供应商

作为通用电气传奇首席执行官杰克·韦尔奇（Jack Welch）接班人候选人之一，鲍勃·纳德利（Bob Nardelli）在竞逐通用电气首席执行官之战中失利，但没过几天，他又前往家得宝（Home Depot）担任首席执行官。自 2000 年 12 月就职起，纳德利很快就被誉为拯救家具装饰零售链之星。董事会非常喜欢他的"通用电气风格"，并且毫不犹豫地奖励给他丰厚的报酬。纳德利当然懂得如何取悦投资者。上任第一年，他就将经营活动现金流量翻倍——从 28 亿美元增加到了近 60 亿美元。不太关心增长细节的投资者无不感到震惊。

然而，此现金流量的增长并不可持续，而且和业务上的销售增长毫无关系。上任第一年，纳德利重新定义了家得宝与其供应商之间的交易方式。具体来说，公司开始压榨供应商，延迟支付它们的货款。到了 2001年末，家得宝成功地将应付账款账期从 22 天延长至 34 天。公司的现金流量表显示了看似在应付账款上的小小变化正是公司现金流量快速增长的主要驱动力（见表 12-1）。经营活动现金流量增长的另一个主要原因是，要减少每家店铺存货的持有量（我们将会在本章的后续进行讨论）。

表 12-1 家得宝 2000 ～ 2002 年现金流量表

（单位：100 万美元）

	年		
	2000	2001	2002
净利润	2 581	3 044	3 664
折旧和摊销	601	764	903
应收账款的净增加	（246）	（119）	（38）
商品库存的增加	（1 075）	（166）	（1 592）
应付账款和应计负债的增加	268	1 878	1 394
递延收入的增加	486	200	147
应付所得税的增加	151	272	83
递延所得税的增加（减少）	108	（6）	173
其他	（78）	96	68
经营活动现金流量净额	2 796	5 963	4 802

好，2001 年任务完成。第二年，家得宝面临着在 2001 年辉煌业绩的基础上更上一层楼的挑战。然而，要想继续增加经营活动现金流量，公司首先要复制 2001 年的现金流量增长，这在 2002 年很难实现。公司可以在 2002 年再次延长应付账款付款账期，但延长时间无法到达 2001年的程度，只是将应付账款账期从 34 天延长到了 41 天。结果，2002年，公司经营活动现金流量从 2001 年的 60 亿美元，跌到 48 亿美元。

会计术语简介

应付账款周转天数

应付账款周转天数（Days Payable Outstanding, DPO）通常计算如下：

DPO = 应付账款 / 销售成本 × 报告期天数

（对于一个季度，通常按 91.25 天来估算）

投资者应该分析应付账款周转天数，正如分析应收账款（应收账款周转天数，DSO）和存货（存货周转天数，DSI）一样。应付账款周转天数的增加意味着公司延迟了应付账款的支付，而应付账款周转天数的减少则意味着公司加速了应付账款的支付。

投资者应该注意到，纳德利的现金管理策略看上去有益于公司的经营状况，但是显然是不合理的。2001 年经营活动现金流量增加的 30 亿美元应该被看作不可持续的偶发性事件。警觉的投资者应该正确地预测到 2002 年经营活动现金流量会缩水。

小心大额且令人怀疑的应付账款增加 应付账款周转率的提高告诉你公司有可能延迟支付供应商的货款。投资者可以评估一下因延迟支付供应商货款而增加的经营活动现金流量有多少，这部分增加的金额是不可持续的，并且与业务活动增长无关。

找出现金流量表中的大额正向波动 快速浏览家得宝 2001 年的经营活动现金流量，我们就能发现应付账款和存货的增长正是经营活动现金流量增长的主要驱动力（见表 12-1）。而在之后几年，家得宝无法维持同样的增长也正是经营活动现金流量恶化的主要原因之一。

当公司利用应付账款"融资"时保持警惕 某些公司通过将银行纳入其与供应商的交易中，利用应付账款进行"融资"。在这些所谓的供应商融资安排当中，公司并不直接向其供应商支付货款，而是由银行先支付货款给供应商，然后公司在一段时间后再将货款偿还给银行。这类交易使得公司财务报表中产生了银行借款，而不是应付账款。由于偿还银行借款在现金流量表中被列报为一项筹资活动，所以导致采购支出永远不会被列报为一项经营活动现金流出。

举个例子，移动电话运营商德国电信（T-Mobile）为其手机和网络设备供应商提供了融资安排。仅 2015 年，德国电信就偿还了 5.64 亿美元的短期借款，而这些资金都被用来采购手机和网络设备。自然，这些现金流出是作为一项筹资活动被列报在德国电信的现金流量表中。

这个例子显示了一个简单的交易按照管理层的意志可以在现金流量表中有多种分类方法。为了在同行业、不同企业之间进行现金流量的合理比较，投资者必须调整会计政策差异。只要每个公司都披露了足以充分理解其现金流量表分类的信息，勤快的投资者就应该能够通过这些披露信息理解借款交易的两面（现金流入和流出）都是筹资性的，而不是经营性的。

小贴士

应付账款是一个相对简单直白的科目。如果你看到公司报告中针对应付账款有大篇幅的讨论，其中很有可能会存在一些你想要知道的信息（如应付账款融资安排）。

注意其他应付科目的波动 应付账款并不是公司唯一可以用来进行现金管理的科目。通过操控许多负债类科目的偿还时间，公司都能够影响经营活动现金流量，包括税收支付、工资或奖金支付以及退休金支付。考虑一下卡拉威（Callaway Golf）的税收是如何导致公司 2005 年偶然出现的强劲经营活动现金流量的。

卡拉威想方设法努力度过淡季，并且它的努力似乎卓有成效。2005 年，卡拉威将其经营活动现金流量增加到了 7030 万美元，与 2004 年少得可怜的 850 万美元相比有显著提升。快速查阅现金流量表就能发现经营活动现金流量的增加，来自 5580 万美元的应交税费和应收账款的变动（显然是由于税收返还和清算）。投资者应该不难发现现金流量表中的税收变动，如果将这部分扣除，卡拉威漂亮的经营活动现金流量增加将不复存在。

通过提前回收客户货款来增加经营活动现金流量

另一个能够增加经营活动现金流量的方法是说服客户提前回款。这当然不是一件坏事，甚至可以认为是公司拥有对其客户的强有力的议价能力。然而，正如我们关于延迟支付应付账款的讨论一样，公司不能永远加快客户回款。因此，加速回款导致的经营活动现金流量的增加应该被认为是不可持续的。

注意因高额客户预付款所导致的经营活动现金流量增加

对于高端电动汽车制造商特斯拉（Tesla Motors），流动性和现金流对于投资者和债权人来说是尤其重要的指标。自从其 2003 年成立以来，特斯拉的自由现金流量一直是负数，因此公司完全依赖借贷融资和权益发行来继续支撑公司运营。2016 年，特斯拉的经营活动现金流出得到些许改善，从 2015 年的 5.24 亿美元减少到 1.24 亿美元。然而，当年现金流量变化最显著的是，公司为 Model 3 轿车**开始接受客户的订单以及可退还的订金**，而 Model 3 轿车还处于概念阶段。这些订金为公司带来了3.5 亿美元的额外现金流入，或者说，2016 年现金流入中有 88% 来源于此。持怀疑态度的投资者会注意到，公司业务根本上还是继续按照以往的速度烧钱，但由于成功的市场营销，公司能够向未来期间"借钱"并加速客户回款，从而实现更好的经营业绩。

注意隐藏在精美措辞后的实质策略——影响现金流的时间点

在硅图公司（Silicon Graphics）2006 年 5 月破产前的几个季度，

就能察觉到加速回款等警示信号。公司尽管负债累累，但还是尽可能向其投资者展示自己仍然具备良好流动性的状态。不像其他公司利用强势地位来要求客户加速回款，硅图逐渐恶化的经营情况迫使其向客户提供折扣来获得提前回款。考虑一下此处所展示的公司在 2005 年 9 月的季度报告文件中所披露的内容，同时还要注意硅图所使用的另外一个现金管理花招——季度末延迟支付供应商货款，并在下一季度初进行采购支出。由此，公司就可以在财务报表中展示季度最后一天现金的最高值。勤快的投资者应该能注意到这些问题，并且能够预知灾难即将来临。

硅图公司 2005 年 9 月季度报告

在 2006 财年的第一季度，我们始终将重心放在客户回款上，**并向某些客户提出折扣条款以加速回款**。因此，2005 年 9 月 30 日，我们的应收账款周转天数降低至 37 天，而 2005 年 6 月 24 日的周转天数为 49 天，2004 年 9 月 24 日的周转天数为 39 天。我们预测 2006 财年第二季度的应收账款周转天数将会与历史平均水平保持一致。

我们的现金水平在季度之间呈现显著波动，即**现金余额在每季度末达到最高值，在其他时间较低**。这些季度间波动由我们的业务周期决定，即在季度初大量采购支出，大部分销售发生在季度末的最后几周内。**为了在季度内保持足够的自由现金，我们向某些客户提供折扣条款以加速回款，同时延迟支付某些供应商的货款至下一个季度初。**

提防经营活动现金流量的显著增加

中国通信设备制造商 UT 斯达康，于 2008 年年初披露了显著改善的经营活动现金流量。在经历了 2007 年连续四个季度经营活动现金流量均为负数（"烧"钱总额达到 2.18 亿美元）的阴霾后，公司在 2008 年 3 月突然披露了 9700 万美元的正现金流量。投资者应该很容易注意到公司现金流量变负为正是一系列激进营运资本操纵的结果。投资者如果快速查阅公司财务报表，就能发现应收账款减少了 6500 万美元，而应付账款增加了 6600 万美元。公司的季度报告披露了更详细的内容，并提及我们在第 10 章冠群电脑公司案例中讨论的"管理层策略"的其中一个。（见 UT 斯达康 2008 年 3 月季度报告的披露。）

UT 斯达康 2008 年 3 月季度报告披露了来龙去脉

应收账款的减少主要由于 PCD 业务线强势的客户回款。应付账款的增加主要是由于 2008 年第一季度大量采购支出，**同时，也是管理层所做的，放弃可以通过提前支付一家大供应商的货款而享受货款折扣的决定所致。**

UT 斯达康后三季度的经营活动现金流量仍然继续为负数。尽管第一季度实现了 9700 万美元的正经营活动现金流量，但公司全年经营活动现金流量仍像掉到大窟窿里一般，反而是负的 5500 万美元。

小贴士

当管理层说这是因为"激进的营运资本管理"所致时，许多投资者觉得这是好事，但其实你应当将其作为一个警示信号，即最近的经营活动现金流量可能是不可持续的。

通过减少采购来增加经营活动现金流量

我们回顾一下，2001 年，家得宝通过延迟支付供应商货款，实现了一个不可持续的经营活动现金流量的增长。然而，公司还有另外一个改善经营活动现金流量的花招：减少采购支出。

本章开头，我们讨论了鲍勃·纳德利在其上任第一年是如何通过延迟支付供应商货款，和减少每家店铺存货持有量，来使得家得宝的经营活动现金流量翻倍。家得宝在其商品全部销售完毕后才对货架进行补充，从而降低了存货持有水平。换句话说，与以前年度相比，公司减少了采购支出。

正如纳德利所采用的策略使得家得宝"表面上"增加了经营活动现金流量（通过延迟支付供应商货款），公司通过减少采购开支也能够人为地增加经营活动现金流量，但并不可持续。让我们回顾一下家得宝的现金流量表（见表 12-1），存货的采购支出从 2000 年的 11 亿美元减少到 2001 年的仅 1.66 亿美元（由于这个策略的好处用尽了，2002 年又回到 16 亿美元）。

公平地讲，家得宝在年度报告文件中流动性与资本资源部分披露得很清楚，描述了经营活动现金流量的增加主要源于应付账款账期的延长，以及每家店铺存货持有量的减少（见所附文本框的披露内容）。对此，投资者通过阅读整个文件就能很好地理解，因为如此重要的信息都能够在文件中找到。

家得宝 2002 年年度报告

2001 年，经营活动产生的现金流量从 2000 年的 28 亿美元增加至 60 亿美元，主要是因为应付账款周转天数从 2000 年末的 23

天显著增加到 2001 年末的 34 天，2001 年末每家店铺平均存货持有量减少了 12.7%，以及营业收入的增加。

下一年，家得宝并没有靠存货减少来继续增加现金流。它在流动性与资本资源部分的披露巧妙地说明了情况，实际上这意味着以前年度公司存货持有量萎缩得太过了。

家得宝 2003 年年度报告

2002 年，经营活动产生的现金流量从 2001 年的 60 亿美元减少至 48 亿美元，主要因为**每家店铺平均存货持有量增加了 7.9%，这源于 2002 年我们将重心放在了改善库存状态上面。**

小贴士

季度报告和年度报告中这部分内容隐藏了一些关于现金流量驱动因素的其他信息，这很重要，但许多投资者并不知道它的存在。翻到管理层讨论与分析部分（MD&A），投资者就能找到通常被称为"流动性与资本资源"的这些内容。在分析每家公司时，这部分都是投资者必读的。

注意关于存货时间性的披露

每季度采购

硅图公司在每个季度初进行采购，然后在季度末之前尽可能地消耗掉存货，然后过了本季度后再次进行采购（见我们前文中针对硅图公司季度报告披露的讨论）。与其应收账款和应付账款管理策略一样，公司利用上述策略使得投资者相信公司的流动性是充足的，但其实公司已经濒临破产。

通过偶然所得来增加经营活动现金流量

2004～2007年，微软花费了数十亿美元来平息反垄断诉讼。2004年，太阳微系统公司（Sun Microsystems）从微软攫取近20亿美元（其中16亿美元被当即确认为收入），成为其中最大的受益者之一。太阳微系统公司在其利润表中针对这笔巨额款项轻描淡写，并将其作为"结案收入"单独列报。在其利润表中，太阳微系统公司的披露很容易就能让投资者识别出从诉讼案中获取的收入是不可持续的，并且与其正常经营活动无关。这项收入作为一项非经营性收入被单独列报。

然而，太阳微系统公司的现金流量表并没有披露得非常清楚。公司将收到的20亿美元确认为一项经营活动现金流入（间接法下是合理的），但在现金流量表中没有单独列报，而是将其与净利润捆绑在一起。正如你所想象到的那样，20亿美元的现金流入对于太阳微系统公司来说非常重要——其2004年经营活动现金流量为22亿美元，2003年为10亿美元。勤快的投资者能够注意到公司披露在利润表中的该事项，并且能够立刻意识到这项现金流入是不可持续的。

小贴士

经营活动现金流量的偶然增加，通常不会在现金流量表中被披露得特别清晰。当你识别到任何类型的偶发性收益时，问问你自己——"该增长是如何影响现金流量表的？"

下章预告

　　截至本章，关于现金流量诡计，即虚增经营活动现金流量的手法，我们已经讲述完毕。总结一下，第二部分和第三部分主要关注利用虚增的业绩或经营活动现金流量来欺骗投资者的小把戏。在第四部分中，我们将展示会计诡计如何歪曲管理层披露的，非公认会计准则指标和关键业绩指标。

4

第四部分

关键指标诡计

KEY METRIC SHENANIGANS

为了攻克财务诡计，我们已经勇夺两座大山，还有两座大山等着我们。截至目前，我们将重心放在用于评估公司业绩的两个独立指标上：利润和现金流量。

第二部分"盈余操纵诡计"讨论了通过在收入和费用上做文章，或者直接将它们转移到别的地方，来操纵以权责发生制为基础计量的业绩数据的各类手法。我们指出了以权责发生制为基础的业绩指标的局限性，例如，净利润。因此，我们建议投资者应该扩大分析面，去评估现金流量表现指标，例如，经营活动产生的现金流量和自由现金流量。

第三部分"现金流量诡计"提出了一个相对新，同时又令人不安的现象：管理层倾向于利用现金流量诡计来使得公司能够展现出具有迷惑性的、强劲的经营活动现金流量和自由现金流量。我们也提出了一些方法和策略，投资者能够用它们来识别现金流量诡计，也能够调整披露数据，从而剔除不可持续增长因素的影响。

现在，你可以深呼吸。即使管理层使用了各种诡计来向投资者隐藏真实面，你也完全有能力通过权责发生制（利润表）和收付实现制（现金流量表）模型来评估一家公司的"有效"业绩，你已经学会了如何揭露管理层的五花八门的伎俩。

然而，你的探索之旅只进行了一半。在第四部分"关键指标诡计"，我们讨论使用其他"关键指标"，来评估一家公司的业绩和财务状况的重要性，同时我们揭示公司用来遮蔽事实、误导投资者的把戏。

两种关键指标诡计

> **关键指标诡计**
>
> 关键指标诡计第一种：使用那些高估业绩的误导性指标（第 13 章）
>
> 关键指标诡计第二种：通过歪曲资产负债表指标来避免显示财务状况的恶化（第 14 章）

成功的投资需要投资者针对公司大量的财务业绩和财务状况指标进行缜密分析。一些直接相关的信息，投资者通过阅读利润表、现金流量表和资产负债表能够很容易地获取，而其他重要信息可通过阅读补充文件（公司新闻发布、业绩报告、附注，以及包含在财务报告中的管理层讨论与分析）获取。除此之外，投资者应该阅读同行业其他公司的财务报告，不仅要比较业绩和财务状况指标，还要评估会计准则的使用和披露。

现在有大量的数据可以供你阅读和分析。很好，但在深入研究之前，记得问两个重要的问题：

> 1. 评估公司业绩的最佳指标是什么？管理层是否强调、忽略、歪曲，甚至自定义这些指标？
> 2. 能够揭示公司财务状况正在恶化的最佳指标是什么？管理层是否强调、忽略、歪曲，甚至自定义这些指标？

越来越多的投资者使用与业绩和财务状况相关的指标来评估公司。由于存在很多手段迎合投资者，管理层当然会提供更多的信息，但是通常偏向于试图隐藏业务恶化。我们将这类手段称为关键指标（Key Metric，KM）诡计，可以将其分为业绩指标和财务状况指标。

评估财务业绩和财务状况指标

分析某一个行业或者公司时，我们需要从学习评估它的财务业绩和财务状况最佳指标开始，包括往期的和短期预期的（长期业绩预测并不准确，并且对投资者几乎没有价值）。

考虑一下订阅服务业务，我们从传统的利润表（收入、营业利润、净利润、每股收益）、现金流量表（经营活动产生的现金流量、自由现金流量）中的业绩指标开始。如果**不**存在盈余操控或者现金流量诡计，使用这些指标没有任何问题。但是，这些指标至少缺乏一个重要的信息——近期业务的发展。订阅者数量是否在减少？过去几个季度，每个订阅者产生的收入是否在减少？由于以权责发生制为基础的收入，和以收付实现制为基础的经营活动现金流量，都关注于**过去的收入或者现金流量，而不是未来**，投资者应该更需要获取和评估以订阅者为基础的指标，该信息会非常有价值。

业绩指标的分类

将传统的财务业绩指标（如收入、净利润、现金流量）当作昨天棒球比赛的**成绩表**。尽管这些信息只能反映过去业绩，但通常能够被用来判断队伍的竞争实力，在大部分时候能够被用来预测未来比赛情况。然而，其他现有的或者能够被获取的附加信息却并不在成绩表中，但这些信息对于分析队伍很重要。棒球历史学家比尔·詹姆斯（Bill James）发明了一种新的棒球数据统计分析法（如迈克尔·路易斯在其书籍《点球成金》

中描述的一样），并发现许多非常规的棒球数据统计比成绩表中列示的传统指标更具有揭示性。

与基于通用会计准则的传统财务报表指标相比，最佳的补充财务业绩指标能够提供关于公司最近经营业绩（好或不好）的额外信息。我们重点讨论管理层所使用的收入替代指标、利润替代指标以及现金流量替代指标。

收入替代指标

管理层通常重点披露对客户的销售，以及未来订单和定价能力。举个例子，广播电缆运营商会披露其订阅量，航空公司会披露其"运载能力"（上座率），门户网站会披露其"点击量"，酒店运营商会披露其"每间房的收入"。各行各业经常会创造独有的指标来帮助投资者更好地理解公司的业绩。有一些常见的指标被认为是收入的替代指标，包括店铺销量、库存量、预订量、订阅量、每个客户的平均收入和收入自然增长。

利润替代指标

管理层有时候会努力呈现一个"更干净"的利润来展现经营业绩。举个例子，化工厂在披露利润的时候，会把大额一次性的物业处置所得剔除，从而与以前和未来期间的披露保持可比性。针对这些非公认会计准则利润替代性指标，公司都为它们起了类似的名字，尽管每家公司的定义都有所不同。一些经常使用的指标包括模拟利润、息税折旧摊销前利润、非公认会计准则利润、固定货币利润和利润自然增长。

现金流量替代指标

正如利润替代指标一样，管理层也会努力呈现一个"更干净"的现金流量，但是这往往更富有技巧，并且通常更具有争议。例如，零售产业展现的现金流量可能剔除了因法律事件而产生的一次性大额现金支付。一些经常使用的指标包括模拟经营活动现金流量、非公认会计准则经营活动现金流量、自由现金流量、现金收益、现金收入和营运现金流。

会计术语简介

模拟数据——可比性数据

当管理层做出重大会计或者分类变更，或者进行收购时，则投资者很难将当期数据与以前期间数据进行比较。因此，为了让投资者更好地进行数据比较，公司将模拟（"似乎是"）调整后的财务报表作为补充信息提供。

例如，假设某家公司变更了其收入确认政策。公认会计准则规定当期数据使用新会计政策披露，同时披露使用旧会计政策的上期数据，这没有任何疑问。为了帮助投资者进行更合理的比较，模拟数据将当期和上期数据均按照新收入确认政策进行披露。

财务状况指标的分类

我们继续使用棒球进行类比。如果分析业绩指标可以认为是回顾昨天的**成绩表**，那么分析财务状况指标就像是审视今天的棒球**名次表**，即显示队伍的累积表现（整个赛季的输赢情况）。资产负债表可以被视为一家公司截至目前的记录表，反映了其从成立到现在的累积业绩表现（对于某些百年老店公司，这是一场旷日持久的"赛季"）。尽管资产负债表反映的是所有历史业绩表现的累积状态，但通过它，我们也能对未来情况一窥究竟。位于名次表首位，且整个赛季处于引领地位的棒球队通常状态极佳；相反，位于名次表末位，有着糟糕的累积平均打击率，且拉低联盟整体水平的棒球队通常状态较差，并且相对不稳定。

正如评估业绩的方法一样，对于某个行业，我们需要从学习评估财务状况的最佳指标开始，包括往期的和短期预期。最佳财务状况替代性指标应该能够为公司资产负债表提供附加信息，包括公司的：①管理客户回款情况；②保持稳健的存货水平情况；③金融资产保值情况；④保持流动性和控制偿债风险从而防止资金链断裂。

应收账款管理评估

如果公司的客户应收款回款期开始增加，则会令投资者备感担忧。分析师使用应收账款周转天数来识别回款问题。更高的应收账款周转天数（如前文所述）通常意味着客户回款变慢了。更糟糕的是，管理层很可能使用盈余操控诡计来虚增收入和利润。现在如果管理层想要对投资者隐藏这些问题，它很可能会选择歪曲真实的应收账款余额。投资者应该评估应收账款，从而判断管理层提供的应收账款周转天数指标是否合理体现了业务实质。记住，歪曲应收账款指标确实能够隐藏收入问题。

存货管理评估

一个健康稳健的存货水平对于一个经营良好的业务实体很重要。持有过时产品会导致存货跌价，而缺少"热销"产品也会丢失销售机会。一般情况下，投资者使用存货周转天数来密切关注存货水平。管理层可能会自创令人迷惑的存货指标来隐藏盈利问题，或者可能只是简单地将存货错误地列报在资产负债表中，从而导致投资者计算存货周转天数时取数错误。

金融机构的资产减值损失评估

金融机构的指标能够让投资者了解其金融资产的质和量。例如，公司可能会披露抵押贷款的坏账率或投资的公允价值。投资者必须关注这些辅助数据，从而保证确认的准备金和减值损失是合理的。投资者正是因为没有意识到宽松的减值损失政策，因此在 2008 年金融危机中受到重创。

流动性和偿债风险评估

如果投资者无法识别已经逼近眼前的、较难识别的资金链断裂风险，就会面临灾难性的损失。当信用评级机构将安然公司的债券降级为"垃圾"级别时，公司的流动性源头马上枯竭了，继而导致公司的迅速陨落。类似地，如果公司无法履行债务契约，则会面临糟糕的后果。如果公司没有披露这些风险相关的数据（或者更糟的是，如果故意隐瞒这些风险），则投资者将会陷入严重的危险之中。

后续两章将阐述两个关键指标诡计。如果管理层提供附加有用信息，帮助投资者更好地评估公司的财务业绩和财务状况，这对投资者是有利的。然而，管理层可能会披露不仅没有任何价值，反而可能令人迷惑的信息。第 13 章阐述了那些隐藏收入、利润、现金流量问题或者只是过于吹捧平淡业绩的指标，第 14 章则描述了那些用来隐藏问题且令人迷惑的财务状况指标。

关键指标诡计第一种：

使用那些高估业绩的误导性指标

最重要的是，不要伤害他人。

——希波克拉底，西医之父

新上任的医生都会被要求以希波克拉底（HIPPOCRATES）誓言进行宣誓，承诺从医遵循道德底线。此誓言通常被认为是来自于公元前 4 世纪西医之父希波克拉底，其大致意思可以概括为"最重要的是，不要伤害他人"。

也许应该强制公司管理层学习这庄严的医生誓言，并且与投资者交流的时候能够诚挚地将它付诸实践。通过这种方法，他们能够承诺不会故意伤害投资者，并且始终避免展示歪曲业绩的指标。基于你在本书所阅读到的，也许距离这一天的到来还要很长时间。那么，我们只能梦想这一天终将会到来！然而，在这一天到来之前，投资者必须警惕以下三种管理层能够用来歪曲公司业绩的手段。

使用误导性指标来高估业绩的方法

1. 强调误导人的收入替代指标。
2. 强调误导人的利润替代指标。
3. 强调误导人的现金流量替代指标。

强调误导人的收入替代指标

很多人认为收入增长是考量业务成长性的一个重要且直接的指标，公司也通常提供附加数据来补充收入指标，为投资者提供关于产品需求和议价能力更深入的信息。正如前面章节所讨论过的，投资者应该喜欢这些附加信息，并且通过分析这些附加的非公认会计准则指标能够更好地评估业务绩效的可持续性。然而，有时候管理层提供的这些收入替代指标可能会误导人，如果投资者没有做好合适的防护措施，利益就会受到损害。我们在第一部分着重描述不诚信的公司是如何利用常见的收入替代指标，以及投资者是如何来保护其利益不受损害的。

同店销售额

零售店和餐饮店通常通过扩张店铺数量来实现收入增长。逻辑上，由于店铺逐年增加，处于快速店铺扩张阶段的公司能够实现惊人的收入增长。尽管公司总收入增长也许能够体现其规模，但是却无法知道其分店是否运营良好。因此投资者应该更密切地关注衡量公司分店业绩情况的指标。

管理层通常披露**同店销售额**（Same-Store Sales，SSS）或**可比店铺收入**（Comparable-Store Sales）来向投资者提供这类信息。这项指标建立在可比店铺的基础上（简称为"可比基础"）来计算收入增长情况，从而对业绩更好地进行相关性分析。例如，公司可能会披露至少开张一年的店铺的收入增长情况。公司通常在业绩报告中突出披露同店销售额，投资者也将其作为评估公司业绩的关键指标。许多人认为，同店销售额在分析零售店或餐饮店业绩时是最终的指标。我们认为，如果披露的同店销售额具有逻辑性和一贯性，则对投资者非常有价值。

然而，由于同店销售额（以及在第四部分讨论的其他指标）并没有被公认会计准则涵盖，因此不存在被广泛认可的定义，不同的公司可能有不同的计算方法。更糟的是，某家公司同店销售额的计算方法在不同季度之间也许也会变化。尽管大部分公司能够真实地计算其同店销售额，并且一贯地进行披露，但"坏家伙"则会定期调整同店销售额的定义来包装业绩。因此，投资者应该对同店销售额的披露始终保持警惕，确保其合理公正地体现了公司的业绩。

比较同店销售额和单位店铺收入的变化 当某家公司的收入实现持续增长时，则同店销售额和单位店铺平均收入应该同步增加。通过比较同店销售额和单位店铺收入变化（即总收入除以平均总店铺数量），投资者能够快速识别业务正面或者负面的变化。例如，假设某家公司的同店销售额增长趋势一直与其单位店铺收入增长趋势保持一致。如果此趋势突然发生重大偏离，即同店销售额增加而单位店铺收入反而萎缩，则投资者应该担忧。此偏离意味着不外乎两个问题：①公司新增店铺业绩平平（拉低了单位店铺收入，但并不影响同店销售额，因为其还未被列入可比基础范围之内）；②公司改变了其同店销售额的定义（以致影响同店销售额的计算结果但没有影响单位店铺的收入）。

注意同店销售额定义的变化 公司通常会披露它们如何定义同店销售额。一旦披露定义，投资者应该很容易在会计期间之间对其进行跟踪。公司有两种可能的，通过调整可比基础来操控同店销售额的方法：第一个是简单地改变店铺进入可比基础的时间长度（如要求店铺开张时间超过18个月，而不是之前的12个月）；第二个是改变进入可比基础的店铺类型（如基于地理位置、规模、业务类型、店铺重建等因素排除某些店铺）。

来自纽约的时尚公司蔻驰（Coach Inc.）就在2013年做了这种变化。根据其一贯做法，当蔻驰增加店铺面积达至少15%时，就会将这些店铺在扩张完成后剔除可比基础一年。这是合理的，因为更大面积的店铺总体有更好的收入，任何与店铺扩张相关的收入增长都不应该被当作真正的同店销售额。但是，蔻驰于2014年年初开始不再将这类店铺扩张从可比基础中剔除，这意味着其同店销售额指标会因店铺规模增加而产生不可持续的增长。这并不令人奇怪，因为这项变化正是由于当时同店销售额增长迟缓，公司开始对一些最赚钱的店铺进行扩张。

紧密关注披露的业务增长反映的是哪个部分 2013年，多伦多媒体巨头汤森·路透（Thomson Reuters）披露的"剔除汇率因素的收入增长"是 2%，而披露的标准的收入增长为 -3%，完全相反。哪一种计量更加准确呢？结果投资者发现该数字不仅调整了货币汇率因素，而且还仅考虑了"持续经营业务"，但是对于什么是"非持续经营业务"并不存在一个法律上或者会计上的严格界定，怎么划分完全是管理层主观判断的事情。但是令人好奇的是，与 2012 年的年度报告相比，在 2013 年年度报告中，2012 年"持续经营业务"中的收入减少了近 5 亿美元。这正是因为将某些可追溯调整的业务重分类为非"持续经营"，才使得汤森路透能够在 2013 年实现正的收入增长，但实际上如果使用客观方法进行计量，2013 年公司收入是减少的。这种聪明的计量方法同样在 2011 年和 2012 年产生了相似的结果。

单位用户的平均收入

当在同类群组中比较关键的非公认会计准则指标时，保持这些指标计算口径的一致性非常重要。例如，在广播行业，一个惯用的指标为单位用户平均收入，计算方式为总订阅收入除以平均订阅用户数量。计算每个订阅用户的平均收入听上去应该很简单，然而单位用户平均收入的定义多种多样。举个例子，在 2008 年合并之前，天狼星卫星广播公司（Sirius Satellite Radio Inc.）和 XM 卫星广播公司（XM Satellite Radio Holding Inc.）就有不同的定义。天狼星卫星广播公司计算单位用户平均收入时涉及的因素包括订阅收入、广告收入和激活费收入，而 XM 卫星广播公司计算单位用户平均收入时仅考虑订阅收入，广告收入和激活费收入除外。为了一对一地比较两家公司的单位用户平均收入，投资者要么调整天狼星卫星广播公司单位用户平均收入的计算方法，来扣除广告收入和激活费收入；要么调整 XM 卫星广播公司单位用户平均收入的计算方法，来增加收入项目。

> ## 单位用户平均收入
> ## 天狼星卫星广播公司和 XM 卫星广播公司的区别
>
> 天狼星卫星广播公司单位用户平均收入的计算方法：订阅收入（扣除取消订阅）、**激活费用和广告收入**除以当期订阅用户日加权平均数量。
>
> XM 卫星广播公司单位用户平均收入的计算方法：月度总订阅收入扣除促销和取消订阅后的净额除以当期订阅用户月度加权平均数量。

订阅用户数量增加和变动

再让我们回顾一下本章前文中所讨论的订阅类业务。由于这类公司（如研究信息提供商、电话公司、报社、健身俱乐部等）的增长依赖于新的订阅用户，因此通过观测订阅用户数量水平来获取该类业务最新动态信息的方法对投资者非常有用。理论上，每季度订阅用户数量的新增有助于增加收入。类似地，取消订阅（称为"变动"）的用户数量水平对评估业务也非常重要。如果公司展现出新订阅用户增加和取消订阅用户减少的良性订阅用户基础，则投资者可以预测出公司将有强劲的收入增长。除非公司操控了这些指标。

例如，20 世纪 90 年代末，美国在线找到了一种能够虚增其在线网络服务订阅用户数量的方法。美国在线销售订阅服务的一种方法叫作"大宗订阅服务"，即先销售给某家公司，然后这家公司再将这些订阅服务作为福利发放给其员工。美国在线并不会将这些大宗订阅服务销售包含在订阅用户数量中，因为它知道大部分这些订阅服务实际上不会被激活使用。但是，当员工实际激活登录使用时，就会被合理纳入订阅用户数量中。

2001 年，美国在线面临难以达到订阅用户数量目标的困境。因此，公司开始将大宗订阅服务销售纳入订阅用户数量中，尽管大部分订阅服务并不会被激活使用。此外，美国在线还在季度末之前销售这些大宗订阅服务给客户，从而达到其订阅用户数量目标。

预订和积压订单

许多公司会披露它们的季度"预订"或"订单"，这代表了当期新下订单的业务数量。公司也有可能披露它们的积压订单，这代表了尚未完成的订单，或换句话说，所有尚待履行的历史订单（并被确认为收入）。"订单出货比"也是一个通常会被披露的指标，投资者用它来比较当期订单与当期收入，计算方法为订单量除以收入。

如果计算正确，预订和积压订单能够提供给投资者关于未来收入趋势的附加信息，因此是非常重要的指标。然而，由于不是公认会计准则指标，因此公司有很多方法去定义和披露预订和积压订单。你可能会认为计算方法很简单明了，但是事实上指标计算应该和不应该涵盖什么会有很多差别。例如，针对以下种类订单，不同公司在计算披露预订和积压订单时有不同方法：可取消订单、无数量订单、长期服务订单或建造合同、附带或有条款或者延期条款的合同、非核心业务订单等。

不同公司对预订和积压订单有着不同的定义，这使得投资者在使用指标之前，需要清楚地理解指标所包含的内容。而且，如果该指标是一个关键业绩指标，投资者应该确保公司并没有通过改变订单的定义来粉饰该项指标。

会计术语简介

预订和积压订单

以下公式表达了预订订单、积压订单以及收入（针对所有通过消耗积压订单所产生的收入）之间的大致关系。该公式对于分析非常有用，因为它能被用于测试这些非公认会计准则指标的真实性和一贯性。当只有积压订单数据时，该公式也可以被用于计算预订订单数据。

期初积压订单 + 净预订订单 − 收入 = 期末积压订单

此处的净预订订单数为总预订订单数减去取消预订订单数。

某些公司披露的预订和积压订单指标似乎并没有准确体现其真正的业务经济实质。例如，你可能还记得第 3 章中第一太阳能公司的完工百分比法诡计，它也在预订订单披露上做手脚。在其 2014 年业绩报告中，第一太阳能公司披露了"季度"预订订单数据，但该数据却包含了超过一个季度量的预订订单。投资者只要仔细阅读披露文件就能发现预订订单指标包括了从季度初到业绩报告披露日为止的所有新增订单——超过一个季度整整 36 天。

同样考虑下电子支付公司 ACI 环球（ACI Worldwide）针对积压订单所使用的非常规定义。ACI 环球定义的积压订单超过 60 个月，而这期间所有非持续性的许可协议都被当作持续性的许可协议来处理。该指标更应该被称为"想象中的积压订单"。

强调误导人的利润替代指标

沃伦·巴菲特一直乐此不疲地刺破管理层使用不真实指标的手段。他形象地将这种手段比喻为一个射箭选手将一支箭射到一个空白的画布上，然后在箭洞的周围画一个"牛眼"[⊖]。

息税折旧摊销前利润及其变化

考虑一下环球电信的"射箭选手画牛眼"的例子。公司在其 2007 年截至 3 月份的季报中披露了 1.2 亿美元的净损失。然而，出于对利润的渴

⊖ 即靶心。——译者注

求，管理层通过捏造模拟指标剔除了费用，这让人回想起互联网泡沫时期公司所干的坏事。首先，管理层剔除包括利息、税费、折旧，以及其他项合计 9700 万美元的费用，从而得出调整息税折旧摊销前利润（扣除利息、税费、折旧和摊销前的利润）。然后，又剔除了 1500 万美元的非现金股权激励费用，从而得出负 800 万美元的调整现金息税折旧摊销前利润。最后，管理层剔除一系列一次性费用项目，从而使得公司实现了正 400 万美元的扣除一次性项目后的调整现金息税折旧摊销前利润。"牛眼"！

　　环球电信三个层次的模拟指标计算很容易受到质疑，并且公司所剔除的"一次性"费用也很可笑（见表 13-1）。"维修"费用是经营活动的正常开支，因此绝不应该被剔除。同理，客户违约（坏账）、员工留任奖励，以及例行合规费用也是一样。我们不能因为管理层决定将其列报为一次性费用，就愚蠢地认为这些费用不会重复发生。

表 13-1　环球电信扣除一次性项目后的调整现金息税折旧摊销前利润

（单位：100 万美元）

	截至 2007 年 3 月第一季度
净利润	（120）
所得税费用	12
其他费用	6
利息费用	29
折旧和摊销	50
调整息税折旧摊销前利润	（23）
非现金股权激励	15
调整现金息税折旧摊销前利润	（8）
一次性项目：合规费用	5
一次性项目：亚洲地震	1
一次性项目：客户违约	2
一次性项目：补偿金	1
一次性项目：留任奖励的现金部分	3
一次性项目：水电费	（2）
一次性项目：维修费用	2
扣除一次性项目后的调整现金息税折旧摊销前利润（EBITDA）	**4**

忽闪忽现

闪存制造商飞索（Spansion）在其 2007 年 6 月的业绩会议中自豪地声称，息税折旧摊销前利润从上一季度的 6100 万美元增加至 7200 万美元。下一季度，飞索披露的息税折旧摊销前利润却减少至 7100 万美元，然而，公司安慰焦虑的投资者，并声称如果剔除上期一次性房地产收入，则息税折旧摊销前利润能够增加 800 万美元。但在上期披露利润的时候，公司并没有将该项一次性收入从息税折旧摊销前利润中剔除。因此，飞索选择在 6 月份披露时包含该项一次性收入，从而能够在 6 月体现息税折旧摊销前利润的增长，然后在下一季度又将该一次性收入剔除，从而能够在 9 月份体现息税折旧摊销前利润的增长。鱼和熊掌不可得兼！

注意虚增息税折旧摊销前利润更狡猾的手段

旅游科技公司世博公司通过剔除其成本结构中的一个重要部分，来虚增息税折旧摊销前利润。世博公司通常向旅行社预付款项，从而鼓励它们使用公司的旅行预订系统。2016 年，这些预付款金额达 7100 万美元。因为这些预付款支出涉及的合同为多年期的，所以公司将预付款项进行了资本化，并在合同期内摊销。由于摊销费用影响利润，因此该项预付款在公司计算息税折旧摊销前利润时被加回。如果将息税折旧摊销前利润作为一个能够体现现金创造能力的指标的话，那就很难有合理理由将该项每期现金支付成本剔除在外。

证券交易委员会识破高朋团购令人迷惑的营业利润指标

环球电信、飞索和世博只是变化了息税折旧摊销前利润，从而使得利润变得漂亮，而更有甚者，有些公司创造自己的利润指标。高朋团购就是这么干的。

回顾一下第 4 章, 高朋团购 2011 年很有可能 IPO, 却因证券交易委员会强制公司重述收入而受到阻碍。重述导致公司 2009 年年初至 2011 年 6 月的收入减少超过 50%。证券交易委员会还强制高朋团购停止披露令人迷惑的非公认会计准则指标, 即合并分部报告经营性利润 (Consolidated Segment Reporting Operating Income, CSOI)。如表 13-2 所示, 高朋团购通过从营业利润中剔除一些费用项目, 从而使得投资者相信公司是盈利的:①在线营销费用;②股权激励;③并购相关费用。而正是高朋团购所使用的非公认会计准则指标——调整后合并分部报告经营性利润使公司扭亏为盈。

表 13-2　高朋团购误导人的非公认会计准则指标

(单位:1000 美元)

	年度	年度	三个月		27 个月
	2009.12	2010.12	2010.3	2011.3	累计
营业利润	(1 077)	(420 344)	8 571	(117 148)	(538 569)
调整项目					
营销费用	4 446	241 546	3 904	179 903	
股权激励费用	115	36 168	116	18 864	
并购相关费用	—	203 183	—		
调整总额	4 561	480 897	4 020	198 767	
调整后合并分部报告经营性利润	3 484	60 553	12 591	81 619	145 656

从 2009 年 1 月起的 27 个月, 高朋团购披露的公认会计准则累计损失总额为 5.39 亿美元。然而, 公司使用了误导人的非公认会计准则指标, 即调整后的合并分部报告经营性利润, 从而体现出累计 1.46 亿美元的利润。对投资者来说幸运的是, 证券交易委员会已经提示高朋团购停止使用这个误导人的指标。

模拟利润 / 调整利润 / 非公认会计准则利润

名字中包含了什么? 那些被公司称为利润或者其他名字的东西, 听上去很漂亮，但那可能是管理层想让你这么认为的。有时候管理层强调"模拟"或者"调整"利润指标（或者其他具备类似名字的盈利指标）是更好的、更纯粹的利润指标。

假装经常性费用为一次性开支　你可能还记得游隼公司伪造收入之后，试图通过伪造应收账款转让来进行掩盖。然而，公司虚增的应收账款如此之多，以至于还需要使用模拟的手法来掩盖其骗局。除了假装转让这些应收账款之外，游隼公司还对这些应收账款确认了费用，但不合理地将这些费用划分为一次性的并且与并购相关。这种分类使得游隼公司能够将这些费用从模拟利润中剔除，来迎合投资者（或者至少是迎合那些始终相信公司所披露的内容的投资者）。

全球家电巨头之一，惠而浦（Whirpool）披露的一个盈利指标称为**持续性利润**，这意味着该指标剔除了非持续的以及非经营性项目。公认会计准则利润与"持续性利润"之间最常见的差异为重组费用，这是与公司兼并重组相关的一系列费用，包括设备关停、裁员、资产减值等。然而，在过去的27年中，惠而浦的利润表中有23年都包含了重组费用，显然这不是一项"非持续性"费用！2016年10月，证券交易委员会终于对公司持续剔除该类费用提出了质疑。

强调误导人的现金流量替代指标

非公认会计准则现金流量指标，相对于非公认会计准则收入和利润指标来讲并不常见，但也是存在的。有时候，公司会利用模拟现金流量指标来剔除偶发性活动，例如，一项巨额诉讼费用。然而，其他时候，公司也会利用此方法来提高其现金创造能力。

"现金利润"和息税折旧摊销前利润不是现金流量指标

公司有时候会披露像是"现金利润"或者"现金息税折旧摊销前利

润"的指标（正如我们刚刚提到的环球电信）。不要认为这些指标能够替代现金流量指标！许多公司和投资者都认为这些指标（包括简单纯粹的息税折旧摊销前利润）是良好的现金流量替代指标，但仅仅是因为这些指标计算过程包括了如折旧等非现金支出项目的加回调整。现在你肯定已经知道，一个公司的现金流量不只是净利润加上非现金支出。这种计算方法只是一种对以间接方法对现金流量表进行调整（参考我们在第三部分中所讨论的现金流量表列报的介绍）的滥用而已。当计算现金流量时，忽略营运资本开支会使你对公司现金创造能力产生虚假印象。同理，忽略例如坏账准备、摊销，以及保修费用等应计支出也会使你对公司的盈利能力产生虚假印象。事实上，使用诸如息税折旧摊销前利润和现金利润等指标来代表业绩水平并不合适。

除此之外，对于资本密集型业务，息税折旧摊销前利润在理解业绩和盈利水平的时候容易引起误解，因为利润表中包含较多的资本折旧，而这部分却被息税折旧摊销前利润剔除在外。有些公司就是利用了投资者对息税折旧摊销前利润的认可度，尽管明知不合理也要用这个指标。

举个空中网络供应商 Gogo（Gogo Inc.）所使用的非公认会计准则指标的例子。Gogo 的非公认会计准则调整息税折旧摊销前利润指标忽略了一些其提供空中网络服务时所发生的基本成本费用，包括网络设备和系统软件的生产安装。Gogo 在公认会计准则下合理披露了这些成本费用：将其资本化并披露在资产负债表中，同时进行折旧并计入利润表中。然而，由于这些费用开支被划分为"折旧与摊销"，因此并没有包括在 Gogo 的非公认会计准则调整息税折旧摊销前利润中。因此，尽管公认会计准则下的净利润深陷亏损，但是自从 Gogo2013 年 IPO 后，公司每年都能够表现出正的调整息税折旧摊销前利润，这并不令人惊讶。

非公认会计准则现金流量指标可能会使人迷惑

在第 10 章中，我们讨论了 2000 年德尔福公司是如何不合理地通过将存货销售给银行从而获取借款，并将其确认为一项经营活动，从而虚增了 2 亿美元的经营活动现金流入的。德尔福的管理层同样也喜欢使用狡猾的现金流量指标来误导投资者。例如，德尔福通常会在其业绩报告中披露"经营性现金流量"。毫无疑问，许多人会认为德尔福披露的是经营活动现金流量，然而，并不是这样。事实上"经营性现金流量"是德尔福用来替代公认会计准则经营活动现金流量的具有欺骗性的指标。由于该名字与公认会计准则下对应的指标名字实在太接近，以至于你可以想象有很多投资者误认为，该指标就是指的德尔福真正的经营活动现金流量。事实上，该替代指标与公认会计准则经营活动现金流量完全不一样。如表 13-3 所示，该指标的计算方法为净利润加上折旧和其他非现金支出，减去资本性支出，再加上一些金额巨大的神秘的"其他项"。

表 13-3　2000 年德尔福公认会计准则现金流量与模拟现金流量的对比

（单位：100 万美元）

	2000 年
净利润（公认会计准则）	1 062
研发进程中的一次性开支	32
折旧与摊销	936
资本性支出	（1 272）
其他项净额	878
"经营性现金流量"（非公认会计准则）	**1 636**
经营活动现金流量（公认会计准则）	268
自由现金流量（公认会计准则经营活动现金流量减去公认会计准则资本性支出）	（1 004）

之前我们提到德尔福真正的经营活动现金流量（正如现金流量表所披露的）为 2.68 亿美元，但是其自定义的"经营性现金流量"（正如业绩报告中披露的）为 16 亿美元——有几乎 14 亿美元的巨大差异。由于该

现金流量替代指标包含了资本性支出的影响，因此可能与德尔福 -10 亿美元的自由现金流量（经营活动现金流量减去资本性支出）更具有可比性——将差异扩大到惊人的 26 亿美元。（顺便说一下，如果剔除我们在第 10 章中所讨论的虚构销售存货，则现金流量表中所披露的 2.68 亿美元的经营活动现金流量只剩下 6800 万美元）。

2003 年，德尔福使用了同样的手段，但是公司"经营性现金流量"和现金流量表中所披露的经营活动现金流量之间的差异没那么大了。2003 年，德尔福"经营性现金流量"为 12 亿美元，经营活动现金流量为 7.37 亿美元，自由现金流量为 -2.68 亿美元。如表 13-4 所示，差异主要为日常运营现金流开支，包括养老金计划开支、员工薪酬开支，以及应收账款转让的减少。

计算"经营性现金流量"时将如此正常的经营性费用开支剔除在外，任何一个严肃的投资者都会对此感到惊奇。谚语"有烟之处必有火"非常适用于寻找诡计。德尔福的现金流量替代指标骗局是烟，虚假的收入和现金流量则是火。

表 13-4　2003 年德尔福公认会计准则现金流量与模拟现金流量的对比

（单位：100 万美元）

	2003 年
"经营性现金流量"（非公认会计准则）	**1 220**
养老计划	（990）
支付员工及产品线工人薪酬	（229）
员工签约奖励	（125）
应收账款转让的减少	（144）
资本性开支	1 005
经营活动现金流量（公认会计准则）	**737**
自由现金流量（公认会计准则经营活动现金流量减去公认会计准则资本性支出）	（268）

类似地，IBM 对自由现金流量的定义不常见，而且投机取巧。自由

现金流量是一个被广泛使用的非公认会计准则指标，通常的计算方法为经营活动现金流量减去资本性支出。IBM 调整了这个定义，剔除了融资性应收款项的变化。这是有问题的，因为 IBM 的融资性应收款项真的只是**对其客户的长期借款**，换句话说，就是应收账款。2010 ～ 2013 年，对客户的融资规模的增加严重拖累了 IBM 的经营活动现金流量，然而 IBM "狡猾的"自由现金流量指标，使得这些款项好像已经被收回了。仅 2012 年一年，融资性应收款项增加近 30 亿美元，占 IBM 自定义自由现金流量的 16%。

当非公认会计准则指标在一个行业中变得普遍时怎么办

有时候，某些行业使用非公认会计准则指标来对公司进行估值，或者来合理计算投资者的股利分配是一种标准的做法。业主有限合伙制（Master Limited Partnerships，MLPs）结构的能源公司，通常使用非公认会计准则指标，而不是公认会计准则指标。

自从 2008 年金融危机起，利率水平处于历史低位，投资者苦于寻找那些年化收益率高于债券利率的证券标的。华尔街发现并且高唱业主有限合伙制在高回报率和税收优惠方面的优势。

休斯敦能源公司林恩能源（Linn Energy）凭借其能够持续增加股利分派的能力快速成为受投资者青睐的业主有限合伙制公司。2012 年，公司支付给投资者 6.8 亿美元的股利，与 2011 年相比增加了 15%。尽管很大方，但是考虑到 2012 年公司自由现金流量减少一大半至 −6.94 亿美元，这些数据似乎很奇怪。当公司业务需要大量可支配现金的时候，董事会是如何通过如此大方的股利支付方案呢？事实上公司不得不借钱来支付股利。问题的答案就在林恩能源（以及其他很多业主有限合伙制公司）披露其现金流量的方法上。公司强调"可分配现金流量"这一没有标准定义的指标,而林恩能源则在调整后的息税折旧摊销前利润基础上设计该指标,并且只扣除了一部分公司的资本性支出。通过这种方法公司能够得到更有利的指标,从而支持高额股利支付的合理性。

表13-5展示了林恩能源公认会计准则和非公认会计准则的利润和现金流量指标,表13-6展示了林恩是如何计算"可分配现金流量"以及该指标没有包括在内的多项成本的。

表13-5　林恩能源公认会计准则基础和非公认会计准则基础的利润和现金流量指标

(单位:100万美元)

	2010 财年	2011 财年	2012 财年
公认会计准则指标			
净利润	(114 290)	438 440	(386 616)
计算自由现金流量			
经营活动现金流量	270 920	518 710	350 907
资本性支出	(223 033)	(629 864)	(1 045 079)
自由现金流量(FCF)	47 887	(111 154)	(694 172)
并购支出	(1 351 033)	(1 500 193)	(2 640 475)
扣除并购支出后自由现金流量	(1 303 146)	(1 611 347)	(3 334 647)
公司非公认会计准则指标			
调整后的息税折旧摊销前利润	732 000	995 000	1 400 000
可分配现金流量	450 400	570 600	663 757
现金股利支付	457 476	590 224	679 275
偿付比率	0.985%	0.967%	0.977%

表13-6　林恩能源用来决定股利分配支出的非公认会计准则指标

(单位:100万美元)

	2010 财年	2011 财年	2012 财年
净利润	(114 288)	438 439	(386 616)
加:			
并购/剥离支出	42 846	57 966	80 502
利息费用	193 510	259 725	379 937
折旧/摊销	238 532	334 084	606 150
减值损失	48 046	97 011	432 104
金融衍生品损失(收益)	300 284	(219 703)	256 379

（续）

	2010 财年	2011 财年	2012 财年
股票激励	13 792	22 243	29 533
勘探成本	5 168	2 390	1 915
所得税费用	4 241	5 466	2 790
调整后的息税折旧摊销前利润	732 131	997 621	1 402 694
减：			
利息费用	（193 510）	（259 725）	（379 937）
维持性资本性支出	（88 000）	（167 300）	（362 000）
可分配现金流量（DCF）	450 621	570 596	660 757

你会注意到，林恩能源在计算可分配现金流量时扣除了维持性的资本性支出，但按公认会计准则基础计算的总资本性支出金额几乎为该支出的 2 倍之多。这引出了某些公司（以及投资者）从两个不同的角度考虑资本性支出：①维持——对现有设备的支出，并不增加产能；②扩产——对现有或者新增设备的支出，增加产能。显然，管理层对支出归类有一定的自主判断权。表 13-7 展示了林恩能源对支出在维持和扩产之间的分配情况。理论上，林恩能源将越多的支付归类为扩产，可分配现金流量也就越多，因为扩产资本性支出并未被包含在计算过程中。

表 13-7　林恩能源将支出在维持和扩产之间的分配情况

（单位：100 万美元）

	2010 财年	2011 财年	2012 财年
总资本性支出	223 013	629 864	1 045 079
维持性的资本性支出	88 000	167 300	362 000
扩产性的资本性支出	135 013	462 564	683 079
"扩产"支出占比（%）	60.5	73.4	65.3

之后的几年对林恩能源来说非常具有挑战性。首先，证券交易委员会对公司可分配现金流量的计算方法产生了质疑。然后能源市场的崩塌使林恩能源的业务深陷困境。由于实施了多年高额股利支付政策（大部分用借款进行支付），林恩能源面临严重的资金短缺问题，导致其在

2016 年申请破产。林恩能源因其高达 83 亿美元的债务规模，被称为最大能源业主有限合伙制破产公司。

投资者能否规避因林恩能源陨落而遭受的损失？我们认为，能。公司在创造负的自由现金流量的同时支付高额股利，显然不是一个持久的战略，这一做法本应是一个明显的警示信号。正是因为大部分投资者关注自由现金流量的非公认会计准则替代指标，而这些指标并不包含大部分业务成本，从而使得市场对公司有如此高的估值。但是，更仔细（以及更怀疑）的投资者应该会躲得远远的。

下章预告

在这一章中，我们展示了公司是如何向投资者展示其过于乐观的业绩指标的。在接下来的第 14 章中，我们将讨论那些掩盖了资产负债表中潜在不利因素的指标，正是这些指标让投资者无法知悉公司真实的财务状况。

关键指标诡计第二种：

通过歪曲资产负债表指标来避免显示财务状况的恶化

我们喜欢写书，同样也喜欢读书。我们经常逛书店，不管是如 Barnes&Noble 般的大型连锁书店，或是如来自美国俄勒冈州波特兰的 Powell's Books 般的独立书店。我们一旦身处书店，就很难不注意到 "鸡汤" 类和饮食类书籍的评分。它们无所不在。毫无疑问，我们都渴望让自己看起来、感觉起来，以及确实能够更好地工作、娱乐，以及做其他的事情。教人们更好地感受生活和看上去光彩夺目显然是一个大买卖。

谁知道这些计划是否真的能够使我们更健康或者使我们看上去更好呢？但我们确实知道管理层在挖空心思使公司的资产负债表看上去漂亮，尽管事实上它充满了各种糟糕的问题。本章将着重描述陷入困境的公司可能会利用说服投资者的四种手法，它们让公司的账务状况不仅看上去漂亮，而且确实非常健康。通过本章，我们希望这些管理层不会像饮食书籍的作者很容易就说服读者采纳他们的建议一样，轻易地去误导投资者。

通过歪曲资产负债表指标来避免显示财务状况的恶化的方法

1. 通过歪曲应收账款指标来掩盖收入问题。
2. 通过歪曲存货指标来掩盖盈利性问题。
3. 通过歪曲金融资产指标来掩盖减值问题。
4. 通过歪曲负债指标来掩盖流动性问题。

通过歪曲应收账款指标来掩盖收入问题

公司管理层理解许多投资者查看营运资本变动趋势是为了查看公司是否存在利润质量变差或者经营恶化的迹象。他们意识到应收账款脱离收入陡然增加，会使得投资者对收入增长的持续性产生怀疑。为了避免此类问题的发生，公司会通过以下方法来歪曲应收账款数据：①转让应收账款；②将应收账款转化为应收票据（这两种方法会在本部分进行讨论）；③将应收账款转移至资产负债表的其他部分（我们会在本章后面讨论该方法）。

转让应收账款

在第10章中，我们讨论了转让应收账款可能是一项有用的现金管理策略，但却不能带来长期可持续的现金流量增长。转让应收账款还能起到另外一个作用：能够降低应收账款周转天数（使得客户回款速度看上去更快了）。毫无诚信的管理层仅通过转让更多的应收账款，就能掩盖应收账款周转天数快速增加的事实。

让我们回顾一下第10章中关于新美亚公司默默转让其应收账款的讨论。转让应收账款之后，公司在其2005年9月的季报中强调了其应收账款周转天数的降低和经营活动现金流量的增加。敏锐的投资者应该意识到，降低应收账款周转天数和增加经营活动现金流量的原因，并不是公司经营状况改善，而是对应收账款的转让。这些投资者理解应收账款转让实质上是一项融资决策（即提前回笼客户货款）。因此，更低的应收账款余额自然就导致更低的应收账款周转天数。

小贴士

当你看到因转让应收账款而增加了经营活动现金流量时，也要意识到公司的应收账款周转天数同样也会降低。

再回顾一下游隼公司是如何确认虚假收入，然后恬不知耻地伪造了相关应收账款转让，从而成功掩盖的。显然，这些应收账款无法被收回，管理层担心暴增的应收账款余额会无限期增加应收账款周转天数，这很容易引起投资者的警觉。通过虚假地转让这些应收账款，游隼公司虚增了经营活动现金流量，同时还消除了投资者因应收账款周转天数变动而引起警觉的潜在风险。

前面几个例子说明，通过降低应收账款来减少应收账款周转天数的方法，无非是直接转让应收账款或者虚假地转让。另一个隐藏应收账款的方法是简单地将其重新分类在资产负债表中的其他地方。

小贴士

为了能够在可比基础上计算应收账款周转天数，投资者可以将报告期内每季度末转让的应收账款加回调整后再进行比较。

将应收账款转化为应收票据

由于激进的收入确认和对渠道的塞货，讯宝科技应收账款快速增加，周转天数在 2001 年 6 月达到了 119 天（2001 年 3 月为 94 天，2000 年 6 月为 80 天）。为了避免引起投资者担忧，管理层虚构了应收账款的减少。

在我们看来，这一手法并不道义。讯宝科技只是简单地和某些关系密切的客户签订合同，约定将这些应收账款转化成票据或者借款。客户当然会同意，因为对它们来说两者并没有区别——无论何种形式，它们都仍然欠钱。然而，新的约定能够让讯宝科技将这些应收账款转移至资产负债表中的应收票据科目中。

实质上，讯宝科技在一些愿意配合的客户的帮助下，挥动了魔法棒，将这些应收账款"重分类"至投资者并不特别关注的科目中。讯宝科技"重分类"的目的就在于降低其应收账款周转天数，让投资者相信它的销售真实可信，它的客户会按时回款。就这样，根据该计划，应收账款周转天数从 2001 年 6 月的 119 天降低至下一期的 90 天。

当投资者看到应收账款周转天数**快速降低**（尤其是应收账款周转天数快速提高之后又快速降低）时，与看到该指标显著提高时一样，都应该保持同等警惕。

关注应收款项增加，而不是应收账款　2004 年，UT 斯达康对客户的信用政策突然发生变化，接受更多"银行票据"和"商业票据"形式的客户回款。由于 UT 斯达康并没有在资产负债表中将这些应收票据分类为应收账款（事实上，银行票据被认为是现金的一种形式），因此公司在业务恶化的情况下，还能够向投资者展示健康的应收账款周转天数。勤快的投资者通过阅读 UT 斯达康报告中的脚注，应该能注意到这一不合理的科目分类。正如下文所示，公司清楚地披露了其已经接受了大量的银行票据和商业票据作为应收账款的回款。

UT 斯达康 2004 年 6 月季度报告

脚注 6（现金、现金等价物和短期投资）

在正常业务进程中，**公司接受来自中国客户的到期日在 3 ～ 6**

个月之间的银行票据。截至 2004 年 6 月 30 日和 2003 年 12 月 31 日，应收银行票据金额分别为 1 亿美元和 1150 万美元，并被确认在现金及现金等价物和短期投资中。

脚注 8（应收账款和应收票据）

在正常业务进程中，公司接受来自中国客户的到期日在 3 ～ 6 个月之间的商业票据。截至 2004 年 6 月 30 日和 2003 年 12 月 31 日，应收商业票据金额分别为 4290 万美元和 1140 万美元。

UT 斯达康资产负债表中另一个值得投资者警惕的地方，就是应收票据的快速增加。截至 2003 年 12 月该公司的应收票据金额为 1100 万美元，截至 2004 年 3 月则已增加至 4300 万美元。由此可见，探究这一变动的原因非常重要。如果管理层无法提供一个令人信服的理由，则公司可能在对应收账款做文章，试图掩盖应收账款周转天数的异常增加。

关注不同公司对应收账款周转天数的不同计算方法　为了识别收入确认是否过于激进，我们建议投资者在计算应收账款周转天数时使用期末（而不是平均）应收款项余额。使用平均应收款项余额在评估现金管理情况时很有效果，但是在识别财务诡计时并不那么有效果。期末余额更能体现接近期末发生的收入交易，从而更能准确评估收入质量。

会计术语简介

应收账款周转天数（DSO）

应收账款周转天数通常计算方法如下：

期末应收款项余额 / 收入 × 报告期天数

（对于季度期，正常情况下使用 91.25 天来进行估算）

尽管我们建议使用该公式计算应收账款周转天数，不同的公司或者书籍仍会使用不同的计算方法。例如，有些人认为应收账款周转天数的计算应该使用报告期平均应收款项余额，这与我们所建议的使用应收款项期末余额相反。

由于应收账款周转天数并不是一个公认会计准则指标，因此并没有标准的定义，但重要的是其计算方法能够帮助投资者分析。例如，如果你想要评估某家公司通过在季度末最后一天集中下单确认收入的可能性（即渠道塞货），计算应收账款周转天数时使用应收款期末余额就更合理，而不是使用平均余额。同样，如果你担心某家公司应收款项的回收能力，想要评估公司的风险敞口，则使用期末余额最合理。然而，如果你想要计算某家公司收回应收款项的平均周期，则应使用应收款项平均余额。

而在识别财务诡计时，我们建议使用期末余额来计算应收账款周转天数，哪怕公司不是这么做的。

关注公司应收账款周转天数计算方法的变动　如果某家公司**改变了其应收账款周转天数的计算方法**从而掩盖其业绩恶化的事实，投资者应该对其尤为警惕，正如泰乐公司在 2006 年 12 月的做法。一直以来，泰乐公司使用期末应收款项余额计算应收账款周转天数，但又改成使用季度平均应收款项余额。由于应收款项在变动当期快速增加，因此平均应收款项余额自然比期末余额低很多，从而使得公司在盈利电话会议上能够向投资者展示更健康的应收账款周转天数。结果，在泰乐公司截至 2006 年 12 月的披露文件中，应收账款周转天数只增加了 5 天（从上一季度的 54 天增加到 59 天）。如果管理层未改变计算方法，泰乐公司的应收账款周转天数应增加 16 天（从上一季度的 66 天增加到 82 天）。应收账款周转天数计算方法的变化也在电话会议中被提到。在本例中，投资者很容易就能知道计算方法发生了改变，但进一步意识到管理层在玩弄

把戏,试图掩盖应收款项的异常增加对于谨慎的投资者来说更为关键。

> **小贴士**
>
> 敏锐的投资者应该注意到应收账款周转天数计算方法的变化,当管理层改变经营性指标的计算方法时,通常是在试图向投资者掩盖业绩恶化的情况。

通过歪曲存货指标来掩盖盈利性问题

投资者通常将存货不正常的增加视为一种可能存在毛利降低压力,(可以通过降价或者跌价解决)或产品需求减少的信号。存在存货问题的某些公司通过歪曲存货指标,从而避免投资者产生负面评价。

掩盖一个掩盖方法

你可能会记得在第 4 章中,讯宝科技通过向客户提供非常慷慨的售后退回权从而夸大销售收入。有些销售甚至是完全虚假的,因为客户将不需要的产品退了回来,而基于与讯宝科技的补充协议,客户可以随时退回产品,并且无须支付任何成本。由于这些退回增加了讯宝公司的存货水平,这对投资者来说便是一个潜在的警惕信号,因此这些退回并不是一件小事。由于一个掩盖方法通常会引出另外一个问题,所以讯宝科技设计了一项"存货消耗计划"来降低其存货水平。该计划(如证券交易委员会所描述的)包括通过记录虚假的会计分录来减少存货金额,将交付的产品留在货柜码头而并不确认为存货,以及将现有存货销售给第三方并同意售后回购。

警惕存货转移至资产负债表的其他部分　公司有时会将存货重分

类至资产负债表中另外不同的科目中。举个例子，制药巨头默克集团（Merck&Co.）于 2003 年起将其部分存货确认为一项长期资产，列报在资产负债表中的"其他资产"中。脚注中的补充说明显示该奇怪的存货分类与那些并不计划在一年内售出的产品相关。截至 2003 年 12 月，默克集团存货中的长期部分占 13%，到了下一年猛增到 25%。当分析默克集团存货变动趋势时，投资者当然应该将这些长期存货包含在内。长期存货的猛增令投资者担忧。

警惕公司新创指标 从 2006 年年末至 2007 年年初，商场零售商 Tween Brands 公司的存货余额过大，管理层意识到投资者可能会不满意。具体来讲，截至 2007 年 5 月的季度存货周转天数增加至 60 天，而上一年度为 52 天，存货周转天数出现连续三季度增长。除此之外，每平方英尺⊖存货（Tween Brands 公司经常引用的一个非公认会计准则指标）增加了 18%。

为了扭转投资者对存货的担忧态度，管理层开始使用一个新指标：每平方英尺"在店"存货。2007 年 5 月，Tween Brands 公司管理层声称存货的快速增加无须担心，因为"在店"存货只增加了 8%（每平方英尺 27 美元对比去年 25 美元）。尽管该新指标很荒谬，但华尔街并不在意，他们只需要一个解释，不管解释力度有多弱。

Tween Brands 公司的解释因为两个原因而并不能令精明的投资者感到信服。第一，Tween Brands 公司简单地忽略包含在资产负债表中但却不在店铺货架上的存货是完全不合理的。"不在店"存货也属于公司存货，与"在店"存货具有一样的跌价风险。第二，更糟糕的是，Tween Brands 公司并没有在可比性基础上对存货增长进行比较，糊弄了投资者。具体来讲，管理层所引用的上一年每平方英尺 25 美元在店存

⊖ 1 平方英尺 = 0.093 平方米。

货所反映的是每平方英尺总存货。按照定义，将当年的在店存货与上年总存货进行比较会低估存货增长量，当然，只增加了 8%！由于在店指标是新的，而上年指标在之前没有披露过，因此投资者很难注意到不一致。然而，当存货增长的时候，勤快的投资者还是会对新存货指标的诞生充满质疑，他们会质疑该指标在考量公司运营情况时的有用性。

通过歪曲金融资产指标来掩盖减值问题

金融资产（如贷款、投资，以及证券）对于银行和其他金融机构来讲是重要的收入来源。因此，评估此类资产的"质"或"量"是理解这类公司未来经营业绩的关键。例如，投资者需要知道银行的投资组合是否包含风险高、流动性差的证券，也需要知道银行的贷款组合是否包含更多的次优级债务人，这非常重要。

考虑一下两家银行，除了贷款组合构成外，其他方面都一模一样。一家银行的贷款组合全都是次优级债务人，且有 20% 无法及时偿还贷款。而另一个银行的贷款组合主要是优级债务人，只有 2% 无法及时偿还贷款。不需要银行专家，投资者就能意识到第二家银行的经营业绩会比第一家更稳定。

金融机构经常通过强有力的指标来向投资者展示其优良业绩。例如，银行会披露债务拖欠率、不良贷款，以及贷款损失准备金水平。然而，有时候管理层会粉饰或者隐藏会体现业绩恶化的重要指标，从而体现业绩良好的一面。

关注财务报告披露的变化

新世纪金融公司（New Century Financial Corp）曾是美国最大的独立次级贷款人，其风险抵押贷款在其 2007 年破产时达到峰值。通过减少贷款损失准备金，而非增加，新世纪金融公司维持住了 2006 年 9

月的盈利水平，尽管这么做会面临更高的债务拖欠率和坏账率。然而，当新世纪金融公司发布 2006 年 9 月的营收情况时，并没有向投资者开诚布公其准备金水平。大部分投资者在阅读业绩报告时，认为新世纪金融公司提高了贷款损失准备金。

原因在于，新世纪金融公司意识到，如果投资者知道公司在次级贷款组合增加的情况下减少了其准备金，并且盈利又是主要源于准备金的减少，肯定会暴跳如雷。确实，随着次级市场的崩塌，跟踪新世纪金融公司的分析师紧密监控公司的贷款损失准备金。因此，当新世纪金融公司披露 2006 年 9 月的业绩情况时，管理层默默地改变了其准备金披露方式。

在此之前，新世纪金融公司的业绩报告中单独披露贷款损失准备金。然而，在 2006 年 9 月的报告中，新世纪金融公司将贷款损失准备金与另外一项准备金（自有房产准备金）进行合并披露。通过合并两项准备金，新世纪金融公司在其报告中披露的准备金从 6 月份的 2.365 亿美元增加至 9 月份的 2.394 亿美元。然而，投资者之前所关注的数据——贷款损失准备金，从 2.099 亿美元降低至 1.916 亿美元。贷款损失准备金降低的原因在于被核销的坏账（被称为冲销）增加了，但是新世纪金融公司却没有计提足够的费用来补充准备金。如果它计提足够费用的话，2006 年 9 月份的每股收益将会从披露的 1.12 美元降低至 0.47 美元。

新世纪金融公司的贷款损失准备金披露

2006 年 6 月业绩报告

截至 2006 年 6 月 30 日，抵押贷款组合余额为 160 亿美元。**投资贷款损失准备金**为 2.099 亿美元，占抵押贷款组合本金的 1.31%。截至 2005 年 6 月 30 日和 2006 年 3 月 31 日，该占比分别为 0.79%

和 1.30%。

2006 年 9 月业绩报告

截至 2006 年 9 月 30 日，**投资和自有房产抵押贷款损失准备金**为 2.394 亿美元，截至 2006 年 6 月 30 日，该余额为 2.365 亿美元，分别占抵押贷款组合本金的 1.68% 和 1.47%。

仅仅通过改变关键指标的披露方式，新世纪金融公司就能够避免将资产质量恶化的情况披露出来，同时还能披露更高的盈利。该把戏可能为公司在破产之前拖延了几个月的时间。精明的投资者不仅关注贷款损失准备金水平，而且还关注披露方式，显然他们能够识别出公司陨落的警示信号。而那些未注意到新世纪金融公司在业绩报告中披露方式改变的投资者，在几个月后阅读到季度报告文件时，也能够发现贷款损失准备金的减少，从而也能识别出警示信号。

新世纪金融公司的管理层最终因其诡计而使自身陷入麻烦。2009 年，新世纪金融公司前任首席执行官、首席财务官，以及财务主管因证券欺诈，从而误导投资者，并声称公司不存在风险并且运行良好，受到证券交易委员会的处罚。

通过歪曲负债指标来掩盖流动性问题

一家公司的现金负债，例如，待偿债务，也会对未来的经营业绩产生影响。临近到期的大额债务可能会阻碍公司的扩张计划，甚至导致公司走向破产。

欧洲安然

意大利乳制品制造商帕拉玛特是全球最大的包装食品公司之一，其在 20 世纪 90 年代通过激进地在全世界范围内收购食品服务公司而快速增长。帕拉玛特严重依赖于债务市场来支持其收购行为，1998 ～ 2003年，公司至少承担了 70 亿美元的债务。帕拉玛特因其业务出现严重问题，开始难以赚取足够的现金来偿还债务。更严重的是，这个家族企业的管理层开始将数亿美元的资金输送给其他家族业务。因此，当债券临近到期时，帕拉玛特迫切需要发行新的债券和股票来筹措足够偿还债务的资金。

通常，投资者不太偏向于投资业绩差、债务高、现金流差的公司所发行的债券和股票。因此为了吸引投资者，帕拉玛特策划了一个范围很广的欺诈方法来隐藏债务并掩盖不良资产。通过粉饰其资产负债表，帕拉玛特欺骗性地向投资者展示，自身似乎是一家具备良好经营状况的公司。截至 2003 年 9 月（欺诈被揭露的前一季度），帕拉玛特的未披露债务金额高达惊人的 79 亿欧元。公司将其净资产披露为 21 亿欧元，而实际为负 112 亿欧元——帕拉玛特不可思议地夸大了 133 亿欧元！

帕拉玛特欺诈行为的焦点在于，公司利用离岸实体来隐藏虚假或不良资产，伪造债务减少，以及虚构收入。据帕拉玛特称，欺诈行为所涉及的范围令人咋舌。证券交易委员会在对公司提出的诉状中提到了一些，包括伪造债务回购、虚构销售收入或者无法回款的应收款项、将债务分类为权益、将公司间借款包装成收入，以及将公司资金输送到首席执行官家族成员所拥有的各类业务中。

通常情况下，投资者是能够察觉到预警信号的。其中一个关键的预警信号发生在 2003 年 10 月末。当时帕拉玛特的审计师（德勤）在一份审计报告中提到他们无法确认某些涉及一家名叫 Epicurum 的投资基金的交易。结果，该基金即为帕拉玛特的众多虚构离岸实体之一。这些交易金额非常重大。帕拉玛特从与 Epicurum 签订的一项衍生品合同中确认的所得**比帕拉玛特 2003 年前半年实现的 1.199 亿欧元税前利润还多**。并且，这些所得由于帕拉玛特对德勤报告进行反馈时被揭露出来，但此前帕拉玛特并没有在其 2003 年 6 月的业绩报告中对此进行披露。

不到两周后，2003 年 11 月初，帕拉玛特决定以公开的形式对德勤的报告做出正式回应。公司连续 3 天发布了 4 次新闻稿，试图澄清德勤未签署确认财务报表的原因，以及进一步解释关于 Epicurum 的交易。

帕拉玛特在 2003 年年末所发生的一系列事件可能就是最明显的预警信号。作为投资者，当看到一家公司公开与其审计师产生分歧的时候，你应该感到担忧，尤其是针对金额巨大的灰色交易。令人奇怪的是，帕拉玛特的许多投资者并没有对此有所察觉。直到几周之后，当帕拉玛特违约时，公司的股价才发生暴跌。

下章预告

本章是关键指标诡计的最后一章。本书的下一部分，第五部分"并购会计诡计"将向读者介绍如何分析最复杂的公司——并购型公司，并且将讨论并购驱动战略的公司是如何使用多种会计诡计的。

5

并购会计诡计

ACQUISITION ACCOUNTING SHENANIGANS

在企业中，其他任何举动都不如并购对一个企业的价值破坏严重。

——阿斯沃斯·达摩达兰，纽约大学金融学教授

在一个成熟公司中寻找新的业务增长点是一件比较困难的事情，通常管理层会从以下两个思路中选择一个：①自己开发新的产品或服务种类，并开发新的客户；②进行并购。换句话说就是，"自制还是购买"。

这两个战略都有非常成功的案例，也有实行混合战略的成功者。我们可以看看在智能手机市场上，苹果公司是靠内部研发制造出了轰动业界的 iPhone。从 10 年前第一代苹果手机发布以来，苹果公司已经卖出了超过 10 亿部手机。如今，苹果公司的智能手机为苹果贡献大约 60% 的收入。对比看一看谷歌，谷歌在智能手机领域不可撼动的地位来自 2005 年以 5000 万美元收购了安卓。根据 2016 年一份法院判决书上的信息，自 2008 年以来，安卓软件为谷歌创造了超过 300 亿美元的收入和 220 亿美元的利润。因此通过不同的增长途径，一个是自然增长，另一个是并购，苹果公司和谷歌都在智能手机市场上占据了重要的地位。

很显然，并购战略的一个巨大优势就是"省时间"。苹果公司耗费了许多年才研制出苹果手机，与苹果公司不同，谷歌则采用了"即插即用"型思路，迅速将其手机推向市场，如果它要自主研发同样产品的话，可能还要花费很多年。

但是，可能自然增长和并购的最大区别在于失败的风险不同。可能你会想，一个公司试图发现、构建、营销一件新产品的失败风险特别高。就好像石油开采者心里很清楚，一眼打下去就是喷油井的概率非常低一

样。因此他们的想法通常是不要在一次钻井考察中"孤注一掷",那样会置公司于险地。但是,即使他们大多数时候都没有打出油井,但是长期来看他们在整个油田上的钻井支出还是有利可图的。

相反,并购在风险可控性上似乎给我们提供了更好的选择。毕竟,目标公司在市场上已经有记录可查,也可以衡量其业务基础。但是,从某些方面而言这可能只是一种错觉——实际上,并购的长期成功率是非常低的。美国在线服务公司和时代华纳(Time Warner)的股东应该会认同这种说法。这两家公司的大型并购是所谓"新媒体"与"旧媒体"的整合,交易额高达 1640 亿美元,美国在线服务公司的股东占合并后公司 55% 的股权。但合并后公司业绩雪崩,在接下来的 18 个月内公司分崩离析,并报告出了令人咂舌的高达 990 亿美元的损失。

并购没有达到预期的原因有很多。以我们的经验来看,有三条原因更能引起我们的共鸣:

> 1. 对神奇的"协同效应"过度自信。
> 2. 在极度的恐惧或贪婪驱动下的草率交易。
> 3. 交易由虚假会计和报告盈余驱动,而不是由商业逻辑驱动。

对神奇的"协同效应"过度自信

并购交易往往以其高度乐观的交叉销售和成本节约的预测来打动投资者的心。想想美国联合航空公司的宏伟计划,在 20 世纪 80 年代,该公司试图构造一个一站式"飞行 – 驾驶 – 睡眠"的庞然大物,想要一站式解决旅行者最重要的一些需求。在短短两年时间里,美国联合航

空公司的首席执行官理查德·菲尔斯花了 23 亿美元收购赫兹租车公司
（Hertz Car Rental）、威斯汀酒店和希尔顿酒店。1987 年，菲尔斯将公
司名称改为 Allegis，用以"反映在旅行中获得更广泛的体验"。投资者
对新名称很反感（有些人嘲弄地称其为"坏蛋公司"），并开始质疑公司
战略。公司股价狂跌，它的首席执行官也开始寻找新工作了。

与美国联合航空公司一样，沃尔玛之前美国最大的零售商——西尔
斯百货（Sears）也十分喜欢"交叉销售"这个概念。管理层相信，在成
百上千万的客户基础上，他们能构建出一个"金融超市"来，他们能够将
股票、保险和房子等销售给客户，于是他们收购了迪恩威特股票经纪公司
（Dean Witter brokerage）、好事达保险公司（Allsstte insurance）、科
威国际不动产公司（Coldwell Banker realty）。于是，投资者又被难倒
了，并且对这些令人迷惑的、昂贵的并购感到非常不高兴。美林证券的一
位评论家嘲讽地问："客户真的会在同一家既买袜子又买股票吗？"投资者
显然不赞同这些交易，之后西尔斯百货很快就不得不开始处置这些公司。

在极度的恐惧或贪婪驱动下的草率交易

我们认为很多交易都是在人类的恐惧或贪婪的情绪驱动下完成
的。例如，在威朗制药的案例中，首席执行官迈克·皮尔逊（Michael
Pearson）的股权激励薪酬（当威朗制药的股价每年增长超过 60% 的时
候，其报酬最大化）造成他有强烈的动机驱动公司按照一个极端危险的
速度增长，也使得不断并购成为唯一可选的战略。

在 20 世纪 90 年代末期，美泰公司（Mattel）的首席执行官吉儿·巴
拉德（Jill Barad）担心公司传统的玩具业务无法维持足够的增长机会，于
是想要进入快速增长的软件行业。与此同时，学习公司（The Learning

Company）的创始人，软件企业家凯文·奥利里（Kevin O'Leary）正想出售他的公司。学习公司的业务包括超过 60 多家不盈利的教育软件公司，这些公司都是学习公司在很短时间内快速并购进来的，为此，学习公司发行自身被高估的股票或者承担巨额的债务。（是的，这个凯文·奥利里就是在美国广播公司大热的电视真人秀节目鲨鱼坦克中的"神奇先生"。）

所以当美泰公司有收购意向的时候，奥利里非常乐意"提现走人"。美泰公司在 1999 年 5 月同意支付 37 亿美元收购学习公司。这是一个错误决策！真是巨大的错误决策！合同上的墨迹未干，美泰公司就开始报告令人失望的业绩，而损失的主要来源就是学习公司的业务。（事实上，当该笔交易公告的时候，美泰公司的股票就出现雪崩，一天之内失去了 20 亿美元的市值。）情况越来越糟，学习公司当年报告了 2.06 亿美元的损失，其中第四季度的损失就高达 1.83 亿美元。这使得美泰公司当年损失 8600 万美元，首席执行官吉儿·巴拉德在 2000 年 2 月也失去了她的工作。在这笔糟糕的交易一年之后，美泰公司受够了，于是几乎是将学习公司白送了出去——美泰公司将该公司以 2700 万美元的白菜价卖给了格雷斯集团（Gores Group）。雪上加霜的是，美泰公司后来还给提起集体诉讼的股东支付了 1.22 亿美元的赔偿。

交易由虚假会计和报告盈余驱动，而不是由商业逻辑驱动

本书的第五部分聚焦在并购期间旨在虚增目标公司业绩和经营指标的虚假会计和报告上。

并购会计诡计与其他诡计的比较

想想我们之前讨论过的所有诡计（盈余操纵、现金流量以及关键指

标），都是被设计出来用以隐瞒公司业务上的某些问题的。有时候那些极坏的管理层可以使用另一个层面上的欺骗手段，来掩盖最初实施的那些诡计。并购会计诡计就属于前述另一个层面上的诡计，它的运用会使得发现公司业务问题更加困难。看看奥林巴斯集团的案例，一开始是管理层利用盈余操纵诡计来隐瞒业务问题，随后又使用了臭名昭著的并购会计诡计来掩盖之前的财务诡计。

奥林巴斯集团在长达 10 年的时间里隐瞒损失，这主要是通过不为其失败的投资计提减值来实现的。在这些年间，奥林巴斯集团投资了很多企业，其中许多投资最终都沦为赔钱的买卖。奥林巴斯集团的管理层不去为这些失败的投资计提应该有的减值损失，相反他们决定就让这些投资以虚增的价值待在资产负债表上。这是一个教科书式的盈余操纵例子，就像我们在第 6 章中提及的那样。当奥林巴斯集团账面上越来越臃肿的投资余额极易引发投资者的质疑时，管理层通过并购将其转移至商誉中，使得相关损失消失，并随后将这些损失转移至管理层设立的虚假的非合并主体中。

除了具有为经典的会计诡计打掩护的功能外，有些并购会计诡计也能直接带来盈余上的好处。第五部分"并购会计诡计"展现了各种各样的能够被用来隐瞒公司业务问题的手法和用以欺骗投资者的新伎俩。

三种并购会计诡计

> **并购会计诡计**
>
> 并购会计诡计第一种：虚增收入和利润（第 15 章）
>
> 并购会计诡计第二种：虚增现金流量（第 16 章）
>
> 并购会计诡计第三种：操纵关键指标（第 17 章）

并购会计诡计第一种：

虚增收入和利润

并购会计对财务报表造成扭曲

投资者难以理解并购公司的财务报表的一个原因在于，某些通常应该作为利润表上的费用列示的项目，反而作为商誉或无形资产被反映在资产负债表上。此外，一些通常应当被反映为经营活动现金流出的项目，被归类为投资活动的现金流出。

因此，这两种扭曲报表的做法（将经营成本转移到资产负债表上，将现金流出从经营活动转移到投资活动中）应该被认为是并购的过程带来的结果，而不是管理层为了误导而采取的故意行为。因此，我们此处不是在批评管理层；相反，我们是在提醒投资者注意并购会计的惯例可能产生的潜在误导性信息。

将经营成本转移到资产负债表上

假设有两家不同的制药公司。O 公司自然增长，A 公司通过并购实现增长。O 公司每年花费销售额（10 亿美元）的 15%（1.5 亿美元）在研发活动上，并做费用化处理；相比之下，A 公司只花费其销售额（10 亿美元）的 3%（3000 万美元）在研发活动上，因为它靠并购来获得大部分的新药。比较两家公司的结果，O 公司将报告一个小得多的利润，因为它必须确认 1.5 亿美元的费用。与此形成鲜明对比的是，A 公司仅仅需要适度花费 3000 万美元在研发上，再加上少量并购进来的无形资产的摊销费用。然而，在 5 年的时间里，A 公司可能会支付比 O 公司更多的费用去获得新药和收购其他公司。但根据美国公认会计准则下的并购会计规则，大部分并购相关的成本不会被费用化，而是列示在资产负债表上，往往呈现为金额巨大的商誉或者无形资产。

关键是按照这种逻辑，并购主导型公司会比自然增长的公司报告出更高的利润，而这仅仅是由于它们为发展业务而必须支付的成本（如研发支出）已经由别人（目标方）支付过了，因此就不需要作为抵减收入的费用处理。

将经营活动的现金流出转移至投资活动

正如我们将在下一章讨论的那样，主并企业在现金流量表上也会得到类似于在利润表上得到的好处。具体而言，并购中为获得产品而产生的现金流出，会反映在现金流量表的投资活动部分，而不是经营活动部分。并购会计的这一规则使得并购主导型公司可以比它们自然增长的同行报告出更多的经营活动现金流量。然而，由于收购一整家公司的成本要高得多，并购主导型公司总体的现金流出要比自然增长的同行高出许多。

还有一个与并购主导型公司现金流量有关的、需要重点关注的异常现象。我们都知道营运资本的增加（如存货或者应收账款的增加）一般都伴随经营活动现金流量的减少。然而，如果营运资本的增加源于并购，而不是自然增长，伴随的会是投资活动（而不是经营活动）现金流出的增加。此时，并购会计规则会导致并购主导型公司报告出较高的经营活动现金流量，但这可能是个假象。（第 16 章展示了在并购过程中各种抬高经营活动现金流量的手法。）

明日太阳依旧升起

在我们最喜欢的百老汇音乐剧之一——《安妮》（*Annie*）中，有一首令人难忘的歌《明日》。这首歌由小安妮演唱。歌中那句"明日太阳依旧升起"，表达了她对光明未来的美好期望。与此类似的是，并购主导型公司也深谙说服投资者相信并购之后美好未来的艺术——不论过去天多阴沉。为了增加明日艳阳的确会高照新合并后公司的可能性，以下并购会计诡计就派得上用场了。

"并购会计诡计第一种：虚增收入和利润"的主要目的是：在并购完成之后增加收购方的收入和利润。

虚增收入和利润的方法

1. 在并购交易结束之前，利用手法虚增目标公司利润。
2. 在并购交易结束时，通过隐瞒损失来虚增利润。
3. 并购交易结束之后，创造可疑的收入。
4. 在并购结束之前或者之后，通过释放可疑的准备金来虚增利润。

在并购交易结束之前，利用手法虚增目标公司利润

回想一下我们在第二部分"盈余操纵诡计"中讨论过的重要主题。与前五种盈余操纵诡计不同的是，第六种和第七种是使得未来更加光明灿烂的手法。这恰恰就是目标方和收购方的目标：使得并购之后的业绩更加漂亮。其中一种手法就是人为降低交易前的会计期间（残期）的利润。

小心目标公司在并购交易前的收入下降

威朗制药的投资者如果仔细观察公司的并购目标在被并购前的收入的话，会发现这些收入呈现出一种奇怪的走势。在很多情况下，目标公司报告的收入在并购交易结束之前的会计期间较之以前的期间都会有大

幅度的下降。最典型的例子恐怕就是威朗制药收购塞利克斯医疗公司的案例。表 15-1 给出了塞利克斯医疗公司 2013 年、2014 年和 2015 年的季度销售额。请注意这些数字中的一些有趣的趋势：① 2013 年后三个季度，销售额基本没有什么变化；② 2014 年第一季度（塞利克斯医疗公司的管理层此时正在积极寻找买家），销售额与以前会计期间的季度销售额相比显著上升；③ 2014 年第四季度和 2015 年第一季度（威朗制药并购塞利克斯医疗公司期间），销售额几乎干涸了；④ 2015 年后三个季度（威朗制药并购塞利克斯医疗公司之后），销售额急剧增长。

表 15-1　2013～2015 年塞利克斯医疗公司季度收入

（单位：100 万美元）

年	季度报告			
	3 月	6 月	9 月	12 月
2013	203	235	239	238
2014	403	376	342	**13**
2015	**0**	313	461	497

让我们再深挖一下，来更加看清楚这些奇怪的数字和趋势。2014 年年初，塞利克斯医疗公司报告收入大幅增长是为了要求并购方在并购时的出价更高。并购之前，目标公司粉饰自己的报表是非常普遍的操作。但是将存货一股脑堆到渠道商那里，而其实最终并不能销售出去，这样的做法还是有点过火。事实上，激进地向渠道压货的动作引起了监管层的注意，并最终使得首席执行官和首席财务官丢了饭碗。

但会计游戏还远没有结束。例如，在 2014 年第四季度，塞利克斯医疗公司报告的收入几近于 0——仅仅报告了 1300 万美元。与 2013 年同季度相比，收入难以置信地下降了 95%。这怎么可能呢？我们能想到的有两种解释：①这个数字是真实的，塞利克斯医疗公司的业务已经全面溃败了——这种可能性很小，因为威朗制药并没有终止收购计划；

②这个数字是非法操纵的，塞利克斯医疗公司故意在 2014 年第四季度不确认任何收入，为的是让威朗制药将相关收入确认到 4 月 1 日并购结束之后的会计期间。

并购完成之后，威朗制药在 2015 年剩余的三个季度为塞利克斯医疗公司的产品销售确认了高达 13 亿美元的收入（平均每个季度 4.24 亿美元）。尽管我们声称没有确凿证据表明威朗制药通过延迟确认销售来虚增收入，但表 15-1 中的数字完全使我们有理由这样猜测。

小心并购时不同寻常的收入来源

在并购将要完成的前夕，交易双方签订的各种协议很明显不具备正常的市场条件。让我们来看看 2003 年卡卡圈坊在重新获得其一项分支业务时为了虚增收入而采用的漂亮手法。

在并购结束前，卡卡圈坊将自己的甜甜圈制造设备卖给该分支机构，售价 70 万美元。同时作为并购的一部分，卡卡圈坊还给该分支机构的对价增加了 70 万美元，以反映购买回来的这台设备的价值。这个安排显然没有任何经济实质，所以根本不应当确认收入。但是，卡卡圈坊不这么想。它将销售设备的 70 万美元确认为收入，而不是抵减增加了的并购对价。毫不奇怪，这个手法的效果是，卡卡圈坊一如既往地达到了华尔街的预期。

目标公司在并购交易前的会计期间（残期）计提大额的费用

为了达到降低残期利润的目的，公司不仅可以不报告其收入，还可以在此期间计提大额的费用。特别地，目标公司可以计提资产减值，从而在残期计入大量费用，而这些费用本来可能是应当由合并后的公司承担的。这种手法执行起来很容易，目标公司只需要在两家公司合并之前宣布为了轻装上阵需要计提资产减值损失即可。

在并购交易结束时，通过隐瞒损失来虚增利润

像我们在第 6 章讨论过的那样，奥林巴斯公司在不挣钱的投资项目上投入了数十亿美元，其初衷是想要提振公司缓慢的增长率。公司将这些资产按照原值列示在资产负债表上，这与审计师的意见是相左的。随着其增长到令人不安的巨大规模，奥林巴斯公司知道它必须找到另一种技巧，使其投资账户的余额消失。2011 年 10 月，奥林巴斯公司解雇了新任命的首席执行官迈克尔·伍德福特，就在此时，公司传出了"tobashi"骗局（日文中指使问题"飞走"的骗局）的消息。据说公司抽走了 20 亿美元用来掩盖 20 年以来失败的投资。

根据伍德福特的说法，大概在 2008 年，奥林巴斯公司购买了 3 家公司并支付了与其价值不相称的巨额资金。这部分虚增的价格（占整个交易价值的 30%）被标以"中间人费用"的标签。伍德福特指出，一般给投行的中介费是（交易费用的）1%～2%，这里 20 亿美元的交易却支付了 6.74 亿美元的中介费，是为了隐瞒损失，并将这些失败的投资转移给无须合并报表的关联方而发生的。

2008 年时，伍德福特负责欧洲市场的大部分业务，在他发现了这一不当行为之后，提出要退出负责这些"奇怪"的欧洲并购案。他被挽留，也被给予了合理保证，并被提升至负责奥林巴斯公司的整个欧洲业务的高位上。接下来的几年，伍德福特被提升为首席运营官，并最终成为首席执行官。至此，他终于看清了这些会计手法的本质，并在董事会上表达了他的不同意见。然而很不幸，董事会非但没有去调查前任管理者，反而解雇了他。紧接着，该公司的舞弊案就被揭发了。

并购交易结束之后，创造可疑的收入

不论是并购交易的收购方还是目标方都有很大的自由度来构建一个

交易从而创造可疑的收入。例如，本（买方）想要购买山姆（卖方）的公司，他们商定的交易价格是 500 万美元，这个价格是这个公司的市场公允价值。买方本对卖方山姆说："我付给你 600 万美元（而不是 500 万美元），只要你同意下一年付给我 100 万美元的许可费就可以。"这项交易安排本质上对买方和卖方来说没有什么经济上的实质变化，但是这样安排使得本在并购一年后能够确认 100 万美元的收入。这种毫无道理的交易的确正在发生。

小心收购方或者目标方制造一种不相关的非经常性的收入

有时，我们会看到并购交易中的收购方或者目标方通过将貌似不相关的协议捆绑在并购会计中，从而巧妙地创造出一种经常性的收入。

一个很聪明的利用并购无中生有创造收入的案例就是 FPA 医药公司。1996 年，FPA 医药公司向一家叫作基础健康（Foundation Health）的小型医疗机构支付了 1.97 亿美元，用来购买其一系列的医疗服务业务。作为并购交易的一部分，FPA 医药公司承诺基础健康的病人在未来的 30 年内可以享受 FPA 医药公司持续的、不间断的服务。作为交换，基础健康（卖方）同意在接下来的两年支付给 FPA 医药公司 5500 万美元。在接下来的两年中，每年 FPA 医药公司都会收到 2750 万美元，并将其确认为收入。如果我们仔细分析该项交易的实质，我们会认为为此项交易确认收入是非常激进的会计处理。此项交易的经济实质是，FPA 医药公司支付了 1.97 亿美元，并在两年内收回了 5500 万美元，带来的实际结果是并购成本其实是 1.42 亿美元，并没有什么收入产生。

将业务单元的销售转变为经常性的收入

有些公司会将自己的生产工厂或者业务单元卖给其他公司，但是同时又签订协议从被卖掉的业务单元回购产品。就像 FPA 医药公司与基础健康案例中展示的那样，当现金流在买方和卖方间双向流动时，究竟如何归类这些现金流就是十分值得玩味的了。

我们来看看 2006 年 11 月半导体巨头英特尔和它的同行——芯片制造商美满电子科技之间的交易。英特尔同意将某些特定资产出售给美满电子科技。同时，美满电子科技同意在接下来的两年从英特尔购买不少于特定数量的半导体晶元。

仔细研究两家公司财务报表的附注，我们会发现英特尔对出售资产的定价低于其市场价值（可能因此确认的出售利得会较小），但是再看到根据协议美满电子科技后续购买晶元的价格高于市场价格（这样就会创造出新的、虚增的经常性收入），就不会奇怪了。简言之，英特尔将本来应该是一次性出售资产的利得，通过这样的交易安排，伪装成了销售产品给顾客的经常性收入。

当改变目标公司的会计操作会提升利润的时候，请合理质疑收购方的管理层　尽管第一种并购会计诡计告诉我们目标公司有可能玩弄会计游戏来辅助收购方完成并购，若收购公司在并购完成之后想要虚增利润，仍然有很多牌可以打。回忆一下第 3 章我们讨论威朗制药收购美地奇之后立刻发生的会计政策变化。在并购结束后的第一个季度，威朗制药变更了美地奇的收入确认会计政策，使得收入能够加快确认，从而推高威朗制药的收入和利润。美地奇的产品先销售给经销商麦克森公司，再通过麦克森公司销售给最终顾客——医生。美地奇之前确认收入采用保守的终端交货方式，也就是在经销商将产品销售给医生之前不确认任何收入。为了增加并购之后美地奇的销售，威朗制药立刻让美地奇换成了另一种非常激进的收入确认方法——经销商交货方式，这种方法能够更早地确认收入——当产品发给经销商时就可以确认收入。毫无疑问，这种无耻的收入确认政策变化引起了证券交易委员会的注意，委员会向公司下发了正式的问询函，并要求其解释该项会计政策变更的原因。

在并购结束之前或者之后，通过释放可疑的准备金来虚增利润

在并购交易快要结束的时候，管理层可以制造很多机会为未来的虚增利润留出空间。管理层可以确认大量的裁员或者可能的法律支出相关费用，并在随后期间转回这些准备金的一部分，声称相关费用远没有预期的那么高（这种诡计的一个典型案例就是第 1 章中讲的 CUC 公司舞弊案）。收购方还可以为有可能支付给目标公司所有者的或有对价估计一个过高的金额，并在随后期间将这些准备金转回虚增利润，因为他们认为不需要支付那么高的对价了。

当有或有对价时，释放交易相关的准备金 我们假设你要支付 6000 万美元收购一家公司，并且同意在随后期间根据对赌协议——如果目标方达成一定的业绩目标，你就另外再支付 4000 万美元。这 4000 万美元可能作为一项"预计负债"列示在资产负债表上。假如一年以后，被并购公司的表现达不到预期，或有对价支付额降至 3000 万美元，那么你就必须做如下会计分录，减少（借记）或有对价准备账户（预计负债），并且减少（贷记）营业费用账户，这就会导致利润增加 1000 万美元。表面上来看，这样的处理结果一点都不符合逻辑。你的利润增加了，是因为此时你购买回来的业务业绩达不到预期。但从会计的角度来看，未来支付或有对价的减少就是一种利得。

如果一家公司想要在它的或有对价准备金上做文章，是非常容易的事。只要提高一开始对被并购公司市场公允价值的估计，随后又说被并公司业绩无法达到预期（也就是未来或有对价的支付将很少或者没有了），

管理层就会像魔术大师一样，挥一挥魔法棒就无中生有地创造出利润了。

　　小心减记或有对价的预计负债从而创造大量利得的情况　服装制造巨头利丰公司在 2012 年上半年，就通过减少可能的并购或有对价相关负债，来推高其营业利润。管理层的这一简单决策导致利丰公司上半年多出了 1.98 亿美元的利润（占当期营业利润的 51%）。投资者此时应当意识到，被并购公司的业绩其实是令人失望的，因为对或有对价相关负债的减记意味着该被并购公司一定没有达成并购日利丰公司对其设定的业绩目标。

下章预告

　　第 15 章阐述了管理层如何利用并购巧妙虚增利润，愚弄投资者。下一章将进一步阐述管理层如何灵活利用并购结构和安排来虚增经营活动现金流。

第 16 章 | CHAPTER 16

并购会计诡计第二种：

虚增现金流量

感恩节过后的星期五通常被人们看作假期购物季的开端。从以往经验来看，这一天是一年中最大的购物日，至少也是最大购物日之一。这一天一直以来被大家称作"黑色星期五"，因为很多人希望这一天零售商的账本会"转黑"（指"转为盈利"）。每一次黑色星期五来临的时候，零售商都会不断提醒我们，为了更好地度假，我们应该多多购物。他们提供琳琅满目的商品，广播中和报纸上都充斥着"疯狂购物"的广告，所有这些努力都是想把你我引诱进商店中去。

泰科公司和世通公司确实是中了"疯狂购物"的咒语，只不过它们购买的是整个公司，而且它们的购物节全年无休，持续多年。在 20 世纪 90 年代末和 21 世纪初，两家公司都展开了疯狂的并购行为，为了提升业绩不停地兼并其他公司。泰科公司和世通公司本身的增长比投资者预料的要差很多，而这两家公司通过并购众多其他公司和利用会计规则来隐瞒问题和粉饰报表。它们不断地购买兼并——直到巨大的会计舞弊案被曝光，于是它们就像一堆积木一样崩塌了。

在整个并购狂潮中，两家公司都用漂亮的经营活动现金流量数字来提振投资者的信心，并粉碎质疑者的疑问。其实，此处经营活动现金流量并不能成为这些公司经营良好的证据。事实上，这个结果只是因为它们巧妙地运用了"并购会计诡计第二种：虚增现金流量"而已。

在这一章，我们将讨论三种虚增或者平滑经营活动现金流量的手法，这些手法在泰科、世通公司或者其他公司的并购和处置案例中都使用过。

虚增现金流量的方法

1. 在正常的并购交易中自然继承而来的经营活动现金流量。

2. 不去自己发展业务，靠并购得到合同和客户。

3. 创造性地构建出售业务的交易，达到虚增经营活动现金流量的目的。

在正常的并购交易中自然继承而来的经营活动现金流量

本章中讨论的现金流量转移手法与前面第 11 章中讨论的有很多相似之处，它们都是现金流在经营活动和其他活动之间的转移。但是这一章，我们的分析将集中在并购和处置的相关情境上。本章的前两个手法包括将经营活动的现金流出转移至投资活动，如图 16-1 所示。

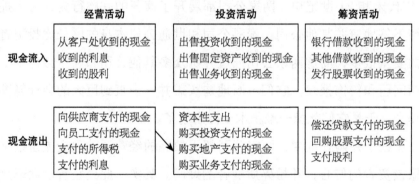

图 16-1　将经营活动现金流出转移至投资活动

像泰科和世通这样疯狂并购的公司通常每一季度都会报告出令人满意的经营活动现金流量。当面对由众多财务报表合并而成的报表时，这种合并报表的不透明性使得投资者更加看重经营活动现金流量，并以此作为判断企业业务健康状况和盈余质量的标准。但是不幸的是，对经营活动现金流量指标的倚重，在这些并购型公司中很可能是有问题的，而这一点显然是公司深埋起来不愿意让投资者知晓的。

并购型公司进行的会计操作（也可称为"漏洞"）使得它们只要去并购其他公司，就会在每一季度报告出更多的经营活动现金流量。换句话说，仅仅并购这一举动就可以带来经营活动现金流量。这是如何发生的？是由于会计规则人为将现金流量划分为了三个部分。这个操作十分简单且易于理解。

假设你是一家正准备进行并购的公司。当你支付并购对价时，支付并不影响经营活动现金流量。如果你支付现金购买另一家公司，那么这项现金流出将被记录为投资活动现金流出。如果你发行自己的股票来并购，那么显然此时就不涉及现金流的问题了。

当你获得被并购公司控制权的时候，被并购企业所有的现金流入和流出就成为合并后集团公司的一部分。例如，若被并购公司进行销售，你在你的利润表上就可以确认收入。同样，当被并购公司从客户那里收取现金的时候，你就将这笔现金流入在现金流量表上记录为经营活动现金流入。请你仔细琢磨一下这种情境下的现金流。此时，你可以创造出新的经营活动现金流（由被并购公司的业务带来的），但是却无须反映产生这些现金流的初始经营活动现金流出。与之相对的是，那些自然增长型的公司为了经营新业务却必须首先发生一定的经营活动现金流出。

此外，如今你继承了被并购公司的应收账款和存货，你还可以通过迅速变现这些资产（即收回应收账款、出售存货）而创造出不可持续的经营活动现金流。通常，应收账款的产生也是由于之前有过现金支出（如为了购买或者制造销售的存货而产生的现金支出）。换句话说，回收应收账款的现金流入之所以会产生，是由于之前你花了钱。但是，当你收购一家公司的时候，你直接继承了它的应收账款，而与这些应收账款相关的现金流出被记录在并购发生之前被并购公司的账本上。这也就意味着，当你回收这些应收账款时，你记录了经营活动现金流入，但是却没有记录相对应的经营活动现金流出。同样的情况也发生在存货上。出售并购得来的存货收到的现金，被记录为经营活动现金流入，但相对应的经营活动现金流出却没有被记录在册。

购买存货支付的现金和与销售相关的其他成本发生在并购之前，而当你进行并购的时候，很显然必须为购买的存货、应收账款等项目付账，但是这些项目的现金流出被记录在投资活动现金流出里。当并购结束后，你喜滋滋地从客户那里收到钱，并将其记录为经营活动现金流入。通过变现并不再补充这些资产（如降低被并购公司的库存持有量），你就可以获得这种非持续性的现金流收益。真是绝妙！在并购的情境下，现金流出完全不用计入经营活动，而现金流入统统被计入经营活动。

为了公平起见，当公司继承了营运资本的负债时（如应付账款），并购方也承担了偿付被并购方的供应商的义务，此时的现金流出将被算作经营活动现金流出。然而，绝大多数被并购方的净营运资本都是正的（也就是说应收账款和存货要大于应付账款）。

<hr/>

会计术语简介

并购会计对经营活动现金流量的影响

会计的处理规则使得许多公司仅仅通过并购其他公司就能推高其经营活动现金流量。当一个公司自然增长的时候，如果要产生经营活动现金流入（从客户处收钱），那么它必须首先发生经营活动现金流出（为制造和营销产品而支付现金）。但是，当一家公司通过并购其他公司获得增长的时候，它对一些与营运资本相关的经营活动现金流出的划分就可能不同了。简言之，由于整个的并购对价（包括被并购目标公司的营运资本）被列示在现金流量表的投资活动部分，很显然经营活动现金流量就人为地被虚增了。

要想理解这个操作，你需要意识到为并购其他公司支付的现金是包含在现金流量表的投资活动部分的（当然，如果并购对价是发行股票，那此时的并购就根本不影响现金流量表）。因此，当并购其他公司的时候，并购公司继承了目标公司随后产生的经营活动现金流入，但是却没有继承相对应的经营活动现金流出。另外，并购公司可以通过变现被并购公司的营运资本达到推高经营活动现金流量的目的，但这种推高显然是不可持续的。这些会计处理的细节会导致并购主导型公司的经营活动现金流量貌似比自然增长型公司表现得更加强健。

我们需要认识到，此处的经营活动现金流量增加只是并购会计的处理规则带来的影响，即使是最诚实的公司也会因为并购而推高其经营活动现金流量。此外，经营活动现金流量的增加显然会改善"盈余质量"的指标（如比较经营活动现金流量和净利润的各种指标），尤其是当这家公司在并购中没有进行过多的盈余操纵时。

并购主导型公司会持续收到此类经营活动现金流量

此时，我们已经明白并购本身就能带来推高经营活动现金流量的效果。考虑一下每年都会开展多次并购活动的公司的情况，例如，泰科公司和美国世通公司。许多投资者都诟病并购主导型公司只是接连不断并购就能够创造出收入和利润的增长。而这些并购型公司通常会用它们的经营活动现金流量数字来反驳这类批评，它们会指出不断增加的经营活动现金流量意味着被并购公司业务良好，并运用了并购协同效应。许多投资者相信了这样的宣传，因为他们不明白我们刚刚讲过的这一点：不断推高的经营活动现金流量只不过是每年不断并购的公司的会计处理效果罢了。

集团并购中的猫腻

对于某些企业，这种纯粹由于会计规则导致的现金流量增加貌似还是不够。它们想要通过并购榨出更多的油水。以下情境的原型是泰科公司因在并购中做出不当行为而描述的。

想象你在一家公司的会计部门工作，该公司正处于被一家并购主导型公司并购的过程中。并购还没有正式开始，但是该并购是一场善意收购，意向协议都十分合算，预计在月底前将完成并购。新的所有者想要与你们公司协调一下经营有关事项。

并购公司的一位高层财务人员来了。他召集你们的团队开会，并讨论一些能够使得并购交易顺利进行的事项。他指着一堆你本来打算当天就去银行提取的支票（顾客支付的支票）开始做指示："你们看到这些支票了吧？我知道你们通常今天就会去提取这些支票，但是让我们先缓一缓，把它们放回抽屉里，过几个星期再去提取。让我们通知大客户，告诉它们，它们可以晚几个星期再付款。我知道这听起来有点奇怪，但相信我，这会使我们受益，并且让这些客户在整个并购过程中保持忠诚。"

"你们看到那堆账单了吧？我知道你们通常会等到最终到期日再去支付，但我们现在就支付吧，越快越好。事实上，让我们再找找看还有没有能够提前支付的供应商——我相信这些家伙肯定很高兴提前拿到钱，而且有可能会给我们一个折扣。我们的银行存款是足够的，让我们把钱花在刀刃上。"

并购结束的那一天，这位高管又来了。"现在我们是一家公司了，是时候让一切业务重回正轨了，立刻提取那些支票，并积极从客户处收取款项，别再提前支付账单了——我们要等到到期日再去支付。"

想想这个情境下的现金流。目标公司的经营活动现金流在并购前夕异常低迷，因为它放弃了收款，并且在加速支付账单。但是，当并购一结束，就会有巨额的应收账款回收，并且等待被支付的账单金额异常小。这就导致了并购之后，你公司的经营活动现金流量异常高。

该高管玩弄了一个诡计。他之所以要放弃收款的努力和提前支付账单，与商誉的关系不大。这么做的主要目的在于推高并购后第一季度的经营活动现金流。当然，这么做的效果是短期的。但是，高管知道这个诡计能够持续生效，只要它们持续不断地在每个季度都进行并购。

泰科：所有并购主导型公司的"楷模"

上述情境基本上还原了泰科公司（简称泰科）因为其一系列并购案而受到的指控。泰科做了许多的并购。1999～2002年，泰科并购了700多家公司（不是打印错误），花费将近290亿美元。在这些并购中，有些被并购方是大公司，但是，泰科认为大部分的被并购方规模很小，完全不具有披露的重要性，因此就根本没有披露任何信息。想想上面我们描述的游戏模式，发生在700多家总价值290亿美元的公司身上的效果！所以，毫不奇怪，泰科在这些年里的经营活动现金流十分强劲，如表16-1所示。但显然现金流的来源并不是业务的繁荣！

表 16-1　泰科的经营活动现金流量（持续经营部分）

（单位：100万美元）

	1999 财年	2000 财年	2001 财年	2002 财年
经营活动现金流量净额	3 550	5 275	6 926	5 696

对并购主导型公司的经营活动现金流量要区别对待　由于并购会带来经营活动现金流量的非持续上升，投资者不能盲目信赖将经营活动现金流量作为企业业绩的晴雨表的做法。此时，使用并购后的自由现金流量来评估并购主导型公司的现金产出能力，可能是更适宜的。如表16-2所示，泰科每年并购后的自由现金流都是负数，尽管其经营活动现金流量是正数，这其实揭示出泰科实际的经营活动现金流量并不像它的报表

显示的那么好。

表 16-2　泰科并购后的自由现金流（持续经营部分）

（单位：100 万美元）

	1999 财年	2000 财年	2001 财年	2002 财年
报告的经营活动现金流量净额	3 350	5 275	6 926	5 696
减：资本性支出	（1 632）	（1 704）	（1 798）	（1 709）
减：在建工程	—	（111）	（2 248）	（1 146）
自由现金流量	1 918	3 460	2 880	2 841
减：并购	（5 135）	（4 791）	（11 851）	（3 709）
并购后的自由现金流量	（3 217）	（1 331）	（8 971）	（868）

小贴士

　　"并购后的自由现金流量"是衡量并购主导型公司现金流质量的十分有用的指标。这一指标可以根据现金流量表上的数字简单计算得到：经营活动现金流量净额减去资本性支出，再减去并购支付的现金。

　　审视被并购公司的资产负债表　如果能够得到被并购公司的相关资料，一定要仔细审视一下，这样做可以使你对并购可能得到的营运资本收益有一个估计。这样的分析很难做到精准，但是，你通常能够估计出可能得到的好处的大概范围。对于大型的并购案，公司通常会披露被并购公司的资产负债表，有时候也会在附注中披露各个小并购案的汇总资产负债表。如果被并购公司的股票或者债券公开上市，那么你就可以通过公开渠道获得其资产负债表。

不去自己发展业务，靠并购得到合同和客户

　　在上一个部分，我们讨论了并购本身可以推高经营活动现金流量。这个好处并不是非法进行会计操作得到的，而只是正常的会计规则使然。

我们目睹了泰科是如何滥用这些规则，通过悄悄地并购数以百计的小公司，想方设法从中挤出更多的经营活动现金流量的。

在这一部分，我们进入一个更糟糕的领域，看一看公司如何在非并购的情境下利用并购会计的漏洞，将经营活动现金流量转移至投资活动。

在泰科并购的数百家公司中，有一家是做电子安全监控的公司。20世纪90年代，家庭电子安全监控正处于蓬勃发展的阶段，泰科的ADT部门也属于当时最热门的几个品牌之一。泰科通过两种途径产生新的安全监控合同：一种是通过它自己的销售部门，另一种是通过外部的经销商网络。经销商的存在使得泰科将其销售外包了一部分。这些销售人员并不在泰科的员工工资单上，但是他们帮泰科销售安全监控合同，泰科为获得每一个新客户大概需要支付800美元。

奇怪的是，付给经销商的这800美元明明属于正常的客户取得成本，但泰科的高管却并不这样认为。相反，他们认为这些支出是为了"并购"这些销售合同而产生的。因此，当经销商给泰科带来许多销售合同并得到付款时，泰科奇怪地将这些"合同并购案"等同于一般公司并购来进行会计处理，即做成了投资活动的现金流出。

并购的思想是如此根植于泰科的文化和DNA之中，你可以想象这给它的高管带来了多少麻烦。这些客户的取得成本其实更像是正常的经营费用，而不像是公司并购。因此，应当将其在现金流量表上与泰科的内部销售人员工资一样列示，即作为经营活动现金流出。通过将这些经营活动现金流出像并购那样处理为投资活动，泰科很方便地制造出经营活动现金流。而且，泰科并没有止步于此。

从激进的会计操作到舞弊

通过将客户取得成本悄悄塞进投资活动，泰科激进地、创造性地运用了会计规则，但是它还想要更多。于是泰科设计了一个新的计划来进一步虚增经营活动现金流量（以及利润），这一次它跨过了红线，从激进的会计操作迈向了舞弊。证券交易委员会起诉泰科，认为它在1998～2002年使用了一种名为"虚假的经销商合作费"的交易，虚增了7.19亿美元的经营活动现金流量。它的做法如下。

泰科每从经销商那里购入一个销售合同，就要求经销商付给它200美元的"经销商合作费"。当然，经销商对这一项新收费不会感到高兴，于是泰科将销售合同的购买价格同样抬高了200美元——从800美元抬高至1000美元。其净结果没有改变该项交易的经济实质——泰科还是花费800美元从经销商处购入了销售合同。

但是，泰科可不这么想。毕竟该公司的管理层如果觉得他们无法从该项交易安排中获益的话，就不会费劲儿设计这项交易了。泰科将购买销售合同的1000美元确认为投资活动现金流出，而收到的200美元则作为经营活动现金流入。实际上，泰科通过减少其投资活动现金流量，达到了增加其经营活动现金流量的目的（见表16-3）。在5年中，公司对成百上千份合同进行了这样的操作，贡献了巨额的经营活动现金流量。

表 16-3　泰科创造性地记录与经销商的净支付结果

（单位：美元）

	最初合同	虚假合同	泰科的现金流量表
泰科从经销商处购入合同	800	1 000	投资活动现金流出
经销商向泰科支付"合作费"	—	（200）	经营活动现金流入
泰科向经销商支付的净结果	800	800	—

创造性地构建出售业务的交易，达到虚增经营活动现金流量的目的

在前两个部分，我们讨论了公司怎样利用并购将现金流量表上的经

营活动现金流出转移至投资活动现金流出。在接下来这一部分，我们将讨论硬币的另一面：公司如何通过出售业务来将投资活动的现金流入转移为经营活动现金流入，如图 16-2 所示。

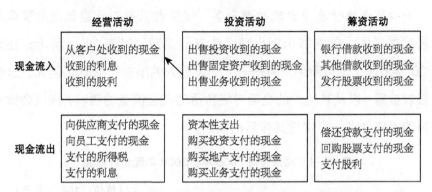

图 16-2 将投资活动的现金流入转移为经营活动的现金流入

将出售业务的现金流入记录为经营活动现金流入

2005 年，软银与日本电信公司双子星公司构建了一个有趣的双向交易。软银将其现代租赁业务出售给双子星公司，同时这两家公司签订"服务协议"，双子星公司将向软银支付使用费，这些使用费是基于现代租赁业务在未来产生的收入。在出售该业务时，软银从双子星公司收取了 850 亿美元的现金，但是软银并不认为这整个价款都与出售业务相关。相反，软银将收到的现金分为两类：450 亿美元被认为是出售业务获得的价款，另外的 400 亿美元被认为是未来使用费收入的预付款项。（你可能回想起了这个交易造成的利润虚增现象，我们在第 5 章 "盈余操纵诡计第三种" 中讨论过。）

该项交易的经济实质就是软银公司将其现代租赁业务以 850 亿美元的价格出售。但是，这个交易如此构架，使得软银在对其现金流量的列示上有了操纵的空间。软银没有将 850 亿美元全部作为出售业务的投资活动现金流入，而是将 450 亿美元作为出售业务的现金流入，而另外的 400 亿美元作为提前收到的未来收入。这 400 亿美元推高了软银当年的经营活动现金流量（当年共 578 亿美元），占全年经营活动现金流量的 69%。

小心现金流量表中出现的新分类　投资者只要对软银公司的现金流量表稍加观察，就能够识别出现金流量的虚增。如表 16-4 所示，注意 2006 年出现了一行新的项目——"递延收入的增加"400 亿美元。这样的报表披露（以及其巨大的金额对经营活动现金流量的影响）应该会推动警惕的投资者进一步深挖其背后的原因。

表 16-4　软银公司 2005 年、2006 年现金流量表

（单位：100 万美元）

	2005 年	2006 年
税前利润	（9 549）	129 484
折旧和摊销	66 417	80 418
其他非现金利得（净额）	（115 659）	（136 455）
应收贸易款的增加	（15 854）	（23 333）
应付贸易款的增加	2 373	4 331
递延收入的增加	—	**40 000**
其他应收款的增加	（70 813）	（9 865）
其他应付款的增加（减少）	97 096	（26 774）
经营活动现金流量净额	（45 989）	57 806

出售某业务，但是保留其中有用的部分

泰尼特保健公司（Tenet Healthcare）是一家拥有和运营医院与医疗中心的公司。近些年，泰尼特保健公司出售了一些医院来改善其资本流动性和盈利性。当出售这些医院时，泰尼特保健公司总是玩一个小小的提升经营活动现金流量的技巧——出售所有业务，除了应收账款。

我们来看看泰尼特保健公司到底是怎么做的。每一家医院都有自己

的一套完整业务，包括收入、费用、现金、应收账款、应付账款等，这跟任何其他公司是一样的。在出售某家医院之前，泰尼特保健公司会先将其应收账款抽取出来。换句话说，如果一家医院有 1000 万美元的应收账款，泰尼特保健公司会保留对这些应收账款的回收权，并把剩下的业务出售。这当然会使得最后出售业务的成交价格下降 1000 万美元，但是泰尼特保健公司一点都不在意，反正最后当它回收应收账款时，这笔钱还是能收到。

这样做对现金流量会产生什么影响？当然，通常出售一家医院收到的款项应当被记为投资活动现金流入（如同销售任何其他业务或者固定资产一样）。但是由于泰尼特保健公司提前抽取出了应收账款，因此它出售该业务的价格（投资活动现金流入）就下降了 1000 万美元。然而，公司很快就会从前顾客那里收回这 1000 万美元，此处就是精彩的部分了：所有的现金流入被记为经营活动现金流入，因为这是回收应收账款收到的款项。这一手法使得泰尼特保健公司将本应是投资活动现金流入的 1000 万美元转移到了经营活动中。

谨慎的投资者通过阅读泰尼特保健公司的年报还是可以识别出公司的这一伎俩的。如下所示，该公司在 2004 年 3 月的季报中清楚地披露，它计划保留与出售的 27 家医院相关的 3.94 亿美元应收账款。

泰尼特保健公司 2004 年 3 月季度报告中关于出售医院的披露

除了一家医院之外，由于我们**无意出售与这些资产组合有关的应收账款**，因此这些应收账款，在减去有关的坏账准备之后，被合并列入我们附上的合并资产负债表中的应收账款净额中。截至 2004 年 3 月 31 日，**这些被处置的与医院有关的应收账款净额累计 3.94 亿美元**。

购买某业务，但是不买其中有害的部分

在上一部分，我们看到了泰尼特保健公司如何通过巧妙构建出售业务的交易，达到推高其未来经营活动现金流量的目的——通过把其他业务都卖了，就是不卖应收账款。当然，交易中的购买方自然也可以用类似的方法来推高现金流量：什么业务都买，就是不买应付账款。这就是 2016 年树屋食品（Treehouse Foods）以 27 亿美元收购私人品牌（Private Brands）时运用的手法。通常在这样的并购中，树屋食品要承担私人品牌在并购日的所有资产和负债。但是，在这个案例中，并购协议特意排除了私人品牌的 9 个制造供应商的应付账款。这些负债被特意排除在并购之外，因此购买的对价自然更高，因为此时净资产更高。合并之后，通过对营运资本中资产的现金回收，树屋食品的经营活动现金流量增加了，但是此时却不需要记录与这些现金流入相对应的现金流出，因为有关的应付账款不在它的账上。这个做法真的十分高明。

获得一家公司的控制权，但是利用限制性账户来隐瞒现金流出

惠而浦公司取得了一家中国电器制造商合肥三洋公司的控制权，惠而浦公司单独设立了一个受限的现金账户来支持对被并购公司营运资本以及持续研发的需要。接下来的几年，合肥三洋（重命名为惠而浦中国）公司需要的资金就从这个限制性账户中支出。与大多数公司一样，惠而浦公司的现金流量表给出的是对正常（非受限）现金的期初余额和期末余额的变动原因解释，因此该限制性账户中的现金流出对日常的经营活动现金流量或自由现金流量都没有负面影响。

经营活动现金流出和投资活动现金流出的模糊地带

有时候并购会使得我们判断一项现金流量到底属于投资活动还是经

营活动变得十分模糊。当被并购公司的前合伙人／员工在并购后仍然留在被并公司工作的情况下，更是容易发生这种情况。MDC 合伙公司就是一个很好的例子。这家起源于纽约的广告公司靠并购其他小公司来扩大经营，每年都会并购几家小公司。通常，公司只会直接付清并购对价中的一部分，大部分对价可能是以对赌形式存在的或有对价，并在随后期间被支付。由于这家公司主要并购的都是合伙企业，因此未来的或有对价是直接支付给在职的员工的，并且可能会构成他们年薪的很大一部分。那么这些付款到底全部是严格意义上的"资本支出"，还是某些部分也可以算作薪酬，其实很难说清，判断起来也会非常主观。但是，在这个案例中，这些现金流出被计入了筹资活动现金流出，这样做显然是既给员工发了钱，又没有对经营活动现金流量和自由现金流量带来任何负面影响。

下章预告

下一章将讨论并购会计诡计第三种：操纵关键指标，这样我们对并购会计的手法就讨论完毕了。

并购会计诡计第三种：

操纵关键指标

很久以来，众多学术研究成果都证实了大多数的并购其实会摧毁股东价值。因此管理层为了让投资者相信某项并购的价值，需要十分努力。此时，并购会计诡计第三种——操纵关键指标就经常被用来给投资者描绘并购的美好图景。关键指标的诡计近些年来越来越被广泛运用，很多并购公司越来越多地使用容易误导人的非公认会计准则指标。

虚增核心业务的收入增长率

当对并购主导型公司进行分析时，投资者很难将该公司的自然增长与被并购公司的收入增长区分开来。一个主要的障碍在于收入自然增长率不是公认会计准则规范的指标，因此管理层就可以根据自己的需要来定义该指标（或者选择根本不披露自然增长率）。很自然，管理层希望投资者相信他们公司的核心业务表现良好，因此投资者在解读公司定义的自然增长率指标时需要十分谨慎。

并购后选择披露有代表性的收入增长指标

当我们评估一家进行并购交易后的公司时，我们需要识别出该并购交易对报告收入的影响程度，并评价如果该并购交易没有发生，该公司的增长情况如何。被并购公司的经营结果在并购交易完成之后，就按照公认会计准则的要求合并计入集团报表，所以很自然据此计算的收入增长率是被人为推高了的。投资者可以运用几种方法来纠正这种扭曲，并得到对并购公司实际收入增长的更准确的认识。

多数情况下，并购公司会在报表附注中披露收入的更详细信息，包括被并购公司的最近收入、公司原有业务收入的近两年信息。这个披露非常有用，因为它给出了组成集团公司的各个业务单元的收入增长率。在一些其他情况下，并购公司可能会披露被并购公司收入对整体合并后收入的贡献程度。这个披露也是十分有用的信息，因为它给读者提供了足够的信息以判断如果并购没有发生，该公司的业绩会如何。

如果被分析的公司当期发生过重大并购，我们建议您仔细阅读年报中的每一条信息，仔细琢磨披露的数字，来对并购公司原有业务、被并业务和集团整体业务的增长情况有一个清晰的判断。

小心对自然增长率或模拟增长率的奇怪定义

计算机辅助系统公司（Affiliated Computer Systems，ACS）对自然增长率的定义非常奇怪，它自己的说法是"内部增长率"。当计算内部增长率时，ACS并没有将所有被并业务排除出去，它只排除了根据上一年被并业务收入计算的一个固定金额。（参见下面ACS的披露。）这意味着ACS可以将被并购公司在并购之前发生的重大交易额都计入内部增长率。

ACS2005年3月业绩公告中的内部收入增长定义

内部收入增长是指全部的收入增长减去并购得来的收入增长以及处置掉的业务的收入增长。并购得来的收入增长是基于**被并购公司并购前的正常收入计算而来的。**

为了说明，我们假设ACS2005年1月1日并购了一家公司。2004年，目标公司获得了1.2亿美元的收入（平均每季度3000万美元）。在

并购前几周，目标公司刚刚定下来一个大单子，这个单子将使得 2005 年每个季度的收入增加 1000 万美元。

现在假设在 2005 年 3 月（并购后的第一个季度），目标公司与预期一致产生了 4000 万美元的收入（往常的 3000 万美元加上由新订单带来的 1000 万美元）。ACS 在计算它 2005 年第一季度的内部收入增长时，本应当将这 4000 万美元全部减去，因为没有这项并购的话，这些收入根本不会产生。但是，按照上述 ACS 的算法，该公司可以将这 1000 万美元算作它自己的"内部"增长。结果就是，ACS 的内部收入增长会受益于被并购公司的业务增长。显然，这是不具有可比性的。

> **小贴士**
>
> 评价并购主导型公司的自然增长率时要十分谨慎，因为它可能包含了部分被并购公司的收入。

当关键指标包含被并购公司收入时，一定保持警惕

通常同店销售指标会排除新店带来的影响，但是，当星巴克 2004 年开始并购地区特许经销商时，它将所有现存店面全部计入指标的计算中。因此，星巴克的同店销售指标在每个季度都有不同的计算基础——基本不是一个可比的指标。如果星巴克购买的都是那些业绩表现最好的特许经销商，那么并购行为显然会给同店销售指标带来好的影响，也会误导投资者对该公司本身销售增长的判断。

如我们在第 13 章中所述，将同店销售与单店平均销售进行比较，有助于我们识别同店销售指标中的非自然增长因素。2006 年，星巴克的同

店销售指标开始与其单店销售指标背离。2007 年，两个指标间的差距进一步拉大，到 2007 年 9 月，星巴克报告其美国分部的同店销售指标首次出现下降。到 12 月，美国分部的同店销售指标变成负数，星巴克宣布它将不再披露该指标，认为"该指标不能够有效地反映公司的业绩"。

小心那些收购生产竞争性产品的公司的并购交易

有时候，一家公司会收购它的竞争对手，来对付其生产的竞争性产品，并将目标公司的客户导流到自己的平台上。这有可能是一个很好的公司战略，但是它会破坏自然增长指标。例如，3D 打印制造商 3D 系统公司 2012 年收购了 Z 公司，并很快宣布它将终止 Z 公司的某些产品。很自然，Z 公司的收入在并购之后出现下降，而 3D 系统公司则报告出强劲的自然增长。但实际上，3D 系统公司从 Z 公司原有客户那里产生的任何收入，都不能被认为是自然增长的。

关注利润虚增

并购公司往往会产生巨额的与并购有关的成本（有关法律、投资银行、整合过程等），并且往往将其视为一次性的成本放入线下项目中。也就是说，管理层倾向于引导投资者忽视这些成本，让他们仅考虑那些正常的重复发生的经营成本。理论上来说，忽略掉一次性成本可能是说得通的，因为它们下一年就不会再发生了。

但是，对一个又一个接连并购的公司而言，这类成本显然是经常发生的，已经构成了其成本结构的固有组成部分。此外，进行众多并购、经常计提减值的公司还经常会突破我们常规的界限，将一些正常的、经常发生的经营成本（销售、研发、广告等）不恰当地披露在线下，当作非经常性项目列示。

当公认会计准则下的利润显著小于"调整后利润"时，要十分小心

衡量非公认会计准则指标的合理性的一条原则，就是将其与对应的公认会计准则下的指标相比较。所以，当非公认会计准则"调整后利润"与公认会计准则下的利润十分接近时，我们认为该非公认会计准则利润是较为合理的。当然，如果非公认会计准则指标一直告诉你这家公司非常棒，但是公认会计准则的指标却告诉你这家公司非常差，这时你就应当摒弃非公认会计准则指标。

看一看威朗制药为了强调它的业绩而炮制出来的"现金利润"指标。2013 ~ 2016 年，威朗制药在公认会计准则下的累计净利润是 −27 亿美元，但是该公司隆重推出了一个非公认会计准则指标"现金利润"，该指标三年累计是正的 96 亿美元——两个指标间的差距达到令人震惊的 120 亿美元。当非公认会计准则指标与公认会计准则指标之间的差异这么巨大时（一个是利润，而另一个是损失），投资者应当将非公认会计准则指标视作误导性指标并予以摒弃。

如图 17-1 所示，我们列示了威朗制药 2013 ~ 2016 年 16 个季度报告的公认会计准则利润和非公认会计准则利润。请注意在大多数季度中，公认会计准则利润要么是负数，要么非常接近零。有一个例外是 2014 年第四季度，图中居中那最高的一栏，公认会计准则净利润接近 5 亿美元。但是，这个数字应当加上一个大大的星号注解，因为其中包括了一笔一次性税前利润 2.87 亿美元，这是威朗制药出售其在艾尔建公司（Allergan）中的股份得来的。显然，威朗制药的这一笔利得应当被认为是一次性的，考虑到这一点的话，公认会计准则和非公认会计准则利润

之间的差异其实要比 120 亿美元还要大。

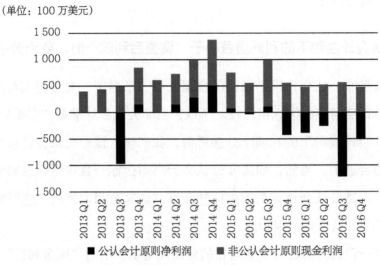

（单位：100 万美元）

■ 公认会计原则净利润　■ 非公认会计原则现金利润

图 17-1　威朗制药 2013 ～ 2016 年每季度的净利润和现金利润

　　当管理层报告的非公认会计准则指标总是比公认会计准则指标好看许多时，一定要极度谨慎。

下章预告

　　第六部分包括两章，总结了前文所述内容。第 18 章中包括三家著名公司的案例，这三家公司都使用了多种诡计来愚弄投资者。第 19 章讨论了法证式思维模式的要点，总结了 10 条可以帮助你成为更好的投资者的经验。

6

第六部分

总 结 全 书

PUTTING IT ALL TOGETHER

恭喜你！你已经翻过了第四座也是最后一座"诡计"大山。在第18章里，我们将看到三个颇具故事性的公司，近些年它们的会计诡计使它们陷入公司大崩溃的漩涡当中。在最后一章"法证式思维模式"中，我们将展示一些你在看报表的过程中应当注意的事项和应当关注的问题。

分 崩 离 析

到目前为止，本书主要讲解了众多会计操纵手法，以及投资者识别它们的方法。使用这些手法来隐瞒问题的公司，有时候会以一种夸张的方式崩溃，从而给投资者带来巨大的损失。我们在这一章中将这种"崩溃"叫作"分崩离析"。

本章主要讲解了三家公司，它们使用各种会计诡计来隐瞒公司问题，但最终因为财务丑闻被揭发而内爆了。我们描述的前两家公司（赫兹公司和东芝公司）长久以来都被当作成功公司的典范。我们描述的第三家公司（威朗制药公司）相对是一家新公司，但是在十年间经历了巨浪般的大起大落。

赫兹公司

背景与历史

赫兹全球股份有限公司（Hertz）成立于 1918 年，在长达一个世纪内都是租车行业的老大。很多年来，它的股东包括大型上市公司 RCA、UAL，以及 2005 年之前的福特汽车。在 2005 年 6 月，福特公司宣布要分拆赫兹公司并让其单独 IPO，但是几个月之后，三家私人公司⊖提出收购整个赫兹公司。2005 年 12 月，这三家公司为收购赫兹公司支付了150 亿美元，它们使用了很高的杠杆。在这幕让人眼花缭乱的剧目中，

⊖ 分别是卡莱尔公司（Carlyle），克莱顿、杜彼利埃及莱斯公司（Clayton Dubilier&Rice）和美林私募基金（Merrill Lynch Private Equity）。

不到 7 个月，三家基金就申请让赫兹公司 IPO，最终赫兹公司在 2006 年[⊖]11 月完成了 IPO。在此之前，私募基金的出资人做了"最后的努力"，他们又去借了 10 亿美元贷款用以支付自己 10 亿美元的特殊股利。公开上市之后，这三家基金仍然持有赫兹公司的控制性股权。

成为上市公司之后

赫兹公司在 2008 年金融危机中遭到重创，它的股价在最黑暗的时候雪崩至每股 1.56 美元。在接下来的年度里，它的业务开始缓慢恢复，收入在 2010 ～ 2013 年一直呈增长态势。此时，公司看起来不错，3 家基金在 2013 年期初时卖掉了自己所持股份。

到了初秋，第一个可能给投资者带来麻烦的迹象是，9 月 23 日，长期担任赫兹公司首席财务官的埃莉丝·道格拉斯（Elyse Douglas）宣布将由于"个人原因"在一周后离职。关于道格拉斯女士的离职有两点显得十分奇怪：时机和原因。当然，的确会有浸淫职场多年的高管由于更好的工作机会或者就是为了多陪伴家人而选择离职。但是，他们通常不会只提前一周告知公众。更别说彼时快到期末，正是财务人员忙着给审计师出报表的时候，此时离职定会给公司带来一堆麻烦——何况还是仅仅提前一周宣布的。紧接着，更多的预警信号接踵而至。

当新的首席财务官托马斯·肯尼迪（Thomas Kennedy）上任之后，他一定是发现了公司的账户一团糟。第一个迹象就是，赫兹公司在 2014 年 3 月 3 日向证券交易委员会提交了延迟发布年报的申请，请求将披露年报的时间推后。至于延迟的原因，赫兹公司解释说是由于之前的财务报表有些错误，需要做一些会计调整——不过它同时强调不会有什么重

⊖ 原书似有误，经核查，此处应为 2006 年，而非 2016 年。——译者注

要的影响。最终，赫兹公司在 3 月 19 日提交了 2013 年的年报，但是非常"不吉利地"在其附注中有一项"会计差错更正"，指出其 2011 年、2012 年和 2013 年的批发业务收入计量都有错误。

当会计问题初露端倪的时候，不要轻易相信管理层的保证和解释。管理层最初的披露往往还是在给问题"裹糖衣"。

5 月 13 日，当赫兹公司为其 2014 年第一季度报表又一次提交延迟披露的申请时，警钟越来越响，越来越不祥了。它是这样披露的：

赫兹公司发现了一些会计差错，例如，某些非车队资产的资本化和折旧年限、巴西的应收账款坏账准备金以及其他一些事项。赫兹公司继续进行的自查最近又发现了更多的差错，这些差错事关租客对被毁损车辆的义务以及对租赁设备的恢复义务，我公司为此计提的坏账准备金有误。

但令人惊奇的是，仅仅 6 天过后，赫兹公司就坦然地公布了 2014 年第一季度报表。但是，在 2014 年 6 月 3 日，赫兹公司又反转了，告知投资者其 2011～2013 年的财务报表都是不可靠的。赫兹公司还公告它的审计公司——普华永道，正在修正其内部控制报告，并且很可能对赫兹公司 2013 年 12 月 31 日的内部控制给出反对意见。

也许是为了平复投资者紧张的神经（投资者当然会十分关注事态发展），赫兹公司的管理层公布了一些初步的调整报表，2011 年的税前利润减少了 1900 万美元，2012 年税前利润减少了 900 万美元。那个时候，一些价值投资者毫无疑问开始对赫兹公司感兴趣，因为此时它的股票十分便宜，并且新报告的调整值并不大——3 年来看，只比之前报告的数字降低了 1.9%（这 2800 万美元的调低金额对于之前报告的税前利润 14 亿美元来说，只是毛毛雨）。甚至，受人尊敬的、很有影响力的投资者卡尔·伊坎（Carl Icahn）购买了赫兹公司 12% 的股权，并在董事会中占有 3 个席位。

当一些投资者开始用便宜的价格购入赫兹公司股份的时候，也有一些谨慎的投资者考虑到往往初步的调整报表最后都被证明是错误的，而且实际情况往往会比初步调整报表描述的更加糟糕。事实上，赫兹公司最终的调整结果比管理层初步披露的要糟糕得多，因为错误根本就不是最初披露的 2800 万美元——这个数字连边都不沾。

投资者需要在惴惴不安中等待一年多才能得到最终调整后的报表。这段时间对赫兹公司来说并不是什么好时光，因为它的股票价格仍然在下跌，长期担任董事长和首席执行官的马克·福索拉（Mark Frissora）被赶出了公司。最终，2015 年 7 月，赫兹公司完成了最终调整报表，披露了它的会计违法行为的细节。这一次调整报表将税前利润减少了 3.49 亿美元，其中 2011 ～ 2013 年减少了 2.35 亿美元。

这次重述揭露了赫兹公司如何使用多种会计手法来隐瞒其业绩不断恶化的事实。赫兹公司所使用的诡计主要可以归为三种盈余操纵类别：①盈余操纵诡计第一种：过早确认收入；②盈余操纵诡计第四种：将当期费用推迟到以后期间确认；③盈余操纵诡计第五种：使用其他手法来隐瞒费用或者损失。如你已经知道的，当管理层使用盈余操纵诡计第一种时，收入被虚增了，而当它使用盈余操纵诡计第四种、第五种时，费用被虚减了。不论哪种情况，利润都被虚增了。

即使重述了报表，赫兹公司的分崩离析仍在继续，因为它的业务仍在不断恶化，使得收入和利润下降。公司重述的报表给投资者描述的完全是跟之前不一样的公司图景。投资者多年的分析其实是建立在错误的数字上，现如今他们终于可以看清赫兹公司的经济现实。于是他们被所看到的景象惊呆了。赫兹公司的股价持续下跌，到 2016 年 2 月，已经从一年半前的股价高峰下跌了 75%。

小贴士

当公司正在对过去的会计差错进行更正的时候，聪明的投资者会躲得远远的，直到他们有机会分析公司的真实业绩。有极大可能纠正后的业绩数字和公司实际的经营情况要比预计的更差。

东芝公司

背景和历史

东芝公司的历史可以追溯到 1875 年田中工程公司的设立。1939 年，经过一起并购之后，公司更名为东芝，并成长为一家大型企业集团，包括许多不同的业务部门，例如，能源与基础设施、社区解决方案（电梯、照明以及供热通风与空气调节系统）、卫生保健系统与服务、生活方式产品与服务等。东芝公司包含 600 多家合并子公司，2017 年的年销售额超过了 440 亿美元。

近期曝出的公司问题和会计处理

对于东芝公司来说，2015 年就是一个噩梦，长期会计丑闻的曝光使得股价下跌一半。事情败露的第一个苗头是 2015 年 4 月 3 日公司宣布将设立一个"特别调查委员会"来对某些会计事项进行内部调查。这项调查其实是针对公司过去在基础建设合并中使用完工百分比法确认收入的一项特别调查。公司的这项宣布是极其吓人的，但当时市场的反应还比较温和。公司每股股价从 512 日元下降至 487 日元，仅下降了 5%，事实上到月底每股股价又反弹了回来。

其实谨慎的投资者应当将这项宣布视为一个严重的预警信号。对于会计事项的内部调查，尤其是涉及收入确认的，投资者绝对不能掉以轻心。这表明公司存在会计问题，而且很可能问题还很严重。尽管这个问题涉及的范围和重大程度还未知，但假设其比想象的要严重是明智的决定。投资者与其设想最好的局面有可能会发生，还不如作壁上观，静待事态发展。

就像我们在赫兹公司那里领教过的一样，管理层在最初披露会计问题时往往会避重就轻粉饰一番。但是进行内部调查往往意味着接下来可能有更多坏消息。如果会计问题不严重的话，根本就不需要设立专门的委员会来特意调查了。

2015 年 5 月 8 日，特别调查委员会设立一个月之后，东芝公司披露其收入确认问题比最初预计的更加糟糕。由于事态的严重性，东芝公司决定更换委员会的成员，委员会全部由"与公司没有任何关联的、公正无偏的外部专家组成"。这个"糟糕"的消息使得股价下跌了 17%，至每股 403 日元。

2015 年 7 月 20 日，东芝公司的调查委员会公布了初查结果，震惊了投资者：东芝公司将不得不调低七年前，即 2008 财年的利润，调低的金额是令人震惊的 12 亿美元（1520 亿日元）。第二天，其社长田中久雄引咎辞职，他说这个丑闻"对公司 140 年的声誉造成了极其恶劣的影响"。

东芝公司的股价接着狂跌，到 9 月份，调查委员会发布了完整报告，其调整金额比初查结果更加糟糕。利润的调整涉及 2008 ～ 2014 年的整个会计期间，跨越了三任不同的首席执行官。税前利润累计虚增了 19 亿美元（2250 亿日元）。对金额最大的重述发生在 2011 年和 2012 年，巨额的调整主要是关于完工百分比法的不当运用、在个人电脑业务上向渠道压货以及没有足额计提资产减值损失和折旧。到 2015 年 12 月，东芝公司的股价跌至每股 215 日元，与 2015 年 3 月的最高价相比下跌了 60%。

威朗制药公司

背景和历史

尽管威朗制药公司成立于 1960 年，但它令人眼花缭乱的起起伏伏开始于 2007 年，那一年，它聘请了管理咨询机构麦肯锡来帮助公司推动业务增长。以迈克·皮尔逊为首的麦肯锡团队给出了非常激进的战略——削减内部研发支出，通过并购和涨价来获得增长。很显然，皮尔逊的战略打动了威朗制药公司的董事会，2008 年年初，他被威朗制药公司聘为首席执行官。在接下来的七年间，威朗制药公司进行了大量的并购，为支撑并购借贷了巨额的资金。与此同时，威朗制药公司的核心业务仅仅保持不温不火的自然增长。公司通常会报告出公认会计准则下的净损失，但是，威朗制药公司会用一系列误导人的非公认会计准则指标来试图让投资者相信皮尔逊的战略进行得很好。

与更多不著名但广为流传的会计舞弊案不同的是，威朗制药公司的故事是关于一个十年前野心勃勃的小公司是如何在这十年间成长为美国前五大制药公司的故事。皮尔逊拟定的计划是非常不同寻常的，它避开了在制药行业非常普遍的新药开发和其他研发支出，取而代之的是去并购那些拥有成型药品和现成客户的制药企业。一旦成为威朗制药公司大家族中的一员，公司就会给其药品提价，以进一步促进收入增长。投资者欢欣鼓舞，皮尔逊也眼看着他个人持股的价值到 2015 年夏天已一路上涨为令人惊讶的 30 亿美元。到 2015 年 8 月，威朗制药公司的市场价值达到顶峰 900 亿美元（皮尔逊 2008 年 2 月成为首席执行官时，威朗制药公司的市值是 20 亿美元，这一路攀升是多么不可思议）。到了 2017 年春天，威朗制药公司的市值跌至 30 亿美元，将近 870 亿美元的价值不翼而飞。

当公司市值下降的时候，很多投资者都措手不及，套牢其中，但其实预警信号早就多次出现。可能最明显的一个是，为了执行它的战略，威朗制药公司必须不停地找到价位合理且有吸引力的并购对象。此外，公司每年都要提高并购交易的数量，以给其膨胀后的收入带来更大增长。在最好的情况下，这也将是一个不可持续的战略，更何况，威朗制药公司寻找的并购对象使得通过并购实现永续增长的梦想变得更加不可能了。

与拜维尔公司合并

2010 年，在前几次有关合并的提案被拒绝之后，威朗制药公司和加拿大的拜维尔公司达成合并协议，这可以使得美国的威朗制药公司按照加拿大非常低的税率 5% 纳税（而不是美国税率 35%），并且它将把总部搬到加拿大魁北克省。

拜维尔公司的创始人是尤金·梅尔尼克（Eugene Melnyk），不论是拜维尔公司还是梅尔尼克本人都与监管机构以及法庭有过节。例如，2008 年 3 月，证券交易委员会起诉拜维尔公司和它的一些前高管，认为他们"一心想要达成季度盈利预期，反复地虚增利润，向投资者隐瞒亏损，制造达成盈利目标的假象"。拜维尔公司为了摆平这场官司支付了 1000 万美元。但它的问题仍在继续，2009 年 2 月，拜维尔公司与安大略证券委员会达成和解，其公司代表承认披露虚假报表并进行了非法活动。梅尔尼克五年内被禁止在加拿大的上市公司担任高管职务，并被加拿大监管当局罚款 56.5 万美元。他也同证券交易委员会达成和解，并同意支付 100 万美元的罚款。

> **注意！**
>
> 　　2010 年 9 月并购之前，威朗制药公司显然是知道拜维尔公司这些肮脏历史的，那时它完全可以选择走开。但不幸的是，当管理层是靠并购来驱动增长（并且推动股价）的时候，诸如拜维尔公司的不道德文化及其过去的不道德、非法活动历史等这样的"小瑕疵"，往往就被管理层选择性忽略了。但是慎思的投资者绝不应当忽视一家业务或者财报披露上有道德污点的公司。

　　就像我们在第 11 章中讨论的那样，拜维尔公司通过非现金交易获得一些药品权利，来推高其经营活动现金流量（就在被威朗制药公司合并前夕）。特别是，在购买这些药品相关权利的当期，拜维尔公司并不支付现金，而是给卖方一张票据——一张长期借条，答应卖方将在未来付款。由于在当期没有现金流动，因此对现金流量表没有影响。当拜维尔公司接下来支付借条款项时，现金流出在现金流量表上被计为偿还债务的现金流出，也就是在筹资活动现金流出里面。因此，通过使用这种"聪明"的两步法，通常应当算作经营活动现金流出的款项被转移至筹资活动部分，也就是说拜维尔公司虚增了经营活动现金流。

　　当然，投资者要么是没有意识到，要么是没有关注拜维尔公司的历史，都对将要合并的消息欢呼雀跃，股价也因此上涨，并在合并结束后的几个月内持续上涨。

并购美地奇公司

　　与拜维尔公司合并两年之后，2012 年 12 月，威朗制药公司完成了下一个大案子，并购美地奇公司（Medicis）。与拜维尔公司类似，美地奇公司也有广为人知的会计黑历史，特别是通过销售退回的不当记录来虚增收入。该公司曾被制裁过，为它提供审计服务的安永会计师事务所被指控实施了无效审计，没有识别和纠正公司的错误。在并购前的会计期间，美地奇公司的收入增长缓慢下来——看上去是为了让这些收入延迟确认至威朗制药公司的合并报表当中，为其收入增长做贡献。像在第3章中详细讲过的那样，威朗制药公司变更了美地奇公司的收入确认会计政策，使得收入能在更早的期间确认，来进一步推高收入。

除了这些会计事项，还有一些其他的预警信号浮现出来：美地奇公司的前任首席执行官乔纳·撒克奈（Jonah Shacknai）抱怨与威朗制药公司的高管严重不和，以及该公司团队道德水平低下；威朗制药公司决定解雇数百名美地奇的销售人员，并宣布计提 1 亿美元的重组费用。

并购博士伦公司

在 2013 年年初，美地奇公司并购案结束若干月之后，皮尔逊已经准备好再干一票更大的。一个吸引人的机会恰在此时来临。私募股权投资基金华平投资（Warburg Pincus）此时向证券交易委员会递交文件，想要博士伦公司（Bausch&Lomb）上市。皮尔逊立刻抓住这个机会想要收购博士伦公司，华平投资于是撤回了上市申请，转而将公司卖给了威朗制药公司。仿佛已经成为套路，博士伦公司在过去几年也有非常严重的会计丑闻。

当威朗制药公司要收购博士伦公司的消息传出时，投资者简直都要头晕目眩了，这反映在威朗制药公司的股价上是，在两天之内上涨了20%，成交量是平日成交量的 15 倍。华平投资在 2007 年通过杠杆收购了博士伦公司的控制性股权，投入了 17 亿美元的资金。因此，当威朗制药公司开价 87 亿美元收购博士伦公司时，对华平投资及其有限合伙人来说，这真是意外之财。但对威朗制药公司的投资者来说，这笔交易的好处就不那么明显了，因为博士伦公司的业务增长乏力、盈利状况很差，还有巨额的负债；然而，通过宣传强调非公认会计准则下的结果，皮尔逊照样还是鼓舞了他的投资者和公司股价。

从私募股权基金手中购买公司时需要考虑的事项

如你所知，我们不是并购主导型公司的粉丝，因为这种发展方式很可能（也确实经常）出错。但是，如果卖方是一个长期持有的所有者（最理想状态下，是创始人）的话，我们往往就可以较为放心地出一口气，因为我们知道该公司很可能是被精心运营、基础牢固，公司是为了永续经营下去而存在的。

而当卖方是短期持有的所有者（如通过杠杆收购获得公司控制权的所有者）时，情况会变得比较复杂。这些公司此时经营的目标是为了使这些短期持有者及其有限合伙人获利，往往通过出售公司控制权来使自身的收益最大化。他们通常在投资时较少使用自有资金，大量运用负债，同时给自己发放特殊股利，尽管这样可能会给在该公司资产负债表上堆积更多的负债；他们通常削减“可自由裁量”的成本（如研发支出），这可能会提升短期利润，但是会给长期业绩带来更大的不确定性。

在华平投资控股的期间，博士伦公司进行了巨额的贷款，这使得公司的负债率极高。在 2013 年 8 月威朗制药公司收购博士伦公司之前的 2 个月，细心的投资者可能已经吃惊地发现博士伦公司的负债膨胀到了 42 亿美元，在过去的 6 个月上升了 26%。就在那段时间，博士伦公司的股东权益从 8 亿美元雪崩至 840 万美元，经营活动现金流量由 2012 年的

0.788亿美元下降至2013年的 −1.145亿美元。很显然，突然巨额增加的负债再加上下降的现金流，任何谨慎的收购者都应该停下并购的脚步。但是，显然威朗制药公司称不上是谨慎的收购者，而且它必须不停地并购以保持它是一家成功企业的幻象。

失败的敌意收购留给投资者无尽苦涩

除了那些成功完成的并购之外，威朗制药公司还有过几次不成功的收购，这几起失败案例对公司造成打击，这也许进一步加快了威朗制药崩塌的步伐。

2011年，威朗制药公司对美国生物制药公司——塞法隆公司发起了敌意收购，出价57亿美元。当塞法隆公司回绝了该项交易，答复说"不感兴趣"时，威朗制药公司采取了更加激进的做法，威胁说要加入塞法隆公司的董事会并提名自己的董事会成员。

> 评论：对于投资者而言，应当将这一事件视为一种重要的预警信号，威朗制药公司原来只做善意收购，到现在也时不时做一些敌意收购。皮尔逊似乎是底牌出尽的感觉。他十分急迫地想要再完成一个大单子，不把对方的回绝当回事。值得注意的是，威朗制药公司明显对目标公司的员工不感兴趣，因为它打算并购之后就解聘大量员工，它只对目标公司的新药及其客户感兴趣。我们感觉威朗制药公司对于维系新的被并购公司的文化和价值观漠不关心，这些应当被投资者作为预警信号予以关注。

第二起更严重的敌意收购发生在2014年，事关艾尔建公司（Allergan）以及一位激进的对冲基金经理比尔·阿克曼（Bill Ackman）。

六个月就改变了威朗制药公司——可惜是朝坏的方向

在多年保持低调之后，2014 年威朗制药公司变成了一个家喻户晓的公司，它频频被财经和其他主流媒体曝光。该公司与比尔·阿克曼建立了一种"非传统的合作机制"，来发起另一项敌意收购，而收购对象则是它迄今最大的目标——艾尔建公司。阿克曼的基金潘兴广场资本（Pershing Square Capital, PSC）在艾尔建公司已经累计持有大量股份，并利用其影响力试图说服目标公司董事会和机构投资者同意威朗制药公司提出的收购计划。阿克曼甚至发动了一场公开的营销活动，想要推动这项议案获得通过。在这一切进行之时，越来越多的媒体开始质疑威朗制药公司与阿克曼的这种合作机制是否存在道德问题，以及是否违反了内幕交易的原则，随之而来的就是诉讼了。2017 年 12 月底，与艾尔建公司相关的诉讼结束了，根据法院裁决，阿克曼的潘兴广场资本被罚款 1.94 亿美元，威朗制药公司也需支付罚款 9600 万美元。这一负面事件与之前一直有争议的敌意收购，可以作为威朗制药公司不计成本也要进行并购的明证。

当艾尔建公司最终拒绝了威朗制药公司的最后要约时，事情变得越来越糟糕，艾尔建公司对威朗制药公司不同寻常的业务发展模式提出了质疑。在试图收购艾尔建公司的 6 个月里，威朗制药公司之前不停上涨的股价停滞不前了，而且更重要的是，人们对其公司声誉、不同寻常的业务模式、激进的会计处理提出异议的声音越来越大。一年前还对威朗制药公司不理不睬的记者们开始四处挖掘威朗制药公司的新闻，想要找到更轰动的故事。

收购塞利克斯制药公司——威朗制药公司最大也是最致命的收购

2014 年对艾尔建公司敌意收购的失败把威朗制药公司伤得不轻，但它在 2015 年年初就找到了一个更大的收购目标，并在 4 月 1 日完成了对塞利克斯制药公司的收购。而且一点都不奇怪，被并购公司也是一家问题重重的公司，正艰难地在会计丑闻中挣扎。

塞利克斯制药公司成立于 1989 年，最近这些年总部设在北卡罗来纳州的罗利。该公司主要研发和销售治疗肠胃不适的药品和医用器械。塞利克斯公司的 2014 年可以说是颇为繁忙。先是 1 月份，它以 26 亿美元收购了圣塔罗斯（Santarus）公司。这一年中，塞利克斯制药公司和若干意向者接触想要出售自己，但是秋季时它的会计问题被曝光，于是这些并购谈判都戛然而止。这一年年底也是一团糟，塞利克斯制药公司的首席执行官和首席财务官都离职了，公司貌似愁云惨淡，此时新的收购意向者（威朗制药公司）出现了。

从 2014 年 11 月 7 日开始，针对塞利克斯制药公司的会计舞弊问题的三项集体诉讼都启动了。塞利克斯制药公司已经重述了其 2013 年的年报以及 2014 年前三个季度的季报。该公司为了将自己卖个好价钱，在会计操作上有诸多不当之处，这个事实已经是路人皆知了。但是非常奇怪，对于塞利克斯制药公司的这些会计问题威朗制药公司似乎都视而不见。

让我们来想一想，什么样的人会购买这样的标的公司，尤其是当他知道之后可能会承担巨额的法律赔偿责任？即使你对可能的法律风险无所谓，也应当考虑该公司以往的文化和价值观对并购的影响吧。就算既不考虑并购塞利克斯制药公司可能面临的法律风险，也不考虑公司文化或价值观，你还是对该公司真正的财务健康和业绩一无所知，因为它给的数字都是假的。

其他并购意向者接触之后，都走开了

在威朗制药公司并购塞利克斯制药公司的 6 个月之前，也有其他几家有意并购者尝试过跟塞利克斯制药公司接触，至少其中有一家还认真地出过价，但这是在塞利克斯制药公司的会计问题被曝光之前。颇具讽刺意味的是，正是艾尔建公司给塞利克斯制药公司开出了每股205美元的收购价，总价值130亿美元。但是，当艾尔建公司的管理层在2014年10月发现塞利克斯制药公司严重的会计问题之后，艾尔建公司撤回了自己的出价，从谈判桌前走开了。

会计问题的曝出使得塞利克斯制药公司的首席执行官卡罗琳·罗根（Carolyn Logan）、首席财务官亚当·德比希尔（Adam Derbyshire）丢了饭碗，舞弊案曝出后，塞利克斯制药公司的投资者所持股票市值缩水35%。

皮尔逊似乎对这些问题毫不在意，2015年4月1日，威朗制药公司完成了这个110亿美元的并购案，与前面的并购一样，投资者喜欢这样的消息，威朗制药公司的股价又一次上涨。

报表重述以及审计师对内部控制缺陷的预警

2015年3月2日，在威朗制药公司完成并购前的一个月，塞利克斯制药公司提交了2014年年报，对2013年报表和2014年前三个季度报表都进行了重述。年报中包括了审计公司对塞利克斯制药公司内部控制的意见：

> 管理层发现公司在以下几方面都存在内部控制的重大缺陷：关于产品的销售退回、交易各方之间的沟通、记录销售人员认定的退回等方面的内部控制；关于启运地交货方式下的收入确认的内部控制；关于取得、评估、检查、授权某客户的相关政策和程序的内部控制；合并财务报表中正确分类列报的内部控制。

换句话说，即保证报表能看的内部控制都失效了，报表可能就是一团糟。事实上，报表就是一团糟！塞利克斯制药公司将1440万美元的收入确认在2013年第四季度，但其实这些收入本应当属于2014年第一季度。此外，第一季度的利润也被虚增了，因为该公司仅记录了870万美元的"销售退回准备"，但事实上应当记录1690万美元的"销售退回准备"，也就是说利润被虚增了。2014年第二季度，塞利克斯制药公司支付给一名批发商（是其客户）一笔可疑的资金750万美元，它将这笔支出视为销售费用，而不是减少毛收入。接下来，2014年第三季度，塞利克斯制药公司在并购完成前仅剩下这个季度可以"打扮"它的收入了，于是它紧紧抓住这个机会在这个季度确认了1520万美元的本应属于下一个季度的收入。再提一下，所有这些消息都没有动摇威朗制药公司完成并购的决心。

威朗制药公司的气球吹爆了

当威朗制药公司在2015年2月宣布要并购塞利克斯制药公司的时候，它的投资者十分开心。其每股股价立即在一天之内由173美元上涨至199美元，一天上涨了26美元。在接下来的5个月内，威朗制药公司的股价持续上涨，在8月5日达到其历史最高价263美元，此时公司总市值900亿美元。每一次并购，它的公认会计准则下的净损失就会进一步恶化，但是管理层强调宣传的盈利指标"现金利润"却在不断增大。

到8月末，事态开始朝不利于威朗制药公司的方向发展，集团内数家制药公司都面临价格欺骗的指控。9月，民主党总统候选人希拉里·克林顿在推特上发表了一段不祥言论，"在特殊药品市场上的价格欺诈实在是让人愤怒，明天我将对此起草一项计划"，这段言论使得制药行业如惊弓之鸟。结果就是，投资者开始担心政府将采取行动下压药品公司的定价，使这些公司的利润受损。克林顿的言论使得威朗制药公司的股价重回 229 美元（见图 18-1）。

（单位：美元）

图 18-1　威朗制药的每股股价，2008 年 2 月 1 日至 2016 年 12 月 31 日

在接下来的 3 个月中，威朗制药公司成为众矢之的，批评之声从四面八方而来。10 月份，一些调查记者发布了一份调查报告，揭露了威朗制药公司与一家邮购药房菲利多尔 RX（Philidor Rx）之间隐秘的、不实的关联关系。威朗制药公司的股价开始自由落体，到 11 月末跌至 90 美元。许多"看多者"认为这一波下跌有些过头了，于是想在低位买入赚点快钱，但是到头来发现他们接手的可是烫手山芋。

2016 年 3 月，皮尔逊被从首席执行官的位子上撤下来，董事会指控前首席财务官（现任董事会成员）霍华德·席勒（Howard Schiller）参与"不当行为"。证券交易委员会开始调查威朗制药公司的舞弊行为，投资者的信心不断丧失。从 2016 年一直到 2017 年年初，公司的崩溃一直加速进行中，威朗制药公司的业务分崩离析，为那些糟糕的并购融资所借的负债开始给公司带来极大困扰。到 2017 年 4 月，威朗制药公司的前高管都受到舞弊犯罪调查，威朗制药公司的股价跌至每股 9 美元以下，与其 2015 年夏天时的股价峰值相比，不可思议地跌去了 96%。各大事件，如表 18-1 所示。

表 18-1　2008 ～ 2017 年，威朗制药各大事件

日期	市值（100 万美元）	股价（美元）	事件
2008.2.1	2 132	13.24	皮尔逊任首席执行官
2010.9.30	7 395	25.05	收购拜维尔公司
2012.12.11	17 654	59.23	收购美地奇公司
2013.8.7	32 549	97.59	收购博士伦公司
2014.4.24	44 833	134.42	阿克曼在艾尔建公司的持股被曝光
2015.4.1	67 903	197.39	收购塞利克斯制药公司
2015.8.5	89 989	262.52	威朗制药公司到达股价（市值）峰值
2015.9.21	78 498	229.00	希拉里·克林顿推特抨击制药业的价格乱象
2015.10.19	57 074	163.83	曝光菲利多尔药房的最初报道
2015.10.30	32 172	93.77	威朗制药公司宣布将解除与菲利多尔药房的关联关系
2016.2.29	22 450	65.80	威朗制药公司公告正接受证券交易委员会的调查
2016.3.15	11 433	33.51	威朗制药公司下调了收入预测并推迟了财报披露
2016.3.21	9 888	28.98	皮尔逊不再担任首席执行官
2017.3.13	4 212	12.11	阿克曼出售在威朗制药公司的持股
2017.4.12	3 298	8.51	与峰值相比跌去了 96%

威朗制药公司的故事带给我们的经验教训

威朗制药公司注定会陨落，因为它的财务数据错误地描绘了一幅快速增长、欣欣向荣的公司图景，但实际上它的财务数据都是会计操纵的结果。谨慎的投资者明白，尽管他们不可能完全准确地知道大崩溃的触发因素，但他们知道不管气球吹得有多大，公司注定会走下坡路。希拉里·克林顿发的推特、菲利多尔药房的发现都是点燃这场大崩溃大火的火星。尽管我们没办法准确预测这些事件就是俗话说的"压倒骆驼的最后一根稻草"，即使没有这些事，也一定会有其他事件导致威朗制药公司的大崩溃。

下章预告

在最后一章中，我们回顾了整本书前文中谈到的经验教训（以及我们过去1/4个世纪以来累积的经验），我们总结了十条最重要的经验教训，可以帮助你识别诡计，从而极大地改善你的投资业绩。

法证式思维模式

距离本书第 1 版的出版已经过去了 1/4 个世纪,我们又从公司披露的文件中发现了更多的会计操纵案例,我们把分析成果分享给了成千上万的从业者和学生。在讨论我们的这些发现时(正是这些发现使他们认识了我们),我们经常被问到这个问题:为什么我们能够识别出这些财务诡计,而其他人评估同样的资料,却没有能够识别出来呢?是因为我们工作更勤奋,还是因为我们比其他分析者更加聪明?都不是。实际上,我们之所以成功识别出财务诡计,是由于我们采用了一套与众不同的思维模式——法证式思维模式。这种模式包含适度怀疑的精神、好奇探索的精神、谦虚谨慎的精神,并将其与对人类行为和公平交易原则的深刻理解结合在一起。

接下来的部分,我们将总结一下法证式思维模式的主要内容,这些要点将帮助你聚焦于关键的事项和问题,从而帮助你识别会计操纵和财务报表舞弊问题。

运用法证式思维模式

1. 适度怀疑是一种竞争优势。
2. 对变更要十分警惕——一定要问"为什么"以及"为什么是现在"。
3. 调查过去的"会计问题",判断这些问题是否已经得到补救。
4. 关注公司文化,观察公司是否存在培育坏行为的温床。
5. 绝对不要盲目相信公司宣传的盈利模式。
6. 激励方面:密切关注高管的薪酬。

7. 在披露的财务文件中：披露的位置、位置、位置。

8. 就像打高尔夫，每一击都算数。

9. 行为模式是一种可靠的信号。

10. 保持谦虚，永远好奇，不断学习。

适度怀疑是一种竞争优势

在许多方面，资本市场都有利于好消息的传播。不论是买方还是卖方的财务服务公司，抑或是发行股票的公司自身，都在股票上涨的时候挣得更多。股票发行方是非常乐于发布好消息的，卖方机构负责传播这些消息，而投资者貌似要做的就是相信这些消息。这种推动模式时不时就会引发资产泡沫和暴涨／狂跌的怪圈。在羊群效应和市场举市狂欢的氛围中，能够保持客观和怀疑的投资者才更有机会在市场背离现实太远的时候赚到钱。

1995 ～ 2000 年，安然公司的收入由不到 100 亿美元上涨到 1000 亿美元，这是美国公司之前从来没有达到过的增长速度。安然公司的管理层被人们认为是商业世界中最聪明的一群人。但其实，安然公司所处的行业是一个成熟的且被严格监管的行业，它实际上并没有产生什么会计利润或者现金流量。少数怀疑者注意到并质疑过安然公司不可思议的收入增长模式，认为该公司的业务完全不靠谱。

对变更要十分警惕——一定要问"为什么"以及"为什么是现在"

本书强调的很多洞见都来自一些重要的变更（如会计处理的变更、

披露政策的变更、资产负债表趋势的变更、重要指标的变更、客户支付条款的变更、高管的离职、审计师的变更等）。在大多数涉及变更的情况下，管理层自带有色眼镜，总是喋喋不休地试图说出一些貌似合理的解释，来打消投资者的顾虑。但是多数情况下，我们发现这些解释其实都不着调，或是样板文章，甚至根本就是离题万里。例如，会计政策的变更往往被解释为为了与同行业更加一致，存货增加往往被解释为为了促进销售而进行的积极备货，高管的离职往往被解释为为了与家人有更多时间相处，诸如此类。问一下"为什么"会发生这个变更是非常重要的问题，但是另一个更加有意义的问题是"为什么是现在"进行变更？是什么让管理层非得在这个时间点做出变更的决定？问一下"为什么是现在"往往能让投资者更深入地去思考，如果没有这个变更企业的情况会是怎样。

在第 3 章中，我们讨论了一家日本半导体生产公司——爱发科公司的一项重大的收入确认政策的变更。该公司决定使用完工百分比法确认收入，这是一个不同寻常、非常激进的举动。此时，问问"为什么是现在"变更往往是正确的。如果不进行这项变更，爱发科公司的财务报表其实是十分难看的，而不是像报告数据所显示的那样有所改善。

调查过去的"会计问题"，判断这些问题是否已经得到补救

当一家公司由于不当会计操作而受到质疑时，投资者往往倾向于将这些问题仅仅看作"会计问题"，认为只要关注调查并且最终进行补救（往往经由四大会计师事务所的帮助）就会没事。财经媒体的报道也强化了这种认识倾向，它们往往侧重于报道被违反的技术规则、违规的程度以及组织内到底是谁为这项决策负责。当然，这些问题也都是重要的问

题，但是我们认为除了这些问题，投资者更应该去问这样一个问题："这些不正确的会计操作在多大程度上掩盖了企业存在的问题？"

当赫兹公司宣布它要重述之前几年的财务报表以纠正不当的会计操作时，媒体照例问出了以下问题：发生的是什么性质的问题？是谁的责任？这些问题对于热衷于讨论公司发生的"会计问题"的投资者而言是十分常见的惯例问题。极少有人去关注为什么赫兹公司的会计政策会出问题，以及公司业务的真正健康状况如何。结果就是，当整个报表重述的烟尘散落之后，投资者十分惊讶地发现公司的盈利能力比之前预估的要差得多。

关注公司文化，观察公司是否存在培育坏行为的温床

本书描述的财务诡计并不代表正常的公司行为，事实上，它们反映了那些激进的、不诚实的高管的违规行为。它们通常也不是某个坏人偶然做出的错误选择，而是在整个公司环境、氛围笼罩下一种极可能发生的行为。正如我们在第 2 章所讨论的那样，公司的某些特征给这些坏行为提供了温床，诸如薄弱的审核和制衡、独裁的首席执行官以及为了达成目标不惜代价的企业文化，这些因素都会增加发生财务诡计的风险。

美国奎斯特通信公司的前首席执行官约瑟夫·纳乔给销售团队的信中就充分透露出了这种"为了达成目标不惜代价"的企业文化，可见在该公司这种文化是上行下效的。信中写道："我们要做的最重要的事就是达成业绩目标。这一目标比任何产品都要重要许多……当我们无法达成业绩目标的时候，其他任何事情都可以先搁到一边。"这样的企业文化使得奎斯特通信公司的员工为了达成业绩目标而走捷径，甚至干脆直接舞弊。

绝对不要盲目相信公司宣传的盈利模式

在媒体报道、利润通告、投资者沟通会上，公司的高管总是借机用最引人注目、夸大其词的方式来介绍公司的经营结果。除了必须报告的公认会计准则下的利润数字，管理层还会大谈特谈一些非公认会计准则指标，例如"息税折旧摊销前利润""基础业务利润""调整后利润"或者其他诸多指标。在某些情况下，这些额外的指标为我们提供了公认会计准则指标之外的有价值的信息，但是，大多数情况下，它们很可能忽视了公司成本结构中很重要的某项内容。即使某些指标已然成为行业的标准指标，投资者也必须考虑这些指标是否真实地反映了公司经营的全貌。

例如，林恩能源提醒投资者关注它的"可分配现金流量"这一指标，用以解释该公司持续增长的股利支付率的合理性。这一指标的计算需要将资本性支出区分为"为了增长而支付"以及"为了维持而支付"，但是这种区分显然由管理层进行判断，并且判断的依据非常模糊。很多情况下，管理层所做的区分是非常主观的，并存在故意误导人的动机，就是为了得到其希望得出的不断上升的"可分配现金流量"。

当评估一个非公认会计准则盈利能力指标时，我们建议不要去思考该指标试图要回答什么问题，而是静下心想一想这个问题本身是否值得被认真对待。林恩能源提出"可分配现金流量"这个指标，它想要回答的问题是："当排除了管理层认为属于扩张行为的资本性支出之后，公司的资产能够产生多少现金流量？"我们仔细分析一下就会发现，这个问题本身并没有那么重要，因为管理层对资本性支出的分类（增长型还是维持型）是完全主观的，而且很多情况下，这样的区分意义不大。

激励方面：密切关注高管的薪酬

薪酬专家支持的一种传统观点认为，管理层的薪酬应当直接与其业绩挂钩（投资者也认同这种观点）。普普通通的业绩就对应平平凡凡的薪酬（或者干脆解聘），令人惊艳的业绩就应当对应令人艳羡的薪酬。一般情况下，业绩的好坏往往是与已经设立的目标相比较而言的，投资者一定要密切关注这些业绩目标，因为它们将不可避免地影响管理层的战略行为。

当威朗制药公司的董事会为首席执行官制订薪酬激励计划时，最重要的一个财务业绩指标就是"每股现金利润"。该指标在计算的时候完全不考虑所有与并购相关的费用，例如，重组费用、整合费用、减值损失以及并入资产的摊销费用等。基于这样的考核指标，首席执行官最大化自己奖金的最有效的办法就是用现金不计成本地不断进行大型并购——这样做肯定能够改善每股现金利润。如果该公司董事会在制订业绩目标时使用更加完善的盈利能力指标（如公认会计准则下的净利润），该公司遵循的战略就很可能完全不同了。

在披露的财务文件中：披露的位置、位置、位置

业绩报告、年度报告、中期报告以及监管层要求披露的其他文件中，都包含强制性披露的内容和自愿性披露的内容，例如，一些额外补充的信息和评论。很显然，公司可以在业绩报告和每季度的投资者情况介绍会上强调那些最正面的消息，这些正面消息被广泛传播、大量阅读，这些公司会选择将一些必须披露但是不那么好看的信息埋藏在要求披露的文件的最后面，很少有读者会发现这些坏消息。基于这样的原因，我们在阅读这些文件的时候总是会完整地阅读，而且我们总是把怀疑的触角

伸向那些对于大多数读者来说显得过于偏重技术描述或者无聊的部分。当我们阅读了这些藏在文件角落中的、与公司业务健康状况密切相关的内容（通常用非常小的字体列示）之后，我们就可以说，我们发现了那些管理层想要对投资者隐瞒的信息——这些往往是我们判断一家企业最有价值的信息。

在本书第 7 章中，我们讨论了安德玛公司 2016 年第四季度不同寻常的利润上涨，在那期间该公司转回了一笔高达 4800 万美元的费用（原来作为奖金预提过）。这一举动人为降低了当期的销售、一般及管理费用，使得该季度的盈利能力变强。有趣的是，与该转回有关的报表附注居然隐藏在年报的名为"业务的季节性变动"一栏之中，这个标题很难让你将其与薪酬转回联想到一起。很显然，管理层就是不想让你发现这条附注。

就像打高尔夫，每一击都算数

高尔夫与其他广泛流行的运动相比有其独特之处。与网球、足球和篮球不同，在高尔夫这项运动中，每一击都极其重要。职业球员在一场为期 4 天的锦标赛中要打 72 洞，而击球次数最少的球员获胜。如果你有几个难度非常大的洞，你还是有可能会赢，但你的每一击在最终计数时都是非常关键的。这个游戏规则同样也是公认会计准则下的会计和财务报告所遵循的规则。那些总是鼓励投资者忽略掉某些费用或者现金流出的公司，其实就是在要求"加击"（高尔夫中不计数的一击）。要知道"加击"仅仅在很有限的场合是被允许的。

在第 5 章中，我们讨论了 1/4 个世纪以来，惠而浦公司总是在报告非公认会计准则利润的时候将重组费用排除，可能的理由是这些费用不是公司正常经营的一部分。与此相似，产品召回、诉讼费用、并购整合费用以及其他费用其实都是公司经营的一部分。假装它们不是，就等同于在高尔夫球场上作弊——但这带来的后果显然要严重得多！

行为模式是一种可靠的信号

我们一直以来都是诺贝尔奖获得者理查德·塞勒（Richard Thaler）的粉丝，他是行为金融学的先驱。他发展了非常有用的理论，可以解释为什么投资者不断地做出非理性的决策，并提出了如何避免错误偏见的建议。

大约15年前，在芝加哥的一个投资会议上，当塞勒发表了他的演讲之后，霍华德紧接着发言。霍华德在塞勒演讲的基础上补充道，塞勒的研究成功地描绘出了投资者的可预见行为，而我们的研究则聚焦于描绘公司高管的可预见行为。确实，对高管行为模式敏感的投资者知道这种行为模式是会延续的，认识到这一点可以使投资者从中受益。例如，在一家公司中曾经使用过激进会计方法的首席财务官很有可能将这种行为模式带入下一家公司。同样，如果某个资产负债表指标表明该公司向其渠道压了大批货物，投资者应当翻看该公司的历史记录，看看过去做过类似的激进动作之后，是否伴随着收入的骤降。当然，法证式分析更多时候是一门艺术而不是科学，你将发现很多关系和模式经常会延续下去。

保持谦虚，永远好奇，不断学习

当我们完成这本《财务诡计》25周年纪念版时，我们清楚地认识到比起第1版我们又学到了很多。我们天生是充满好奇的人，总是在寻找学习新东西的机会。同时，我们也是幸运的人，我们身边聚集了众多的团队和客户，他们同样是希望能够解决疑难问题并获取新知识、新技能的一群人。当我们慢慢地在法务会计领域成为"大师"之后，我们仍然保持谦虚，我们深知我们的学习曲线仍需要保持陡峭，我们也需要从周围的每一个人身上学习。我们还意识到，当我们犯错之后，能够从中获得成长、学到教训也是非常重要的。更为重要的是，我们每天来到办公室，要怀揣勤奋工作的态度，思考如何去解决难题，积极学习有用的知识，并且想要将有价值的东西传递给他人。

总结

本书包含过去1/4个世纪以来许多带有欺骗性的财务报告案例，我们分析了这些案例，并把我们的发现通过本书与投资者分享。自本书的第1版出版以来，公司的高管也在持续不断地"更新"他们操纵财务报告以提升股价和其他薪酬相关指标的手段。展望未来，公司高管仍然会致力于创造新的操纵手法，勤奋的投资者也一定要继续学习来发现这些新的财务诡计。

> 发生过的将再次发生，做过的事将再次被做；
> 日光之下并无新事。
>
> 《传道书》第一章 第九节

自从公司和投资者出现以来，公司的财务丑闻也随之出现。不诚实的管理层靠欺骗那些不善怀疑的投资者为生，这些投资者需要加倍警惕以防范类似的财务诡计，这样才能保护自己。

基本所有的诡计都源于管理层试图使公司业绩和经济健康呈现出更加正面的形象，我们一般建议投资者假设管理层夸大正面消息、隐瞒负面消息的冲动永远不会消失。

只要诱惑存在，诡计必然随行。